北京文物与考古系列丛书

北京市考古研究院田野考古报告（第52号）

长城考古（一）

北京长城考古

（一）

北京市考古研究院　编著

科学出版社

北京

内 容 简 介

本书收录了2018—2022年期间北京市考古研究院为配合长城保护修缮工程而实施的长城考古工作成果，具体包括：延庆区岔道城城墙及墩台遗址、南寨坡城址、柳沟城遗址、柳沟西山长城及墩台遗址、大庄科长城遗址；昌平区南口城、上关城墩台遗址，共计7处长城点段。通过发掘，明确了长城建筑规制、工程作法与病害等基础信息，为全面、系统、科学地制定长城保护方案提供了基础材料和理论支撑，同时深入发掘、丰富了长城文化内涵。

本书可供从事长城基础研究、应用研究，长城保护工程研究等学者、专业技术人员及高校历史学、考古学、建筑学、文化遗产保护等相关专业的师生阅读、参考。

图书在版编目（CIP）数据

北京长城考古. 一 / 北京市考古研究院编著. — 北京：科学出版社，2023.11
（北京文物与考古系列丛书. 北京市考古研究院田野考古报告；第52号）
ISBN 978-7-03-076909-1

Ⅰ.①北… Ⅱ.①北… Ⅲ.①长城－考古发掘－发掘报告－北京 Ⅳ.①K878.35

中国家版本馆CIP数据核字（2023）第214981号

责任编辑：董 苗／责任校对：邹慧卿
责任印制：肖 兴／书籍设计：北京美光设计制版有限公司

科学出版社 出版
北京东黄城根北街16号
邮政编码：100717
http://www.sciencep.com

河北鑫玉鸿程印刷有限公司 印刷
科学出版社发行 各地新华书店经销

*

2023年11月第 一 版　开本：889×1194　1/16
2023年11月第一次印刷　印张：20　插页：2
字数：576 000

定价：380.00元
（如有印装质量问题，我社负责调换）

目　录

延庆岔道城翼城及护城墩遗址考古发掘报告 …………………………… 1

延庆南寨坡城堡遗址考古发掘报告 …………………………………… 65

延庆柳沟城东南城墙考古发掘报告 …………………………………… 109

延庆柳沟明长城208—210号敌台遗址考古发掘报告 ……… 123

延庆大庄科长城3、4号敌台及边墙遗址考古发掘报告 …… 161

昌平南口城、上关城墩台遗址考古发掘报告 ………………………… 251

后　记 …………………………………………………………………… 315

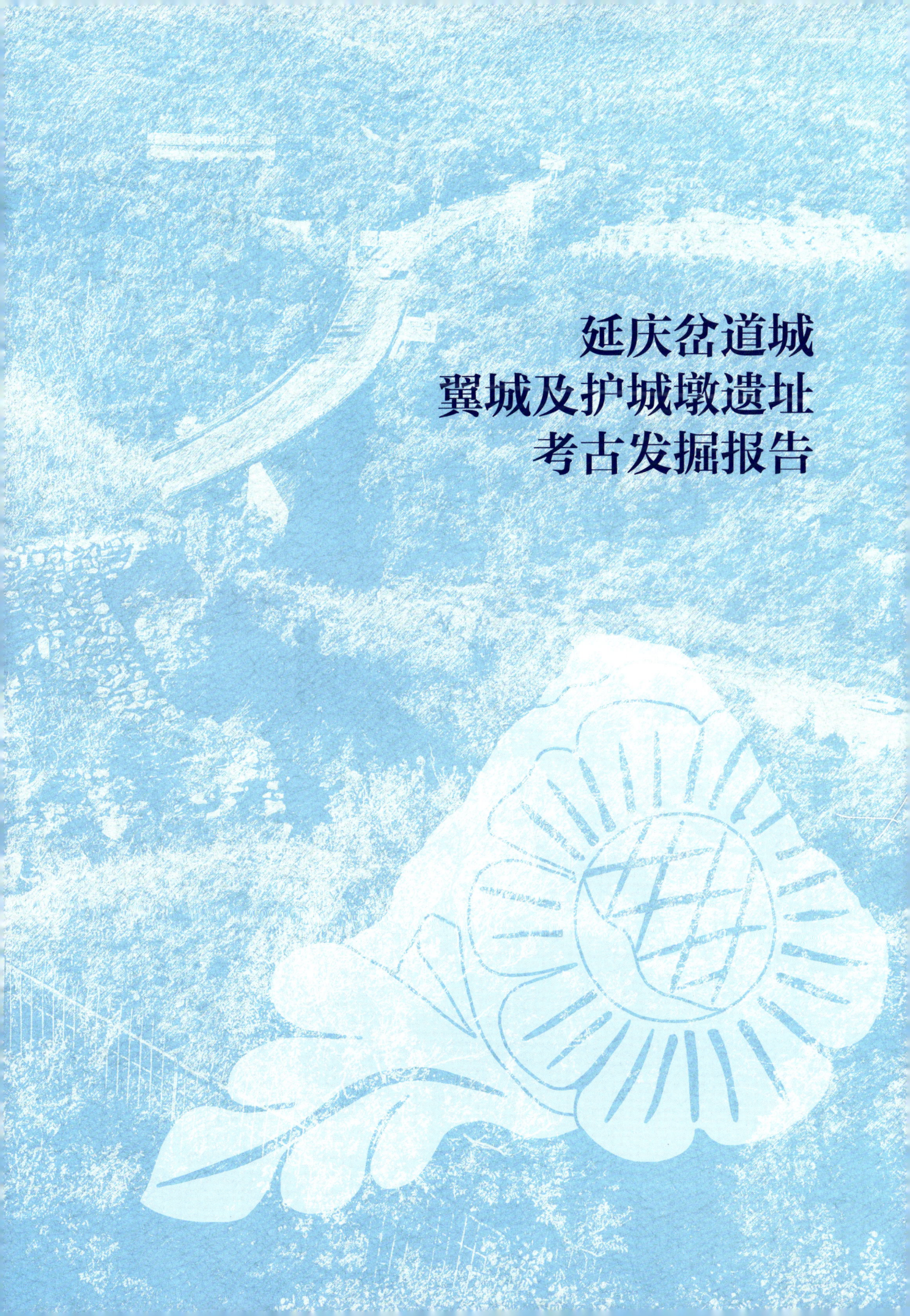

延庆岔道城
翼城及护城墩遗址
考古发掘报告

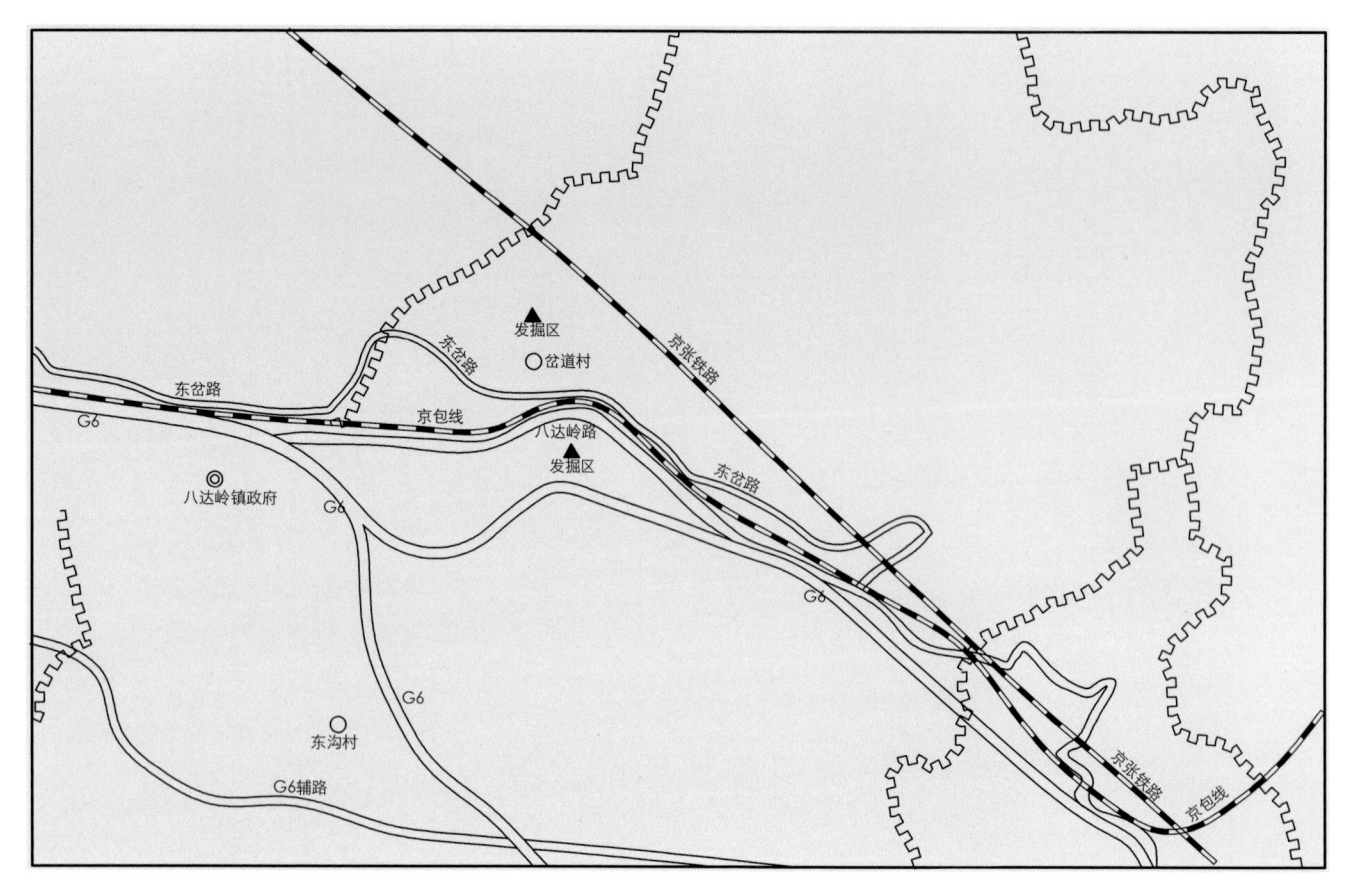

图一　发掘区位置示意图

延庆岔道城翼城及护城墩遗址位于北京市延庆区八达岭镇岔道村，岔道城南北两侧山坡上，处于古代"太行八陉"中军都陉（关沟）北口附近（图一）。岔道城古城南北两侧山坡上，植被密布，属八达岭林场范围。边墙（经勘探发掘后确认为岔道城南、北翼墙）遗址分布于岔道城西门瓮城南、北两侧，与瓮城墙体相连，并分别延伸至山顶制高点，且未与附近的长城本体连接。6座烽火台（编号：D1—D6）以岔道城为中心，分为南、北两个片区。北片区共有5座烽火台（D1—D5），其中D1、D2修建在北翼城上，D3—D5烽火台位于岔道城北墙外（北）侧的山坡上。南片区只有1座烽火台，编号为D6烽火台，位于岔道城南翼墙制高点，骑墙而建。

2018年5月8日—10月11日，为了配合"延庆长城岔道城北侧1—6号烽火台及边墙抢险加固工程"项目实施，确定遗址的四至范围、建筑工艺、建筑结构等信息，为日后的保护工作提供科学、翔实的依据，经北京市文物局、国家文物局批准［考执字（2018）第078号］，由延庆区财政局提供勘探发掘经费，在延庆区文物管理所的协助下，北京市文物研究所（现北京市考古研究院）对遗址进行了考古勘探、发掘工作。本次考古勘探面积2650平方米，发掘面积720平方米。发掘清理护城墩6座，北翼城1道，勘探发现南翼城1道（图二），现将发掘情况报告如下：

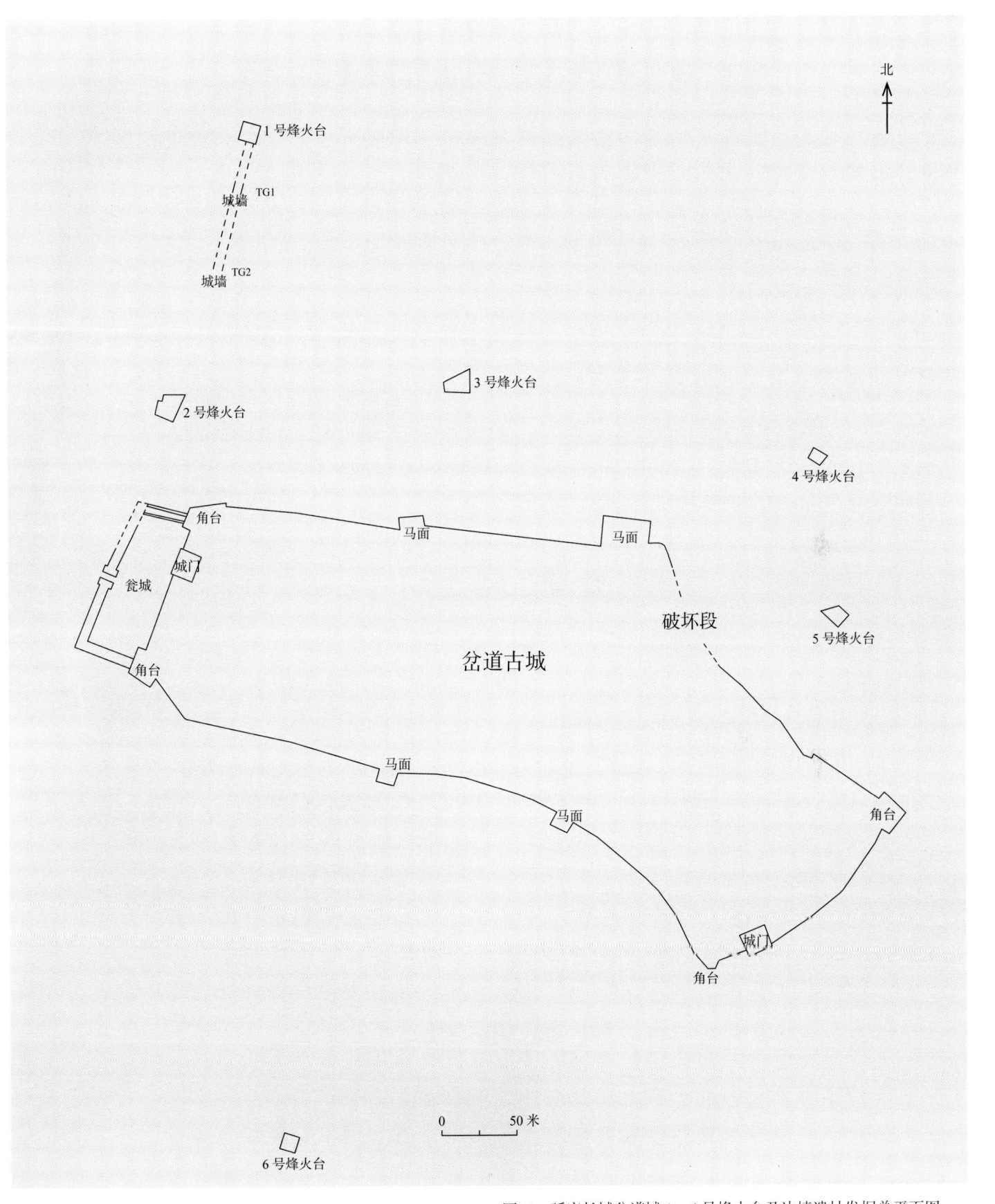

图二　延庆长城岔道城1—6号烽火台及边墙遗址发掘总平面图

一、以往考古工作和研究简述

2002年2月，为搞清岔道城城墙及城内遗址的分布情况，同时也为古城的修复提供资料，促进延庆县旅游业的发展，北京市文物研究所对岔道城进行了全面的考古勘探。

本次勘探共发现西门瓮城城墙及城门、西城门影壁、北城墙遗址，以及城内的三官庙、城隍庙、关帝庙、清真寺、古井、公馆、古戏楼、玉皇阁、钟座基础、公署、石板桥等建筑遗迹[1]。

此后，2002—2007年，在北京市文物局的支持下，延庆县文化委员会对岔道城进行了抢险修复，初步恢复了岔道城的明清风貌。

2006年，在国家文物局、国家测绘局的统一部署和北京市文物局、北京市测绘局的指导安排下，延庆县长城资源调查工作正式启动，至2008年6月田野调查工作结束。岔道城1—6号烽火台及边墙遗址亦在调查范围内，但不知何原因，后期资料整理时并未录入系统，因此上述遗迹没有获得相应的编码。

二、发掘经过

本次发掘鉴于6座护城墩均裸露于地表，而翼城城墙埋于地下，因此采取了考古勘探与发掘相结合的工作方式，先对护城墩、翼城城墙进行考古勘探，确定四至范围、深度和走向后，再进行发掘。由于发掘区涉及农作物、经济林种植土地，发掘条件受到限制，本次考古工作经过多次协调才得以顺利进行。考古工作共分为三个阶段，2018年5月8日—6月17日对整个遗址进行了全面的考古勘探工作，对1号和6号烽火台进行了全面的发掘清理，对3号烽火台则仅是在西南部和东北部进行了发掘清理工作，边墙遗址则是在1号和2号烽火台之间，布设了两个探沟进行发掘，以了解边墙的夯筑结构和保存情况。7月2日—20日，又对2号和4号烽火台进行了全面的考古勘探和发掘清理工作。8月24日—9月30日，再对5号烽火台进行了全面的考古勘探和发掘工作。前后历时98天，随后进入室内资料整理阶段。

三、地层堆积

岔道城翼城及护城墩遗址范围内的遗迹普遍位于表层土下或裸露于外，地层堆积简单，只有1层。土色呈灰褐色，土质含砂量大，结构疏松，包含大量的植物根系、碎石块、石片、残砖块、建筑构件、瓷片等。出土的近现代遗物表明遗址废弃至今一直有人类在这一层活动。

四、翼城遗址

岔道城南、北翼城遗址分布于岔道城西门瓮城南、北两侧，与瓮城墙体相连，并分别延伸至山顶制高点，但未与附近的长城本体连接。

北翼城1道（2018YCQ1），位于岔道城西门瓮城北侧，南与瓮城北墙相连，沿山坡北行，经D2护城墩，止于D1护城墩即山顶制高点（图三—图九）。

图三　北翼城城墙局部（俯视）

图四 北翼城城墙（全景）

图五 TG1内北翼城城墙剖面（局部）

图六　TG2 内北翼城城墙剖面（全景）

图七　TG2 内北翼城城墙剖面（局部）

图八 TG2 内北翼城城墙剖面（局部）

图九 TG2 内北翼城城墙剖面（局部）

翼城墙体以自然砂岩山体为基础，稍加修整后采用黄土夯筑墙体。墙体损毁严重，保存差，现仅存基础部分的 8 层夯土。夯土土色呈黄褐色，土质紧密，结构坚硬，包含少量植物根系、大量砂岩石碎片及颗粒等。墙体根部堆积形状呈中间略高、东西两端略低的缓坡状（散水）。其中第 8 层夯土主要分布于长城边墙基础的中西部、坑凹地带，为人工修治自然基础的痕迹。夯层厚 0.2—0.34 米。墙体顶部距地表深 0.1—0.24 米，基宽 5.18 米，顶宽 4.3—5.1 米，通高 1.36—1.8 米（图一○、图一一）。

五、护城墩遗址

护城墩共 6 座（编号：2018YCD1—2018YCD6），以岔道城为中心，分为南、北两个片区。北区共有 5 座护城墩（D1—D5），其中 D1、D2 修建在北翼城上，D3—D5 护城墩位于岔道城北墙外（北）侧的山坡上。南区仅 1 座护城墩，编号 D6，位于岔道城南翼城制高点，骑墙而建。

（一）1 号护城墩

1 号护城墩（2018YCD1），位于北翼城北端山顶处，骑墙而建。护城墩平面呈矩形，由基础、墩体组成（图一二—图二八）。

基础：护城墩西半部、东南部因地势较低，故用长方形石条、三合土修筑基础，即砌一层石条，垫一层三合土，再在其上垒砌墩座。东北、东部地势稍高，依山体之势，直接垒砌墩座。基础东西长 13.4、南北宽 11.7、残高 0.4—3.8 米。

墩体：残高 6.5 米。分为上、中、下 3 部分。

墩座：平面呈矩形，内部土石夯筑，外立面条石包砌。墩座西、南面皆坍塌，露出夹杂碎石的夯土芯。东立面北部残存一层条石，残长 3.4、宽 0.4—0.44、残高 0.24—0.3 米。北立面中部保存较好，由 6 层条石错缝砌筑而成，白灰勾缝。残长 9.16、残高 0.24—2.3 米。

墩身：呈覆斗状，自下而上逐渐收分，底边呈矩形，残长 10.5 米。墩身内部采用黄土夯筑而成，外立面青砖包砌。夯层厚度不一，厚 0.1—0.2 米。包砖与黄土之间夹杂一层土石混筑层。受近现代人为拆毁破坏。现仅存北立面部分包砖，条砖错缝砌筑，白灰勾缝，残长 4.58、宽 1.42、残高 0.08—0.68 米。

墩顶：顶部较平，平面近矩形，破坏严重，南北残长 4.07、东西残宽 3.12 米，东侧残存砖铺地面，条砖错缝顺砌，白灰勾缝，残长约 3.95、宽 0.18、残高 0.24 米。

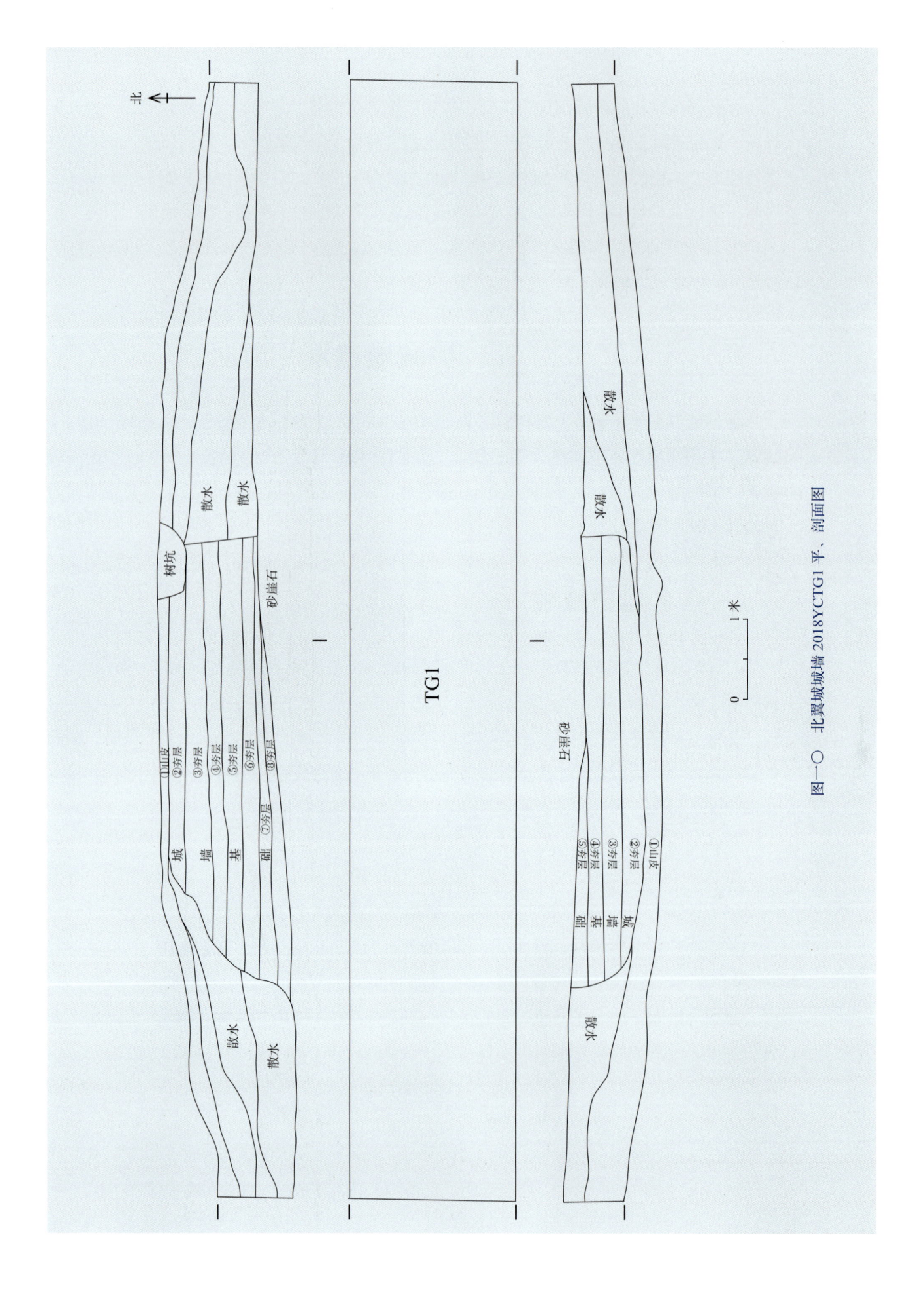

图一〇 北翼城城墙 2018YCTG1 平、剖面图

10　北京长城考古（一）

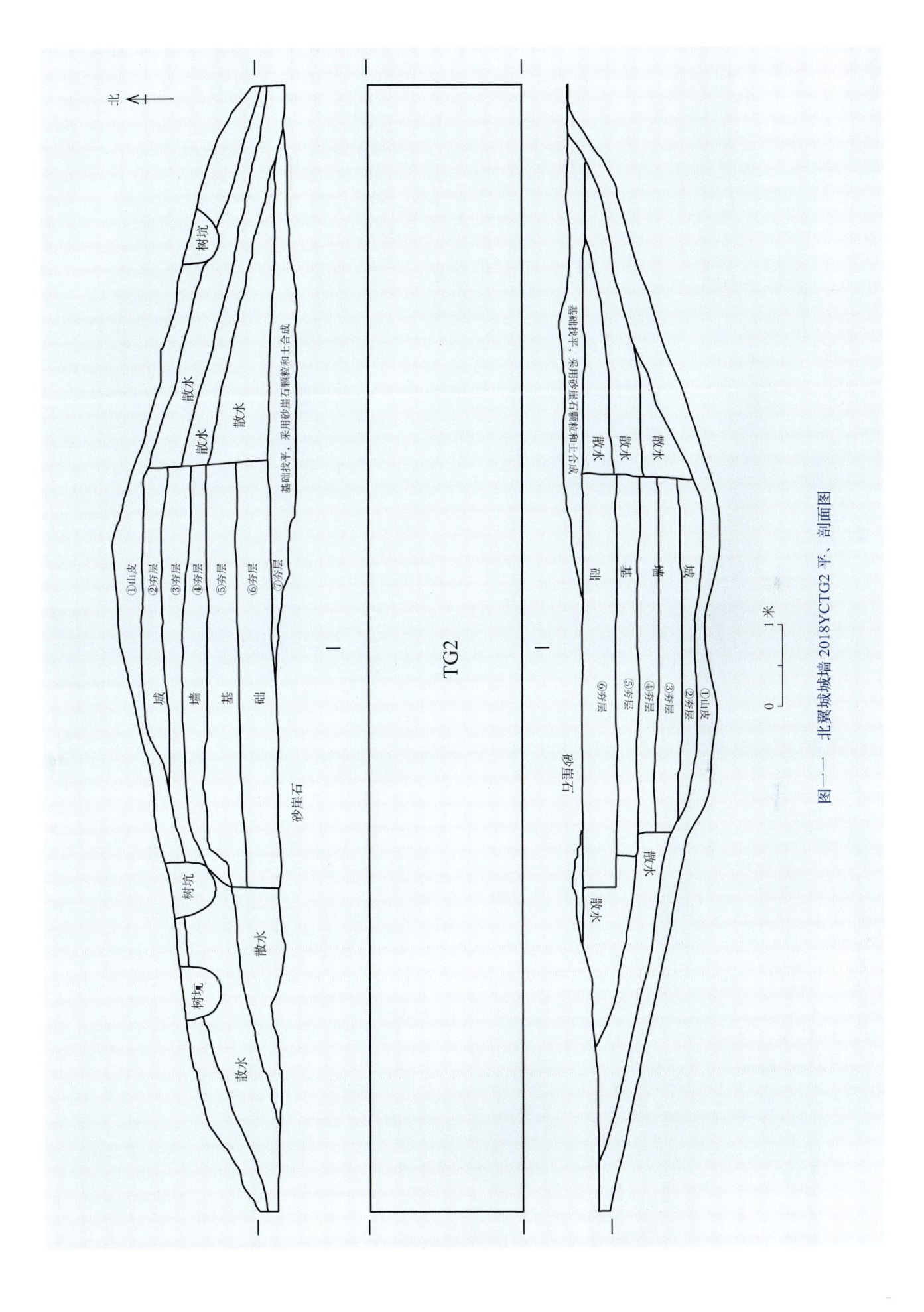

图一一 北翼城城墙 2018YCTG2 平、剖面图

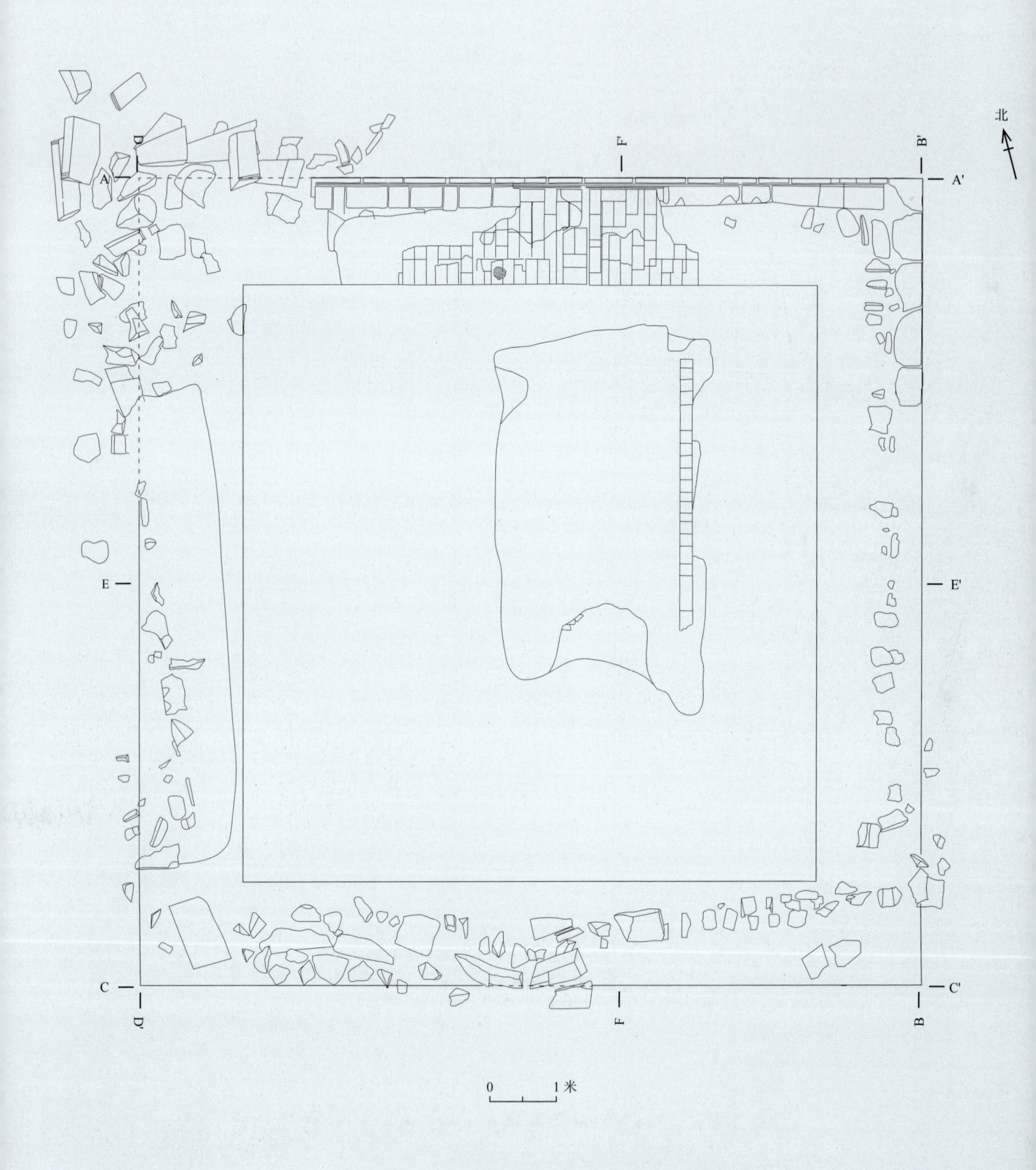

图一二　1号护城墩（2018YCD1）平面图

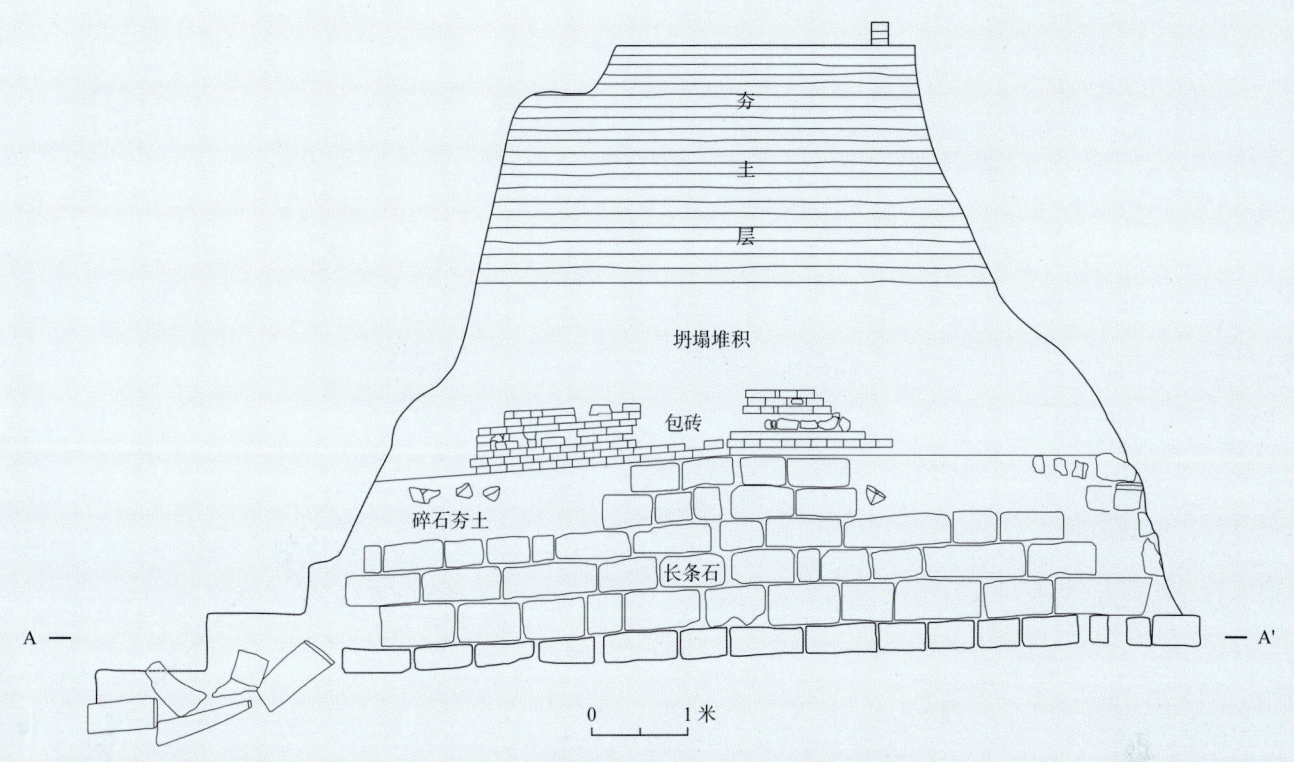

图一三　1号护城墩（2018YCD1）北壁正视图

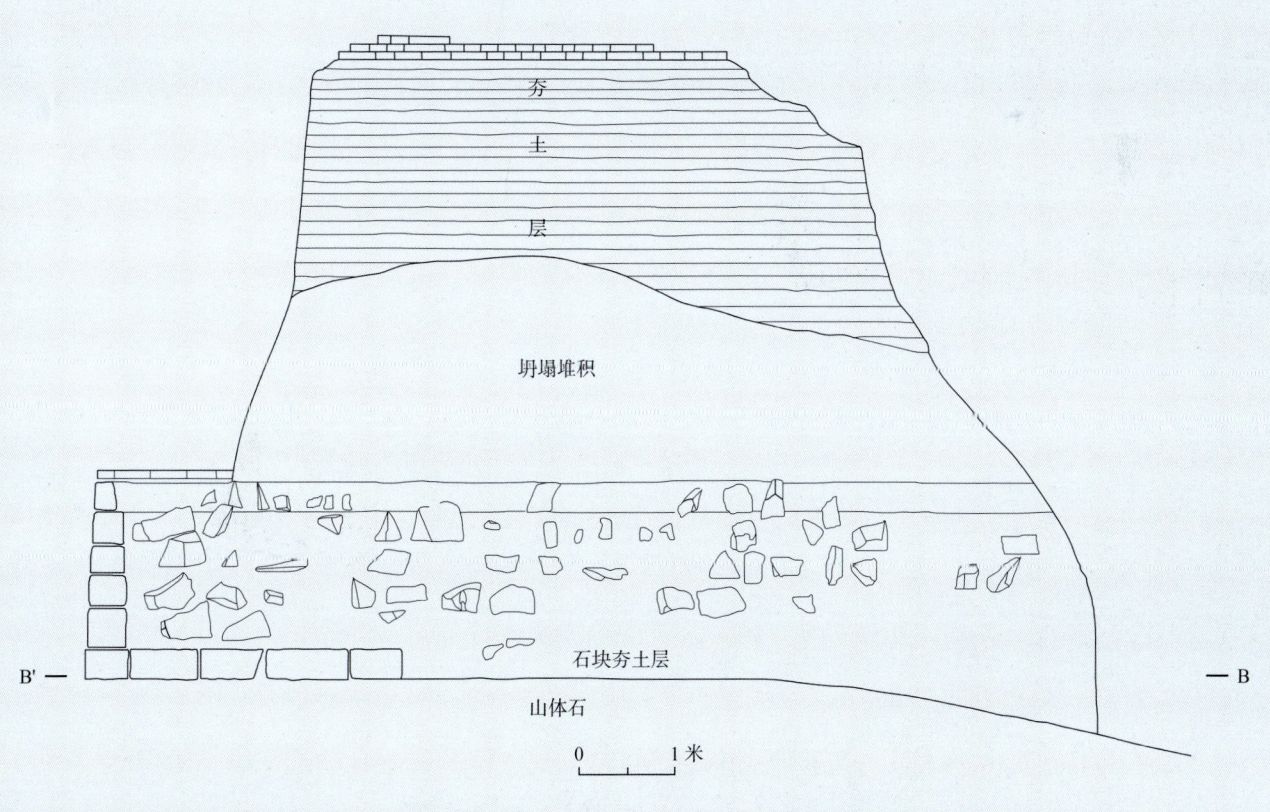

图一四　1号护城墩（2018YCD1）东壁正视图

延庆岔道城翼城及护城墩遗址考古发掘报告

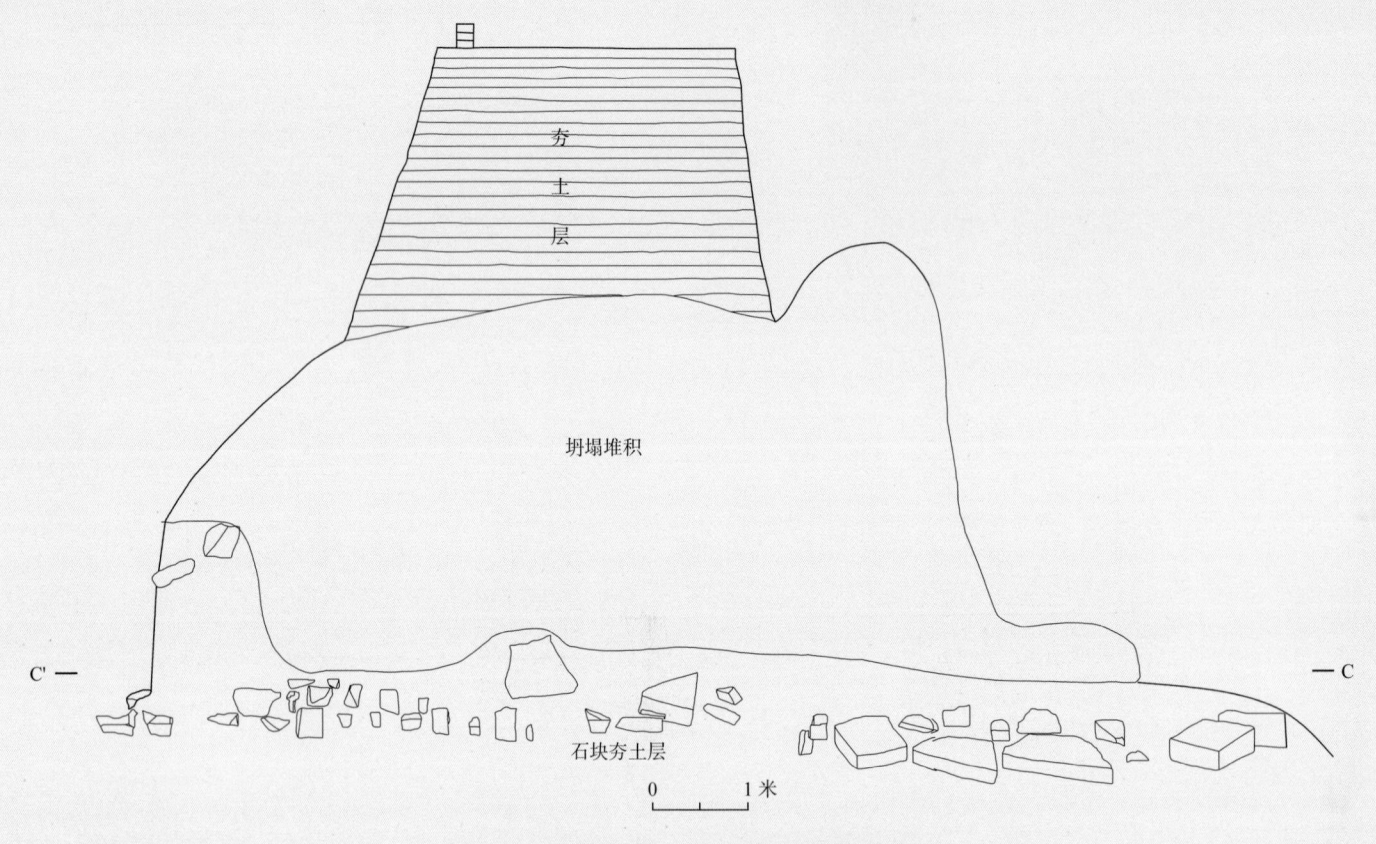

图一五　1号护城墩（2018YCD1）南壁正视图

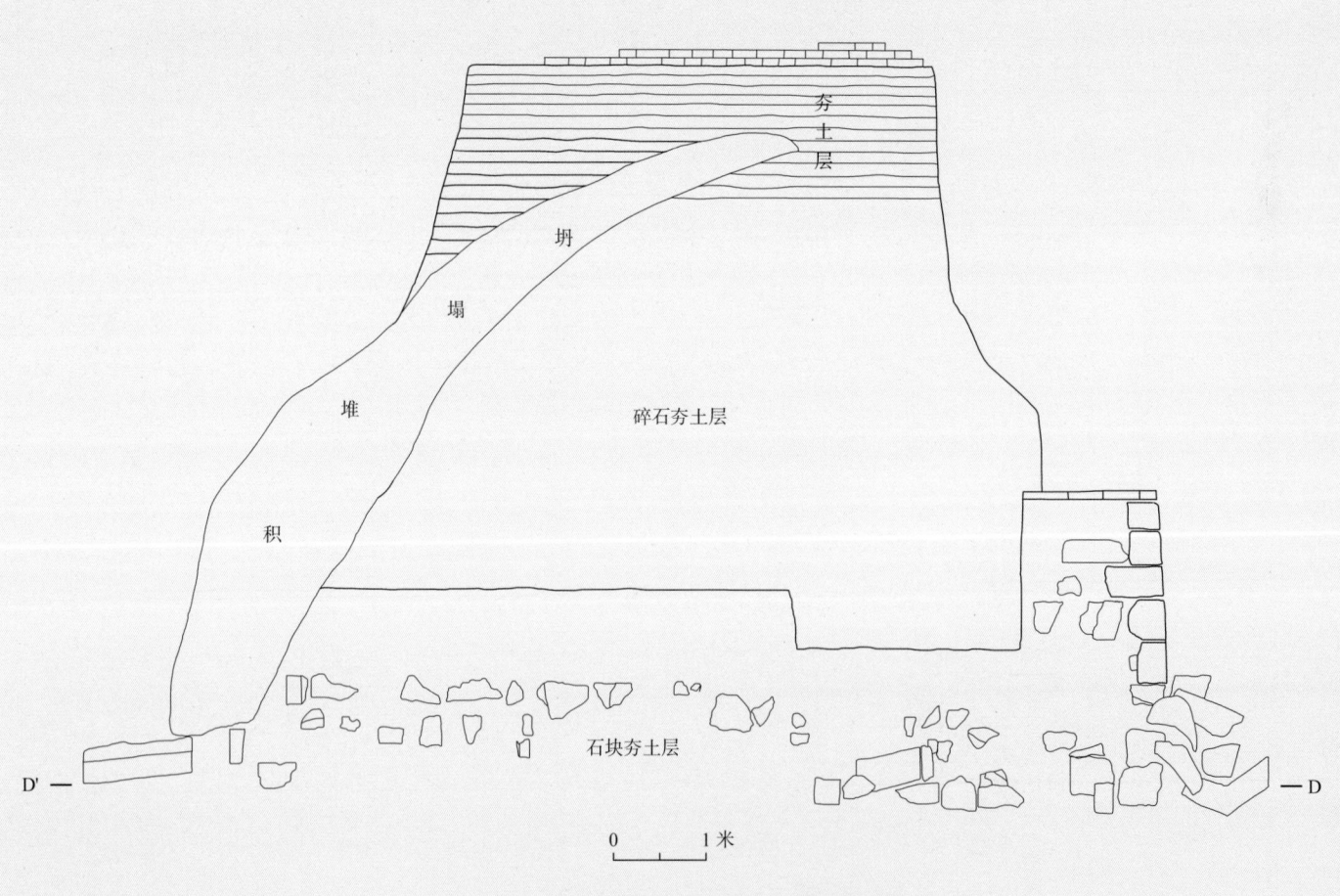

图一六　1号护城墩（2018YCD1）西壁正视图

14　北京长城考古（一）

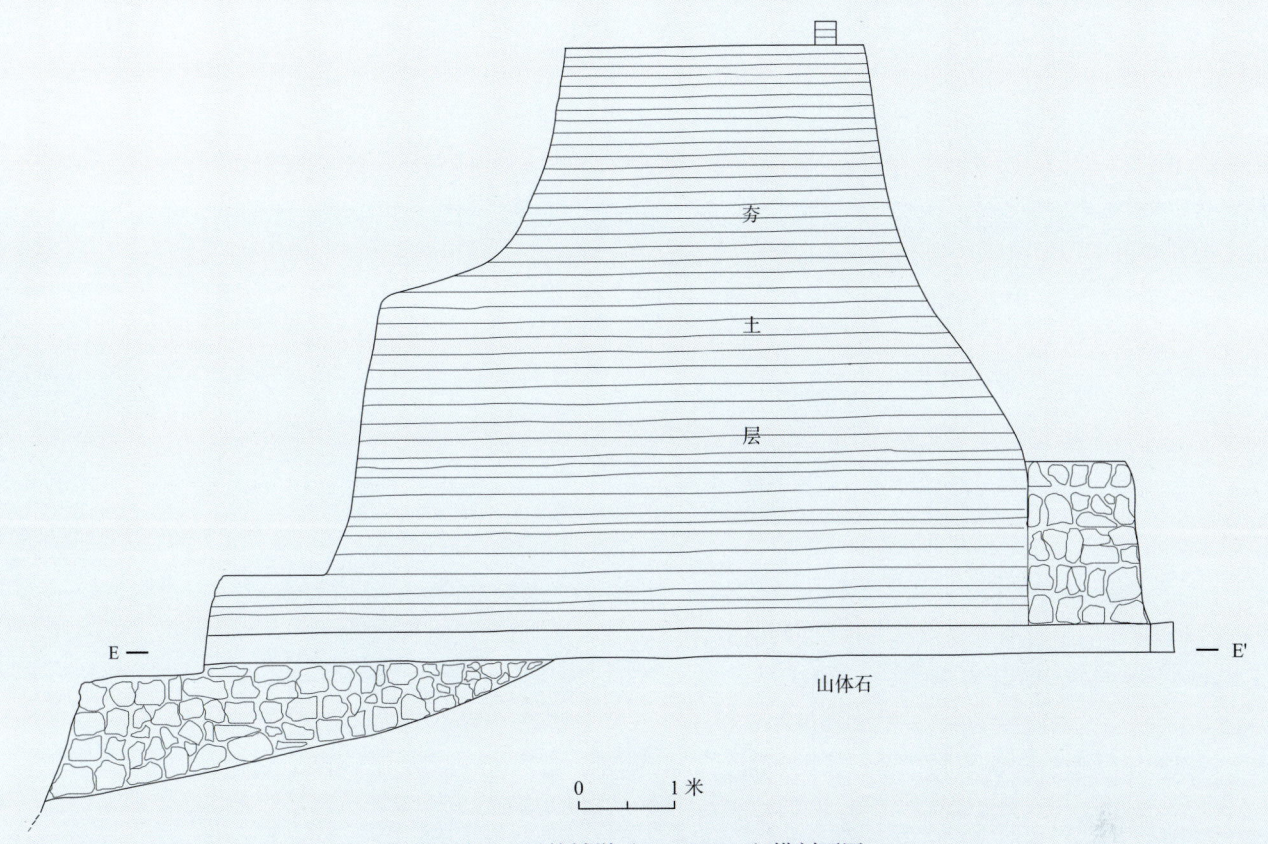

图一七　1号护城墩（2018YCD1）横剖面图

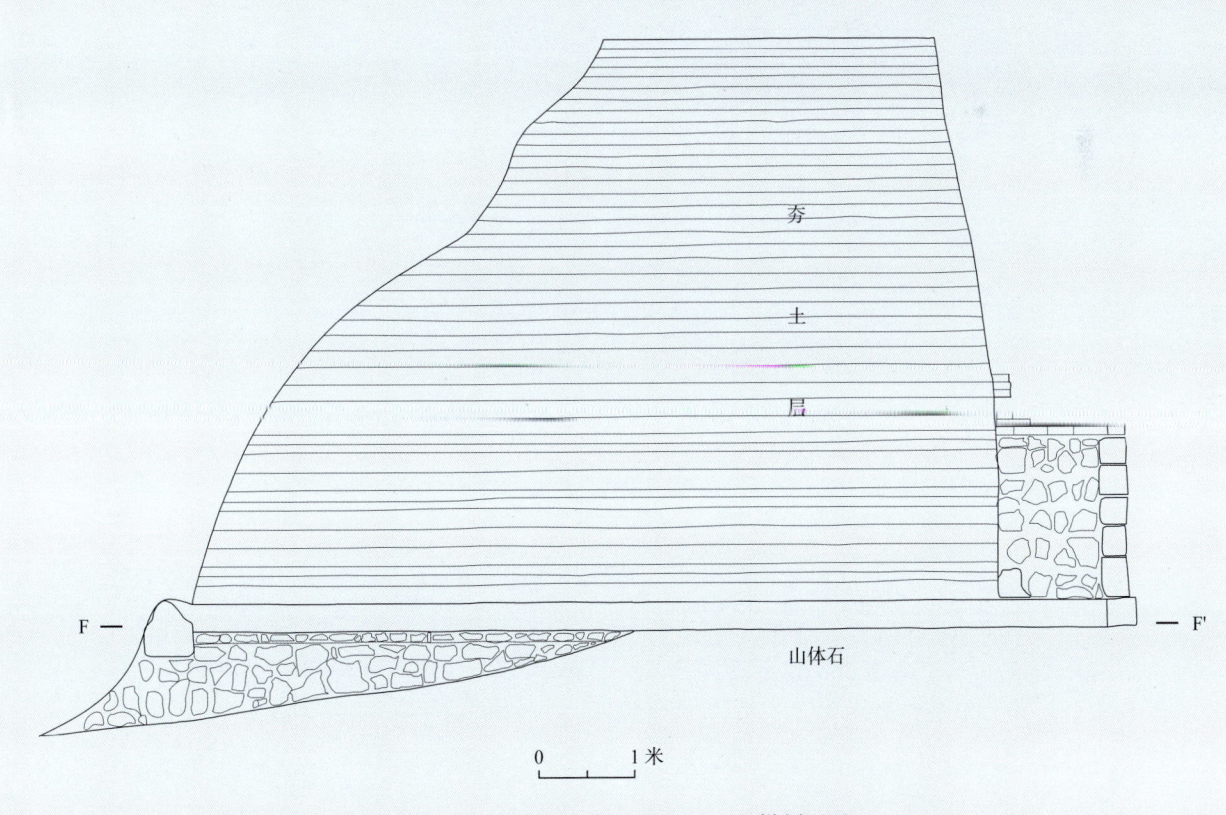

图一八　1号护城墩（2018YCD1）纵剖面图

延庆岔道城翼城及护城墩遗址考古发掘报告

图一九　1号护城墩（2018YCD1）发掘前（俯视）

图二〇　1号护城墩（2018YCD1）发掘前（北—南）

图二一　1号护城墩（2018YCD1）发掘前（南—北）

图二二 1号护城墩（2018YCD1）发掘后（俯视）

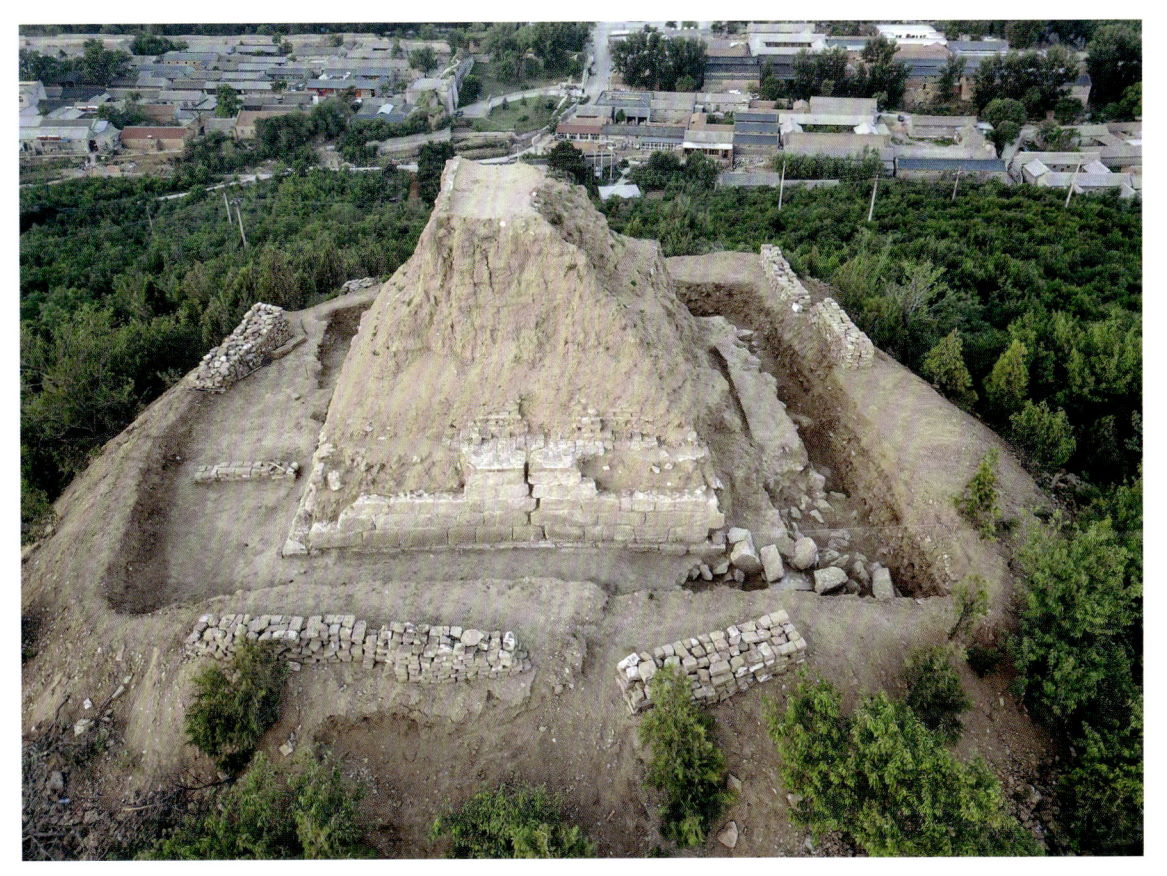

图二三　1号护城墩（2018YCD1）发掘后（北立面）

图二四　1号护城墩（2018YCD1）发掘后（南立面）

图二五　1号护城墩（2018YCD1）发掘后（东北—西南）

图二六　1号护城墩（2018YCD1）发掘后（东南—西北）

图二七　1号护城墩（2018YCD1）发掘后（西南—东北）

图二八　1号护城墩（2018YCD1）发掘后（西北—东南）

（二）2号护城墩

2号护城墩（2018YCD2）位于北翼城城墙上，骑墙而建，与岔道城西门及瓮城遥相呼应。护城墩平面呈矩形，采用黄土夯筑而成，由基础、墩体组成（图二九—图三八）。

基础：2号护城墩因西南半部地势低，故采取先垫土并夹杂碎石找平，再在其上夯筑

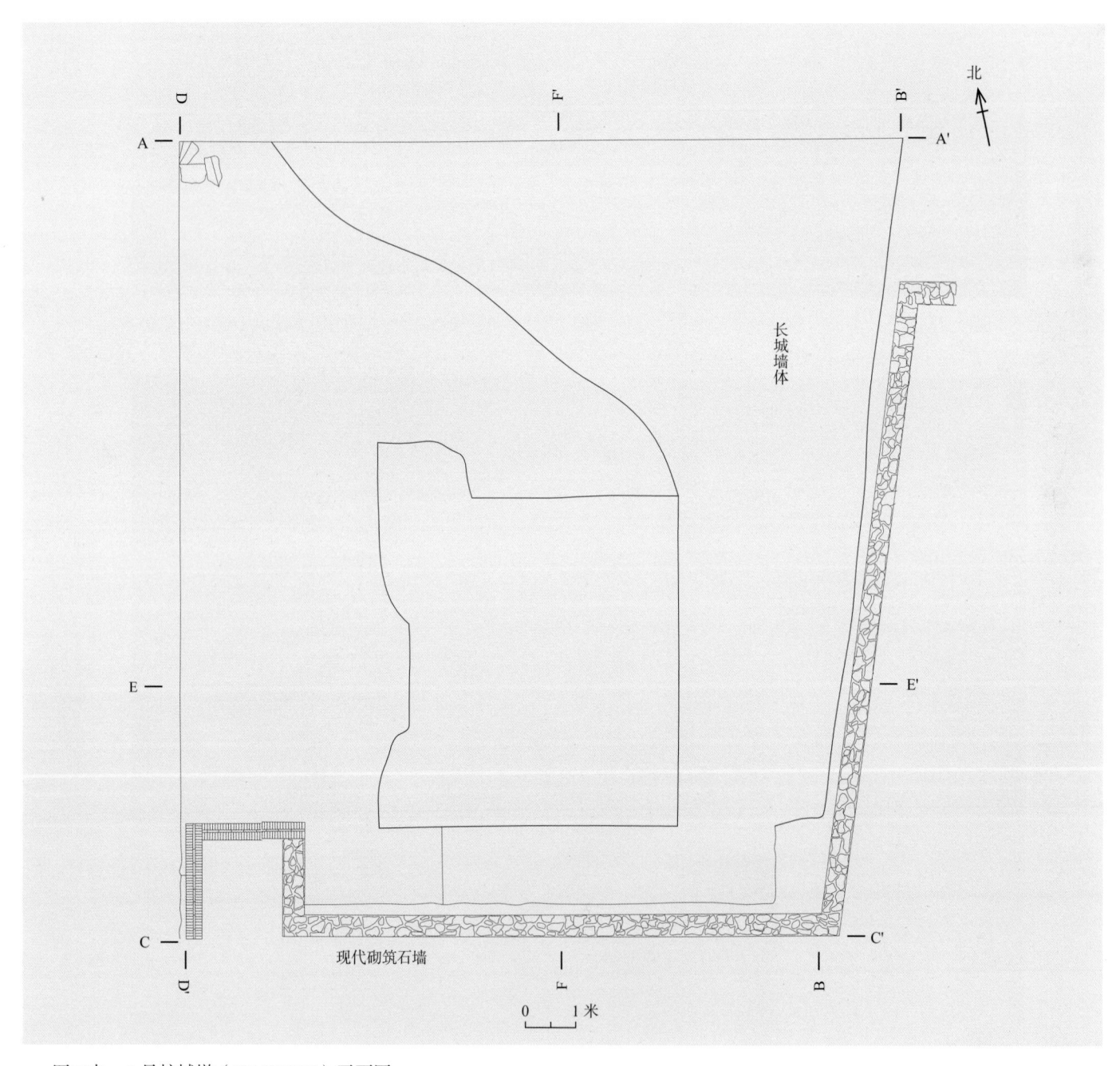

图二九　2号护城墩（2018YCD2）平面图

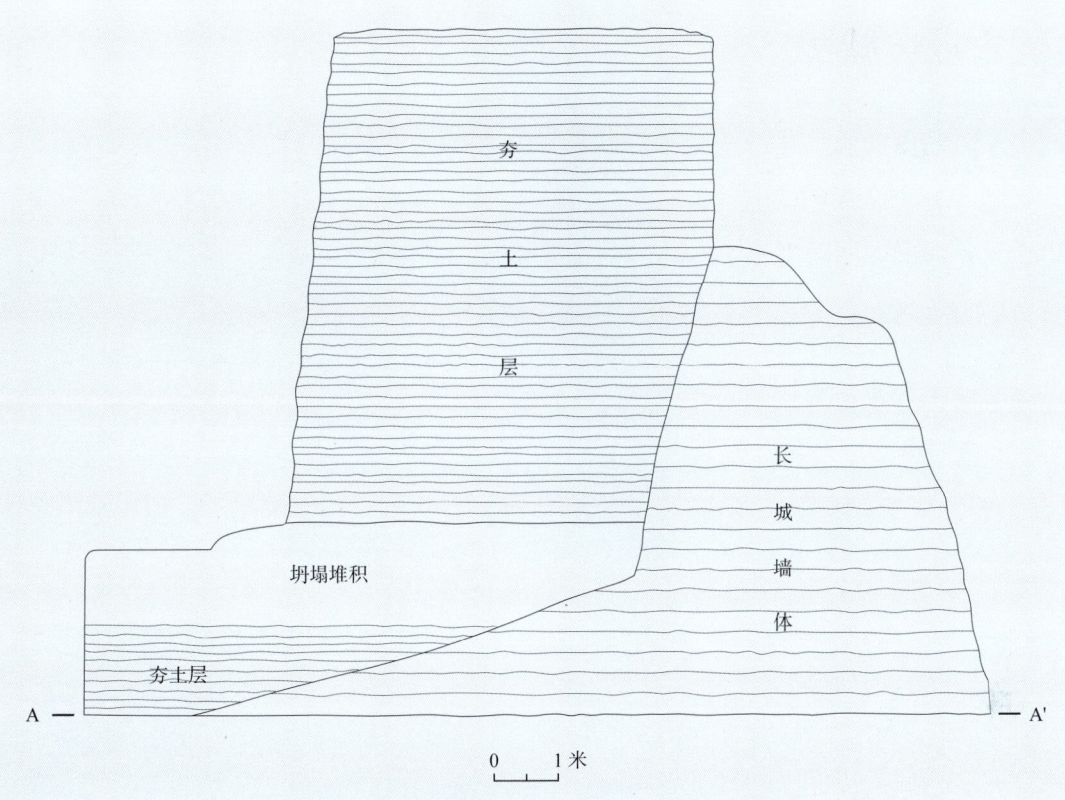

图三〇 2号护城墩（2018YCD2）北壁正视图

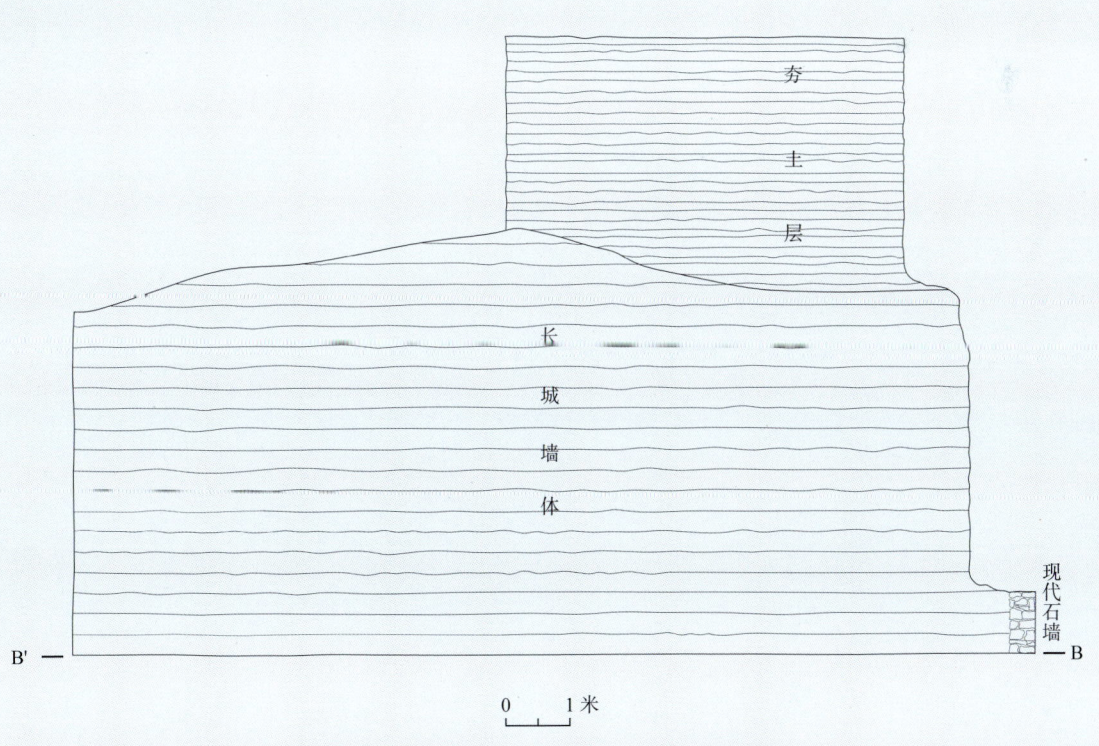

图三一 2号护城墩（2018YCD2）东壁正视图

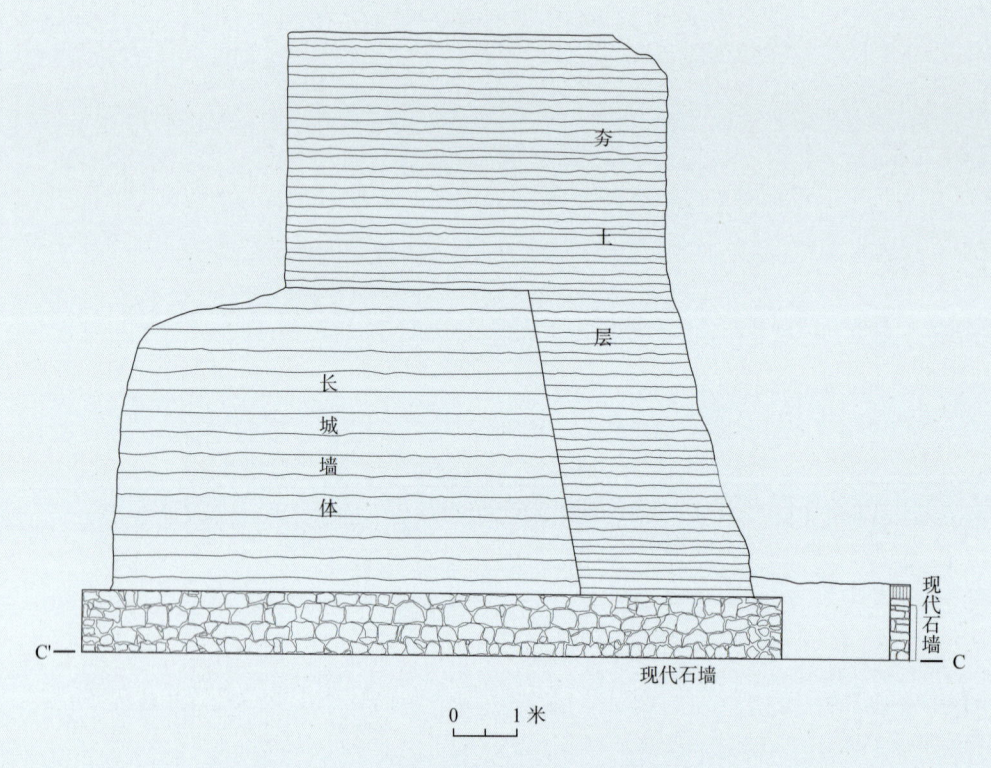

图三二　2号护城墩（2018YCD2）南壁正视图

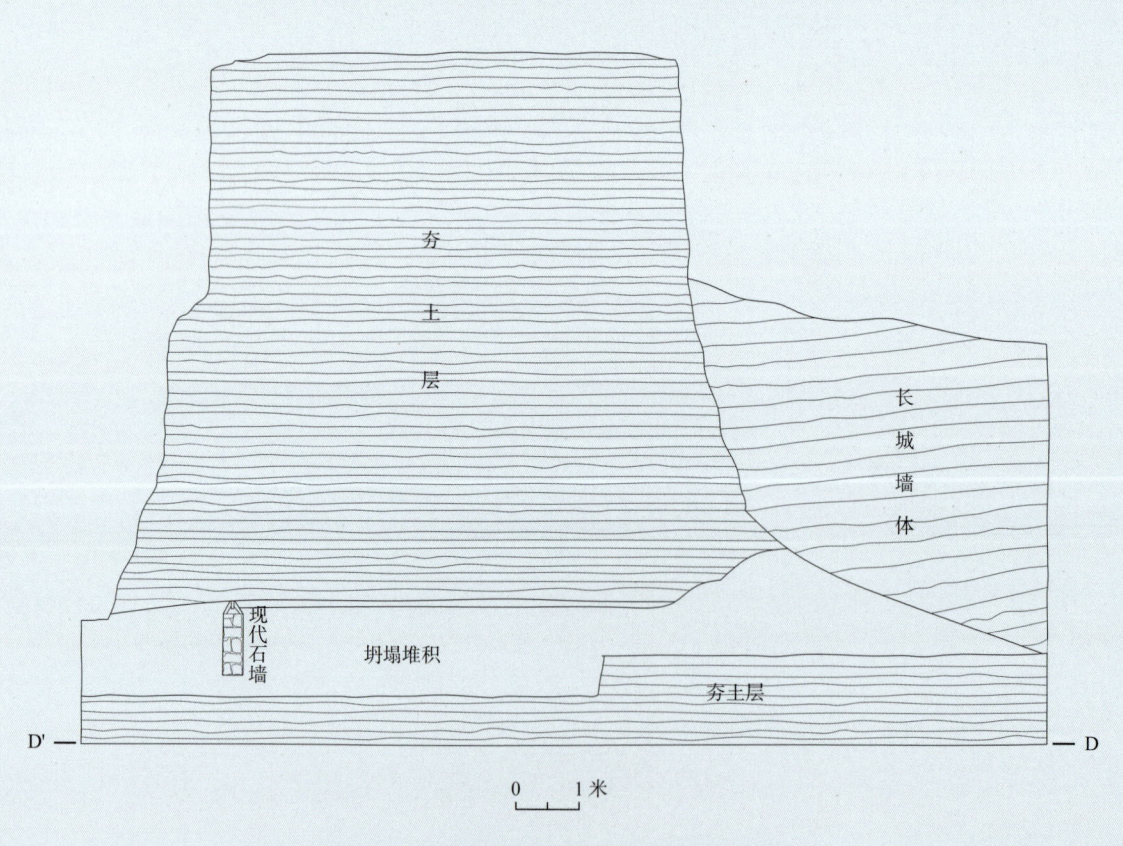

图三三　2号护城墩（2018YCD2）西壁正视图

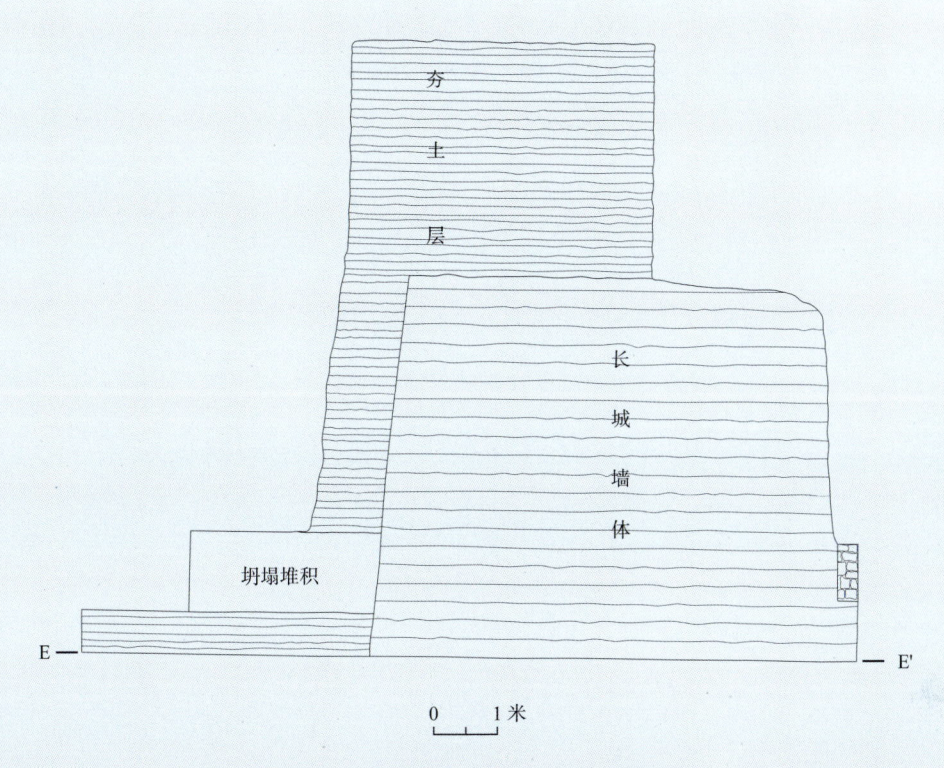

图三四　2号护城墩（2018YCD2）横剖面图

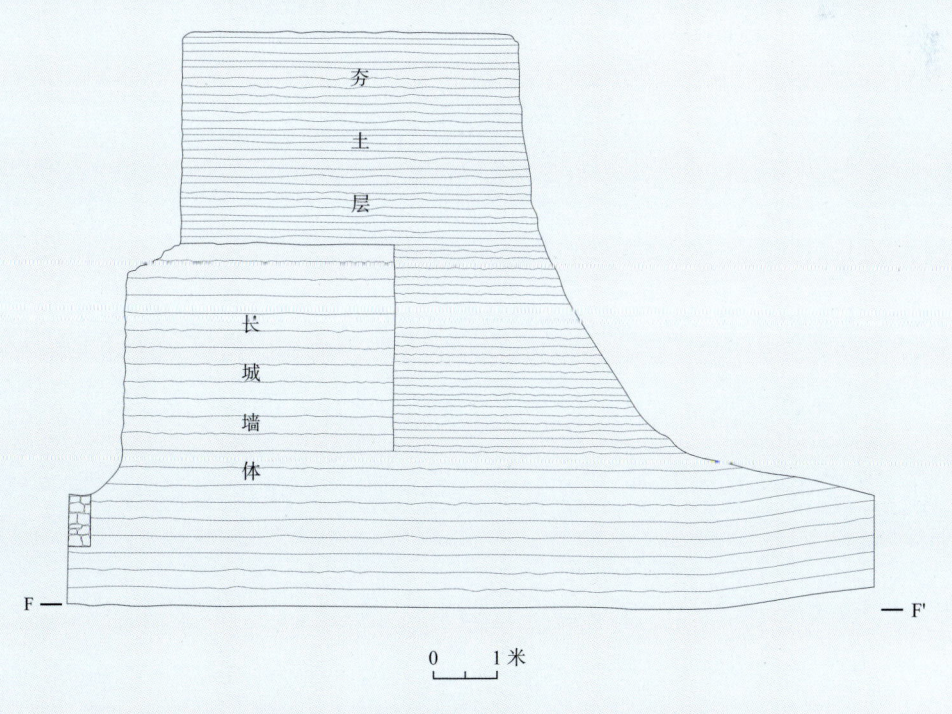

图三五　2号护城墩（2018YCD2）纵剖面图

图三六 2号护城墩（2018YCD2）发掘后（俯视）

墩体的方式修筑。东北、东部地势稍高，依山体之势，直接在砂岩石或长城墙体基础上夯筑修建墩体。东部长11.9、宽0.4、高0.9—1.1米；南部长10.4、宽0.4、高0.9—1米。西南部再在石墙上用砖砌筑一层，呈"L"形分布，东西长2.3、宽0.3、高0.2米，南北长2.1、宽0.3、高0.2米。

墩体：呈覆斗状，底边近长方形，南北长14.5、东西宽10、残高10米。顶部残缺，平面呈不规则形，南北残长6—7、东西残宽约5—5.6、残高8米。夯层厚度不一，厚0.1—0.18米。东部压在长城墙体上，高于长城墙体约3.5米。整体墙体略向内收。因年久坍塌周壁向下呈缓坡状。

图三七　2号护城墩（2018YCD2）发掘后（北立面）

图三八　2号护城墩（2018YCD2）发掘后（西立面）

（三）3号护城墩

3号护城墩（2018YCD3）位于岔道城北侧100米左右的山坡上，居高临下，俯控全城。墩台现裸露于地表，其中西部、北部靠近水泥公路一侧有断面暴露，南部、东部种植有经济林树木，上述区域无法进行发掘工作，因此3号护城墩仅进行了部分发掘。从现阶段的考古勘探与发掘情况来看，该墩台未见基础与墩座。

护城墩建在碎砂石层上，呈覆斗状，平面呈矩形，南部、东部长11.6米。西北角因修建水泥公路而被破坏，西部残长6.6、北部残长5.4米。顶部现呈不规则形，南北长2.4、东西宽2、残高5.8米。夯层厚度不一，厚0.1—0.2米（图三九—图四五）。

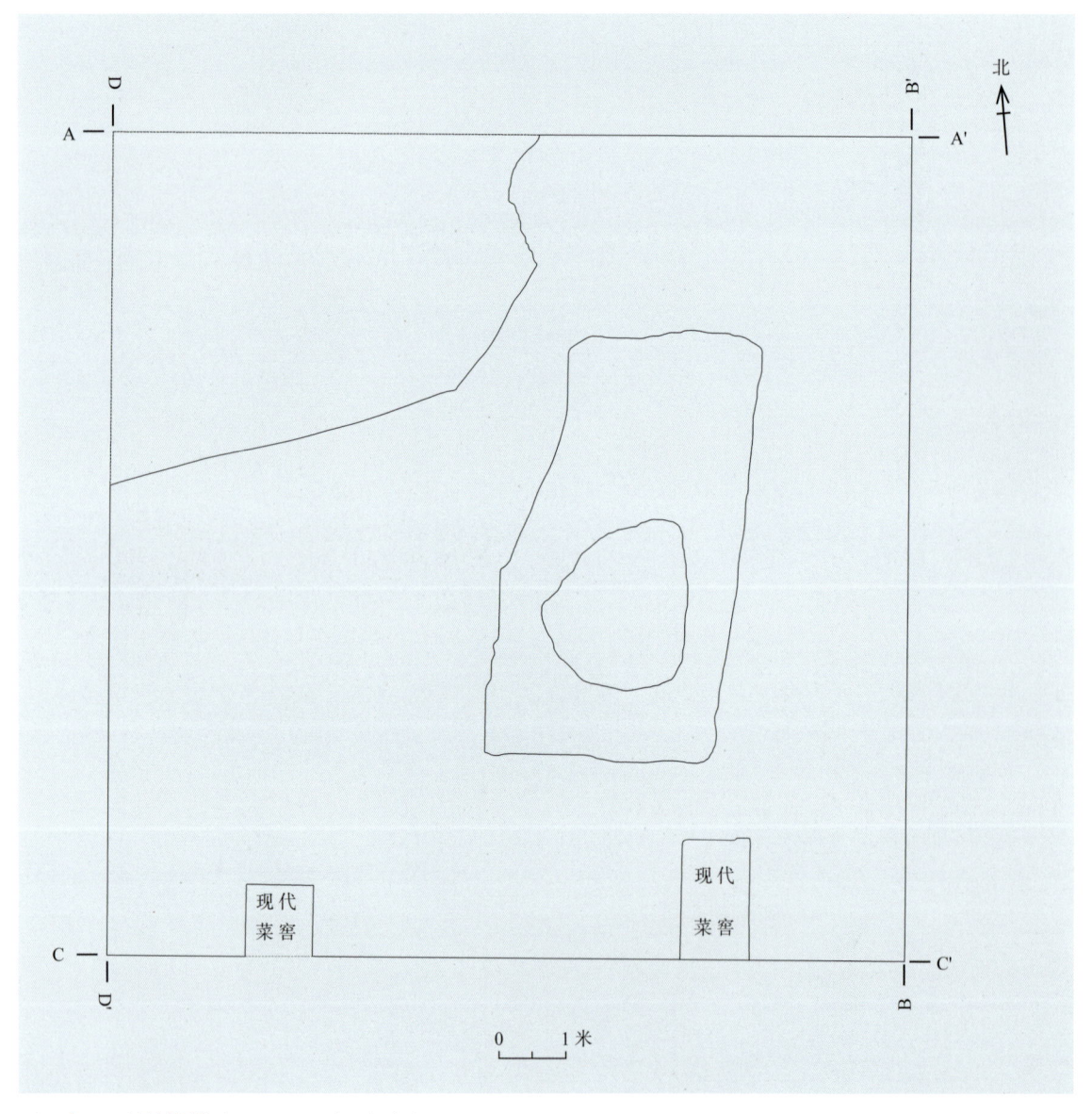

图三九　3号护城墩（2018YCD3）平面图

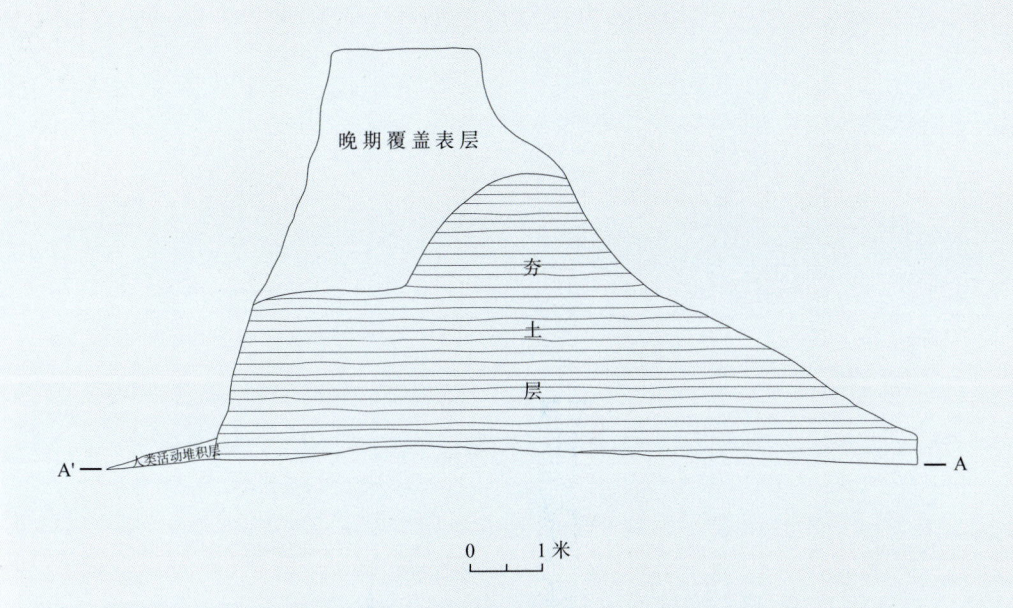

图四〇　3号护城墩（2018YCD3）北壁正视图

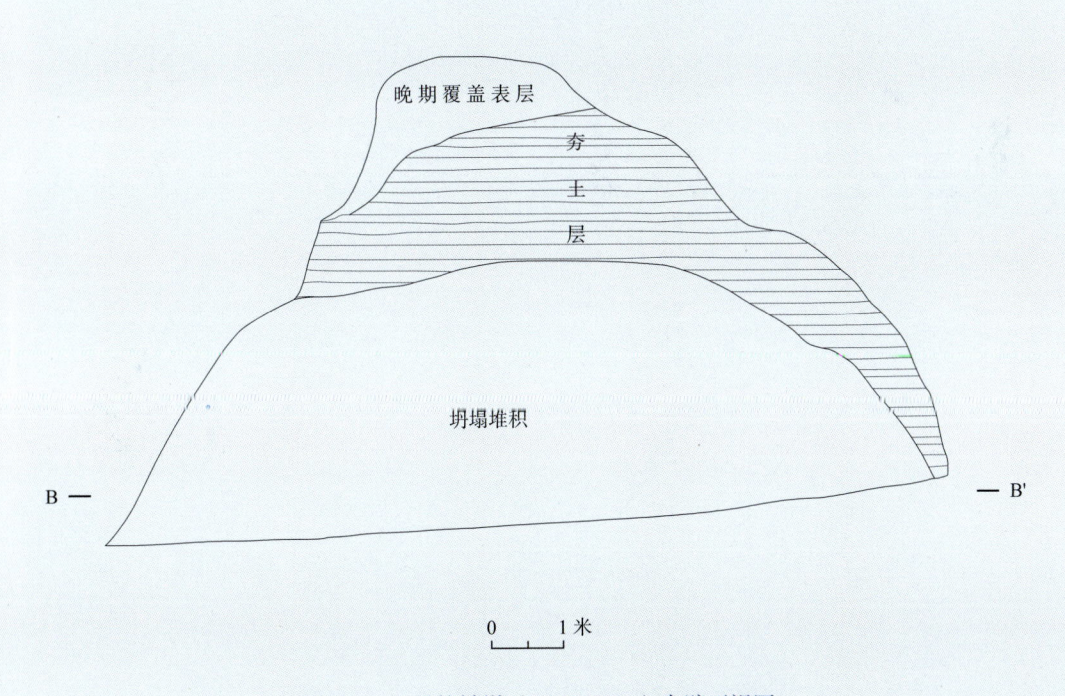

图四一　3号护城墩（2018YCD3）东壁正视图

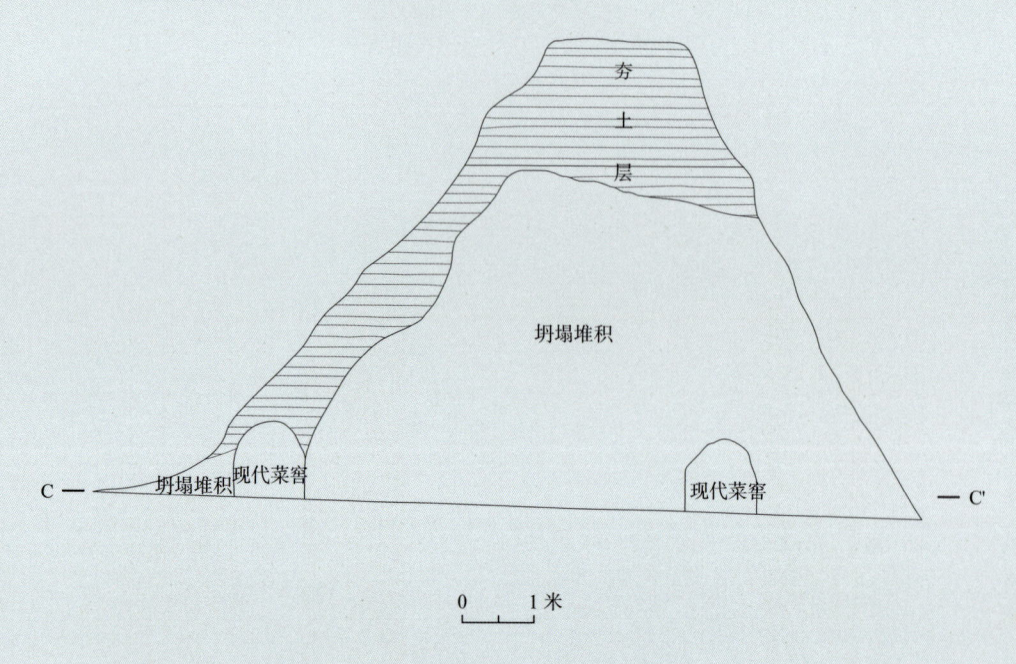

图四二 3号护城墩（2018YCD3）南壁正视图

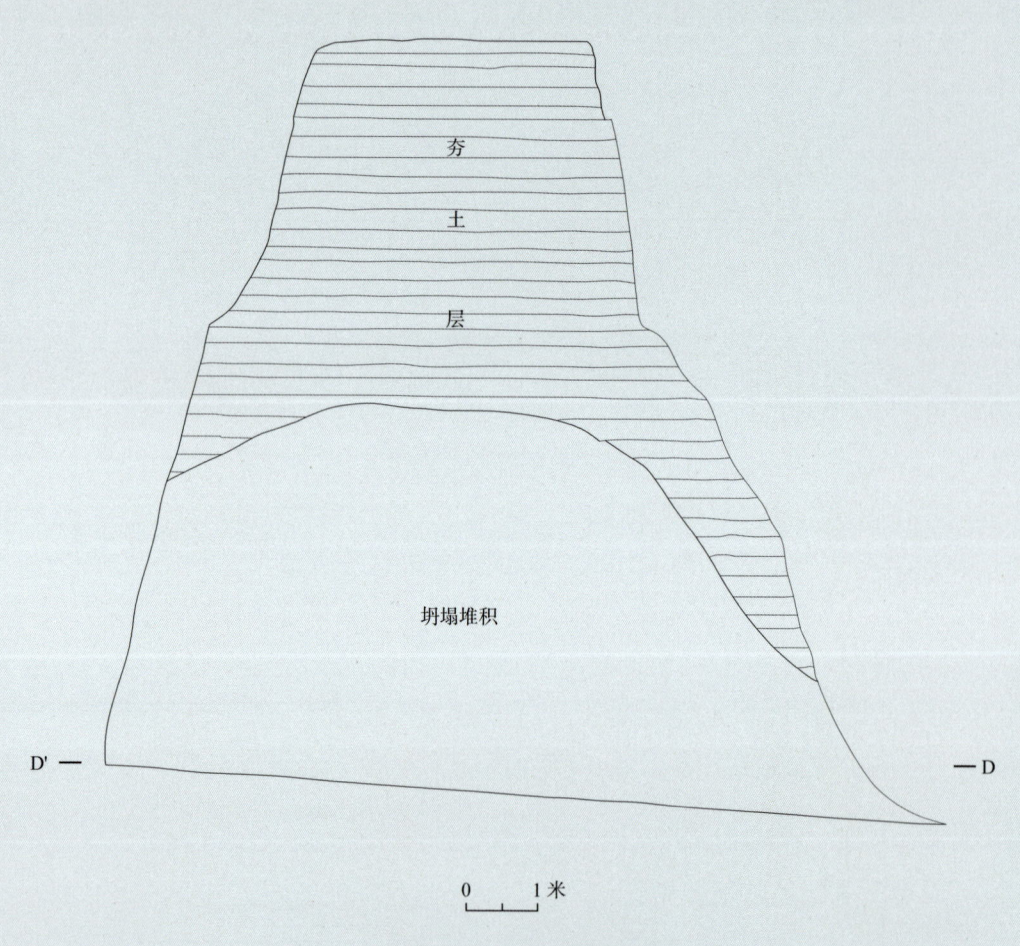

图四三 3号护城墩（2018YCD3）西壁正视图

图四四　3号护城墩（2018YCD3）发掘后（北立面）

图四五　3号护城墩（2018YCD3）发掘后（东立面）

（四）4号护城墩

4号护城墩（2018YCD4）位于岔道城东北120米左右的山坡上，西距3号护城墩约220米，东南距5号护城墩约90米，居高临下，俯控全城。墩台现裸露于地表，东部、南部因人为损坏、雨水冲刷，塌圮无存，现仅残存西北部一小部分。

现存4号护城墩建在碎砂石层上，呈覆斗状，平面呈三角形，东西残长4、南北残长3.3、残高0.6米。夯层厚度不一，厚0.13—0.16米（图四六）。

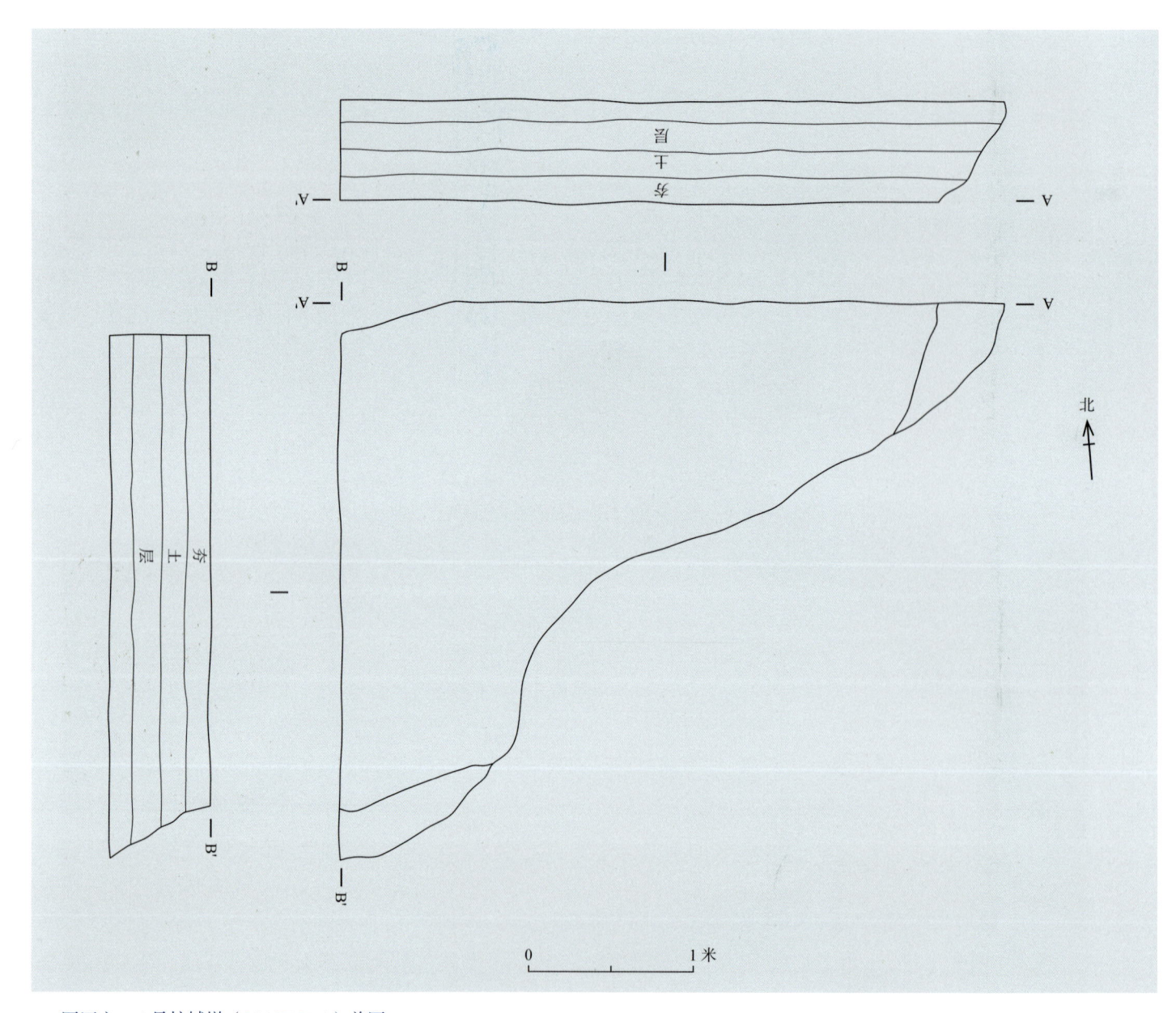

图四六　4号护城墩（2018YCD4）总图

（五）5 号护城墩

5 号护城墩（2018YCD5）位于岔道城东北约 80 米的山坡上，西北距 4 号护城墩 90 米。护城墩平面呈矩形，采用黄土夯筑而成，由基础、墩体构成（图四七—图五九）。

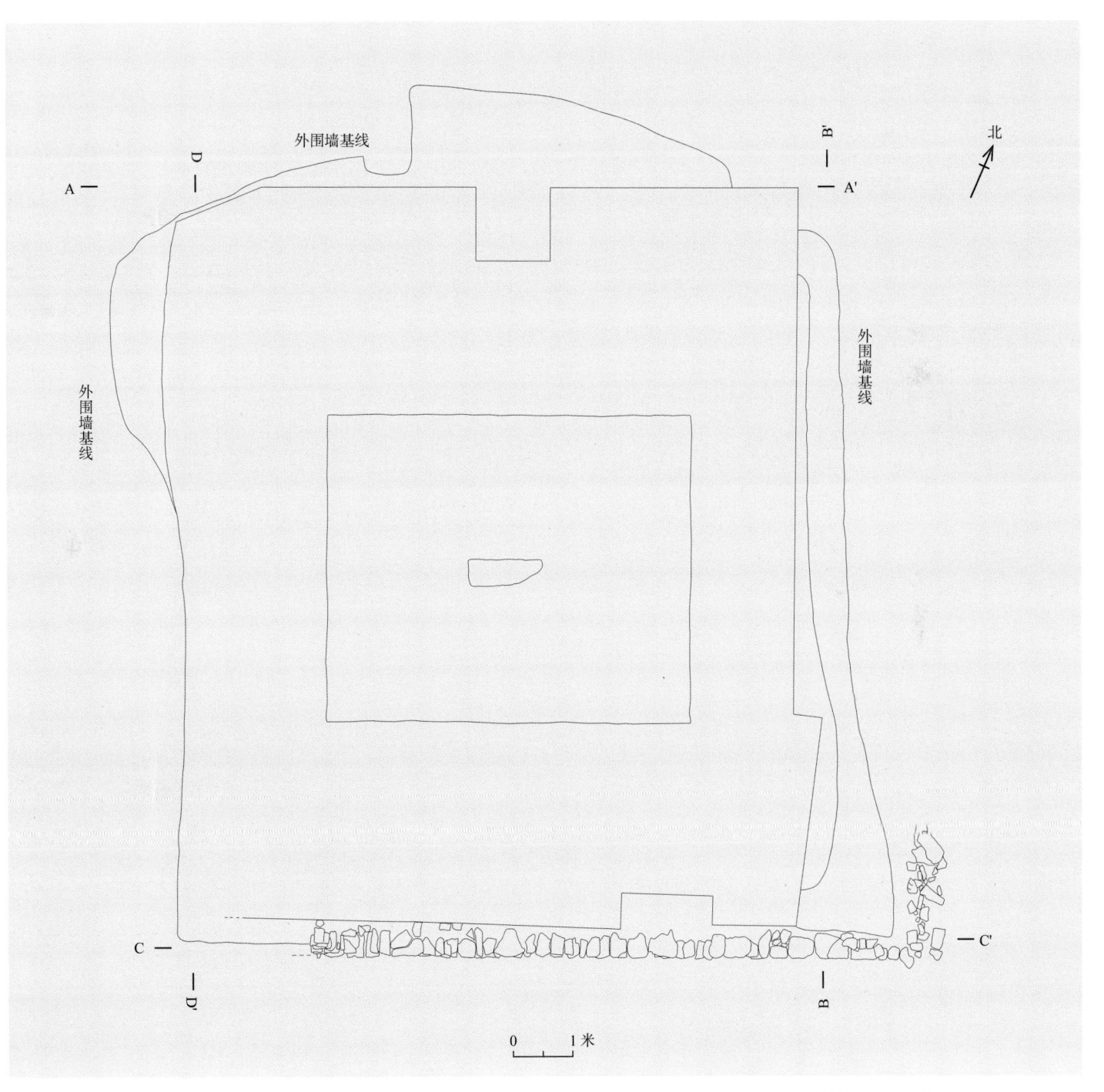

图四七　5 号护城墩（2018YCD5）平面图

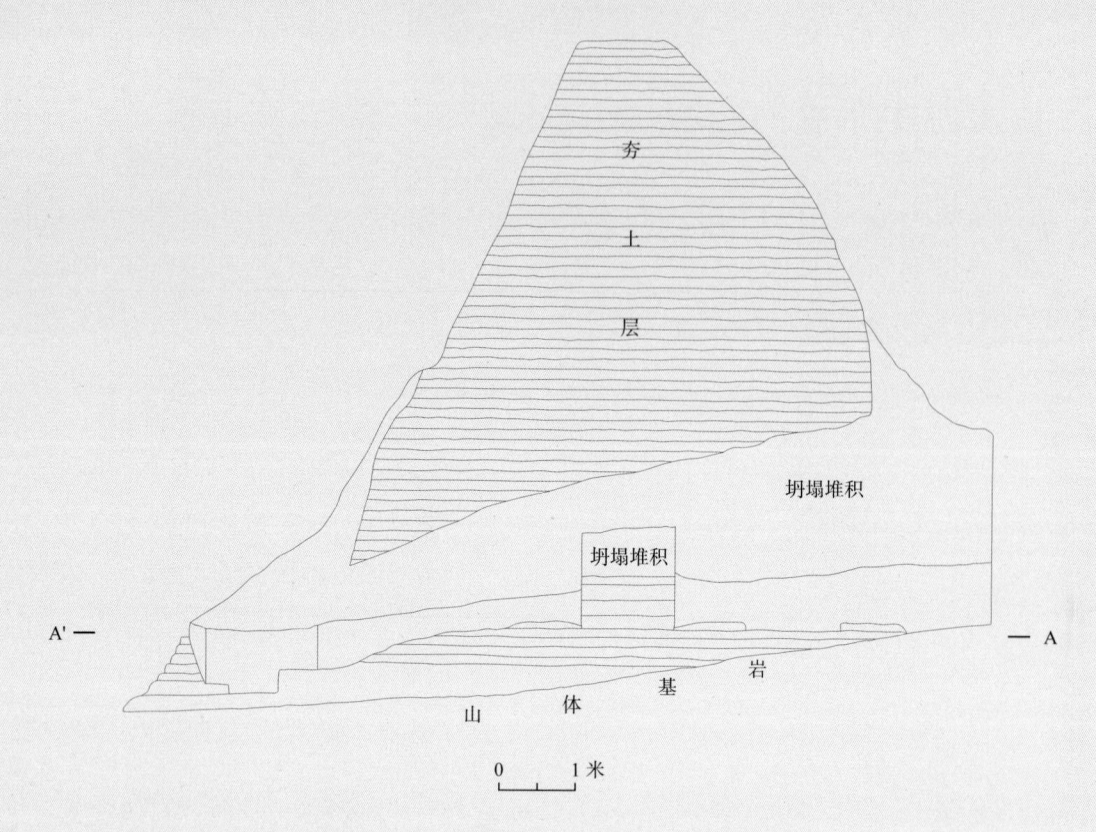

图四八　5号护城墩（2018YCD5）北壁正视图

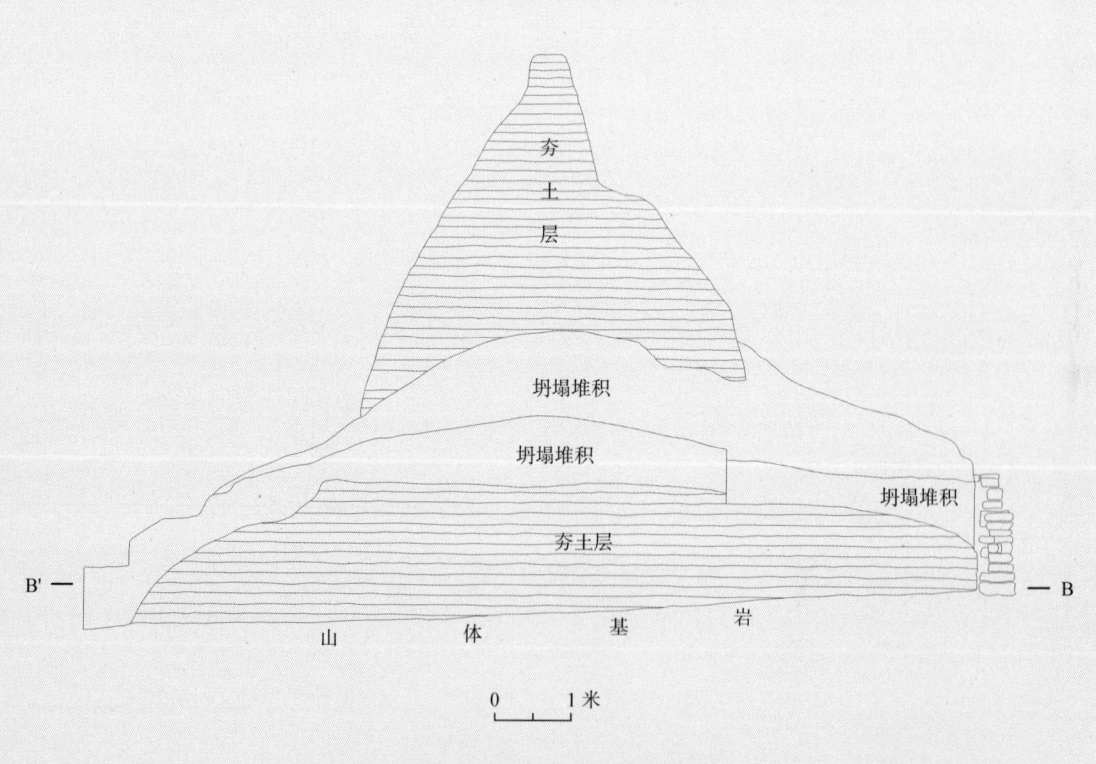

图四九　5号护城墩（2018YCD5）东壁正视图

34　北京长城考古（一）

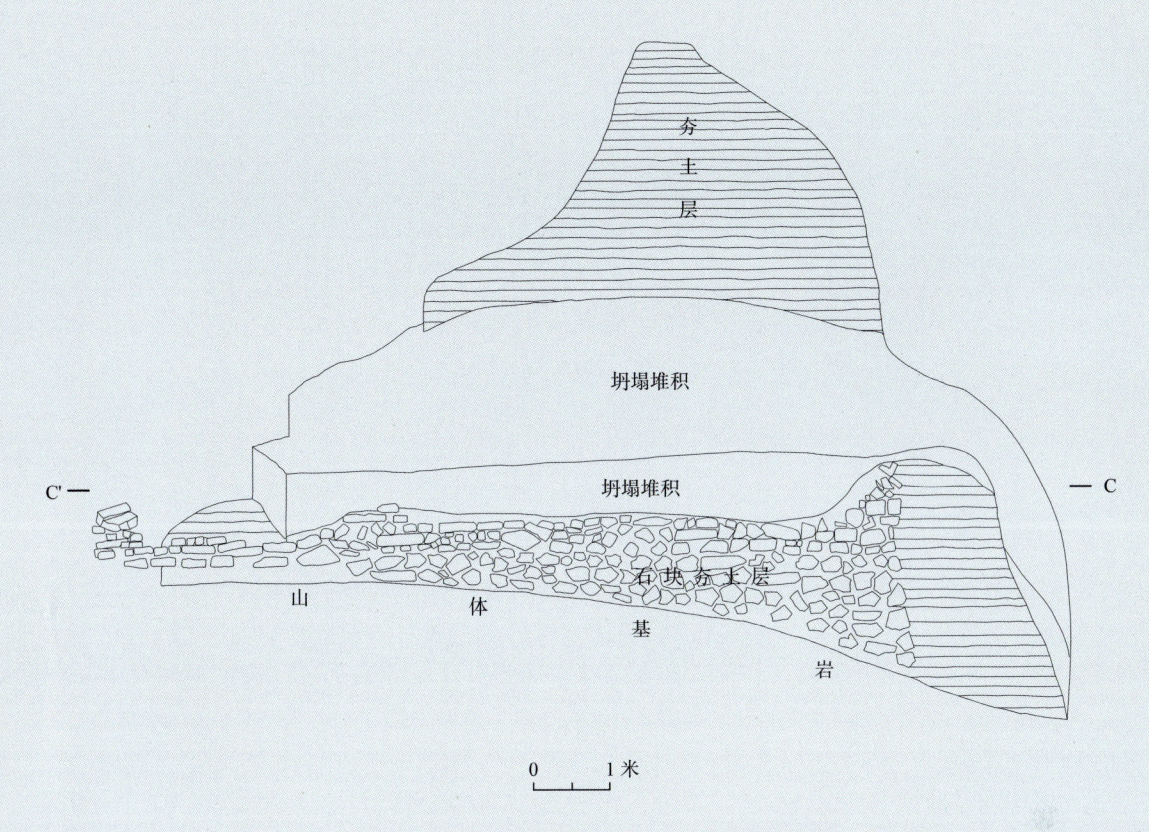

图五〇　5号护城墩（2018YCD5）南壁正视图

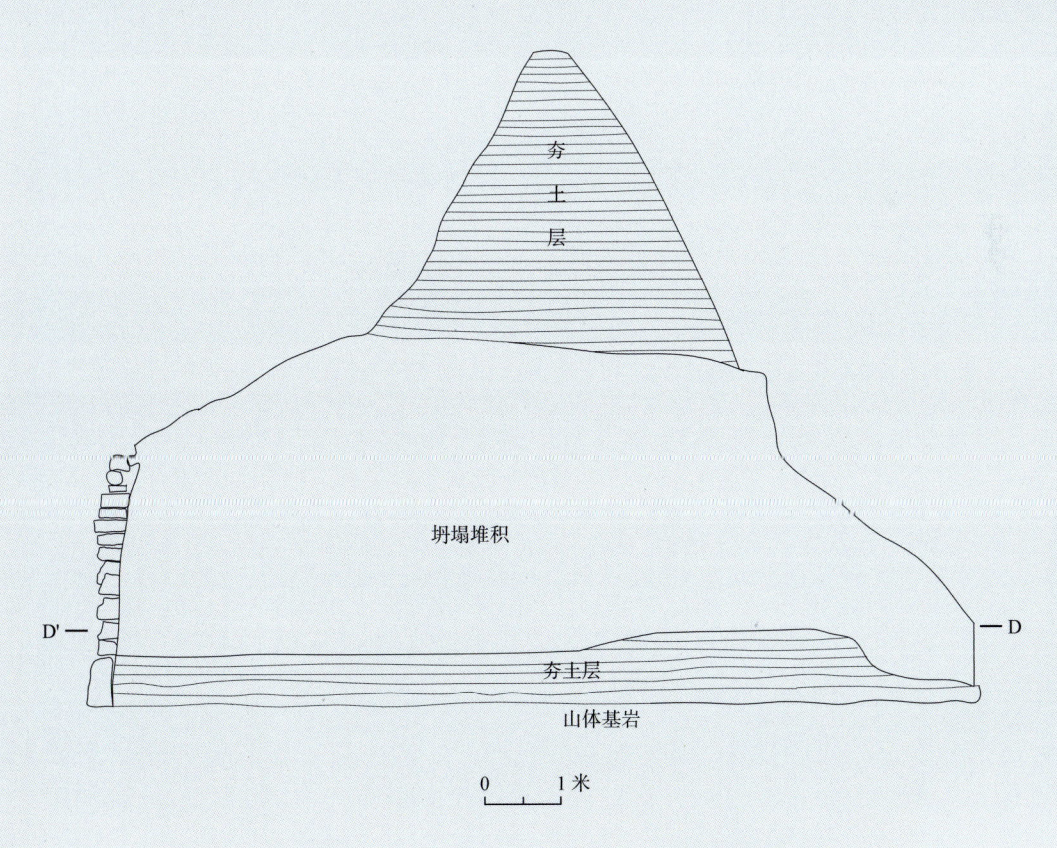

图五一　5号护城墩（2018YCD5）西壁正视图

图五二　5号护城墩（2018YCD5）发掘后（俯视）

基础：5号护城墩所在地因地势东高西低、北高南低，故基础采用石块、三合土夯筑，即砌一层石块，垫一层三合土，找平。东北、东部地势稍高，依山体之势，直接垒砌墩体。基础因自然、人为等原因遭到一定程度的破坏，现东部石墙残长10.76、残高2.62米（图六〇），北部石墙残长2.2米（图六一）。

墩体：呈覆斗状，底部因破坏，形状呈不规则形，最长径14.26、最宽11.96、残高8.7米。顶部平面呈不规则形，南北残长1.2、东西残宽约0.44米。夯土中内含碎石子、碎陶片，夯层厚度不一，厚0.1—0.2米。

图五三　5号护城墩（2018YCD5）发掘后（北立面）

图五四　5号护城墩（2018YCD5）发掘后（东北—西南）

图五五　5号护城墩（2018YCD5）发掘后（东立面）

图五六　5号护城墩（2018YCD5）发掘后（东南—西北）

图五七　5号护城墩（2018YCD5）发掘后（南立面）

图五八　5号护城墩（2018YCD5）发掘后（西南—东北）

图五九　5号护城墩（2018YCD5）发掘后（西立面）

图六〇　5号护城墩（2018YCD5）发掘后（东侧） 　　图六一　5号护城墩（2018YCD5）发掘后（北侧）

（六）6号护城墩

6号护城墩（2018YCD6），位于南翼城南端山顶处，骑墙而建。护城墩平面呈矩形，由基础、墩体组成（图六二—图七五）。

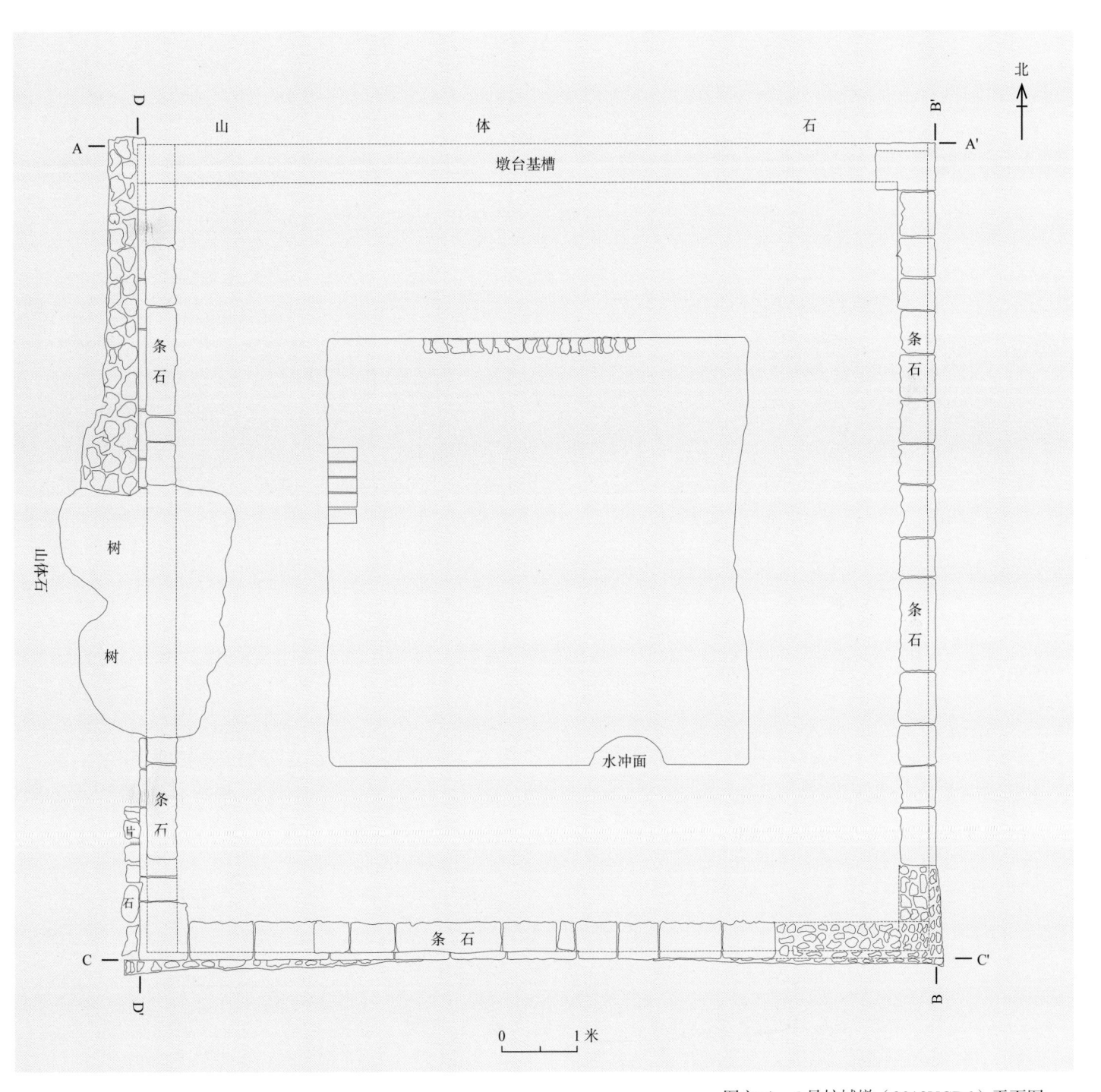

图六二　6号护城墩（2018YCD6）平面图

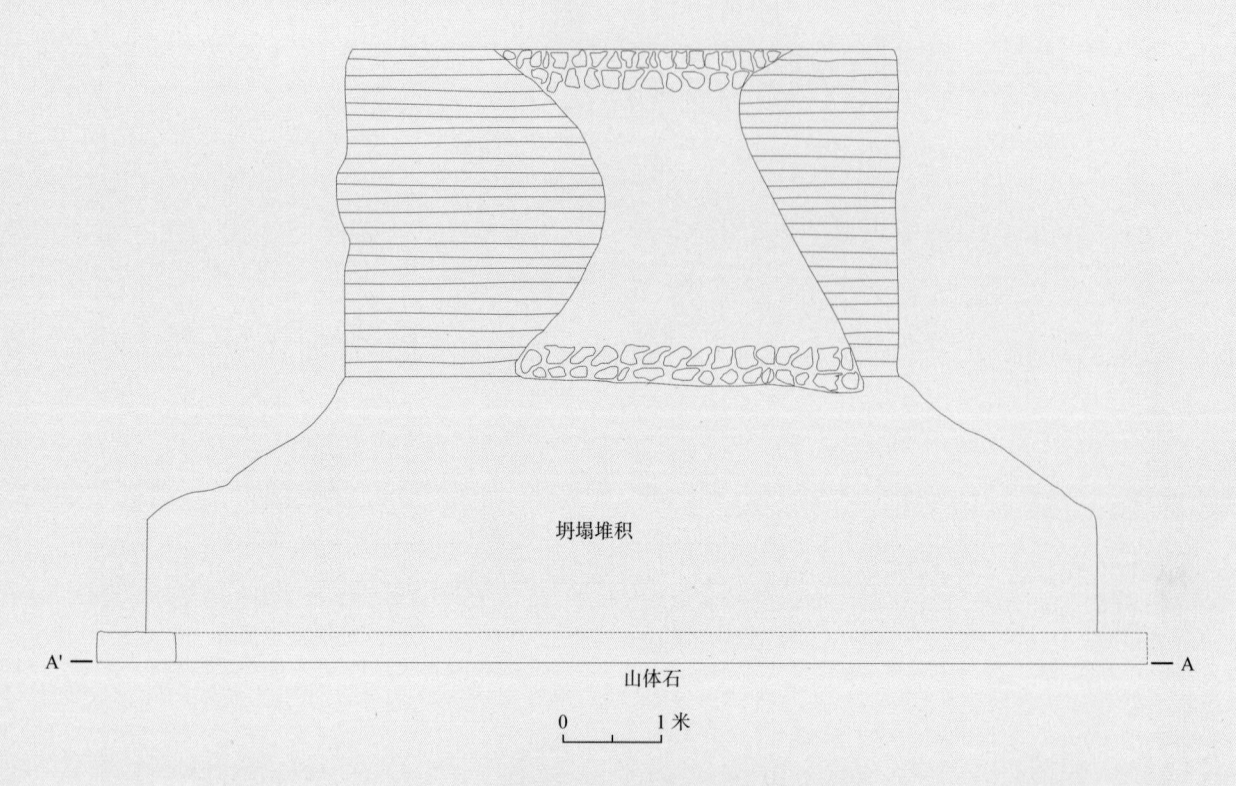

图六三　6号护城墩（2018YCD6）北壁正视图

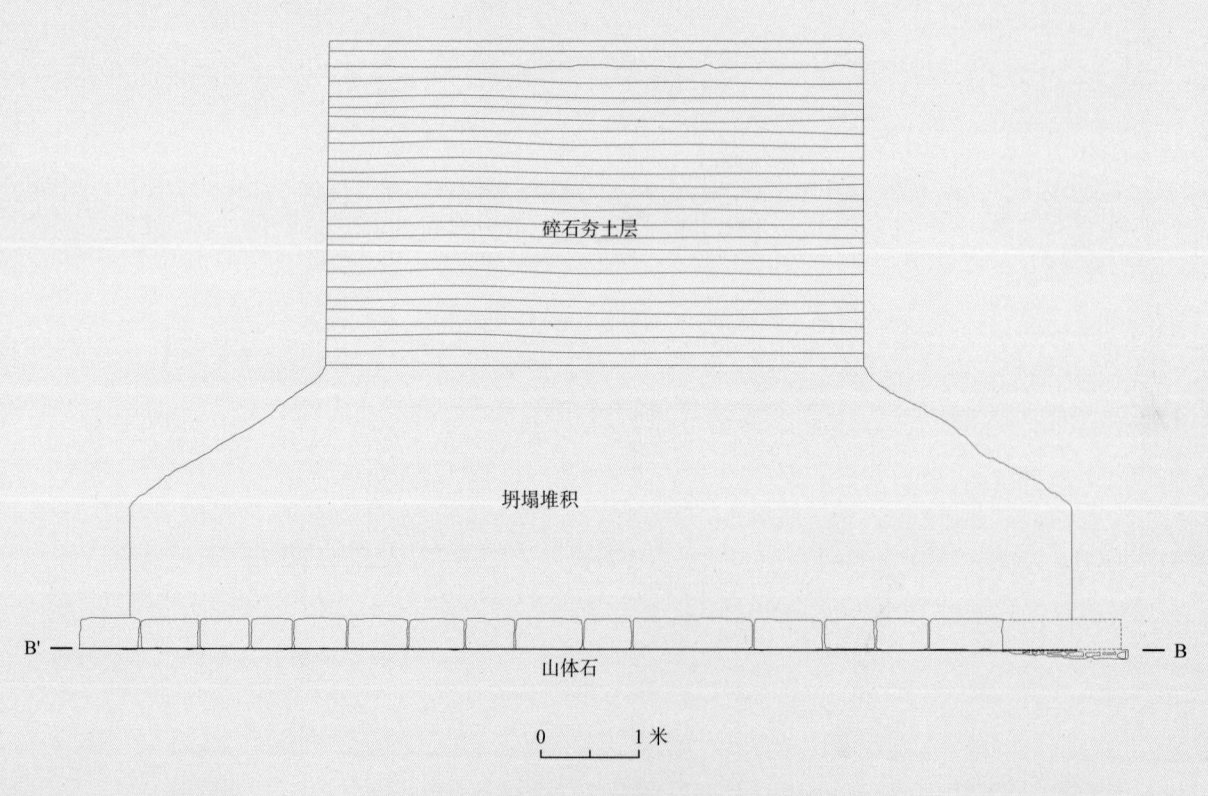

图六四　6号护城墩（2018YCD6）东壁正视图

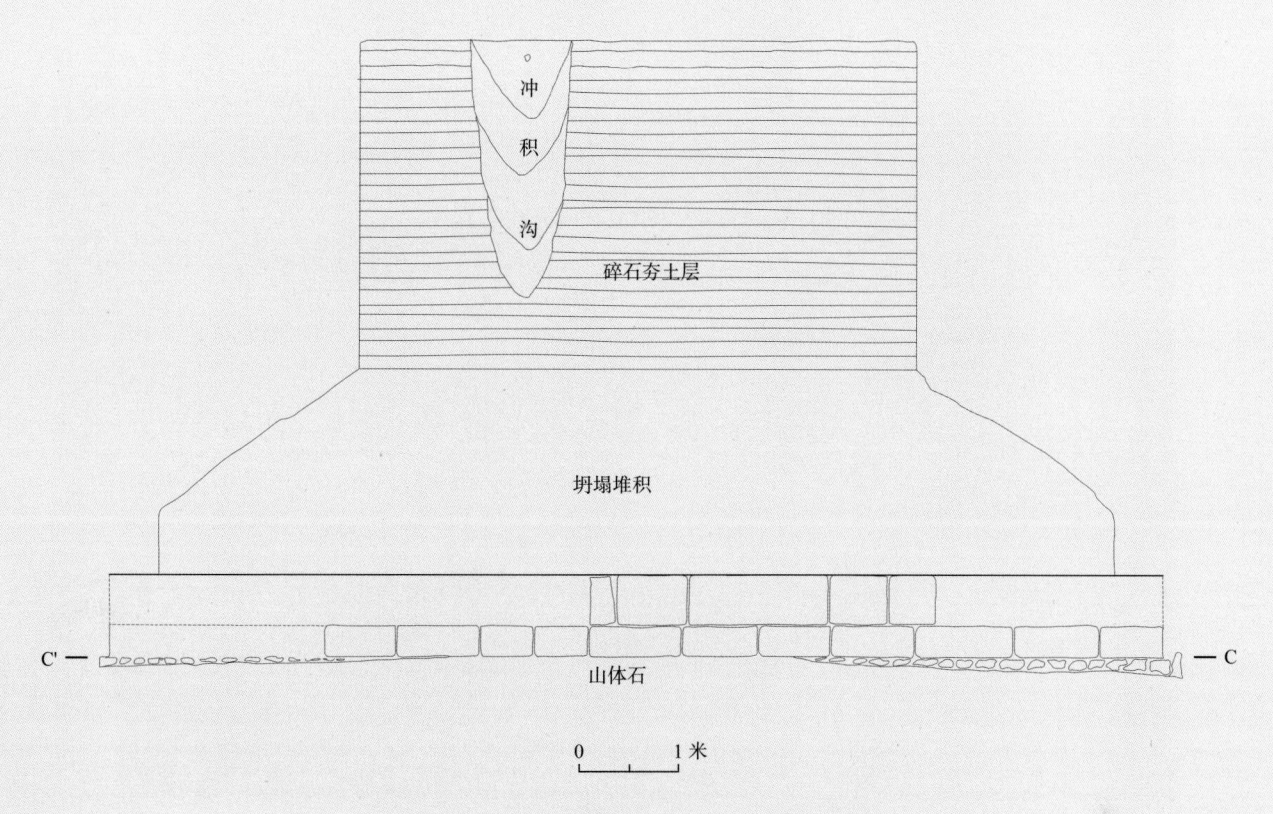

图六五　6号护城墩（2018YCD6）南壁正视图

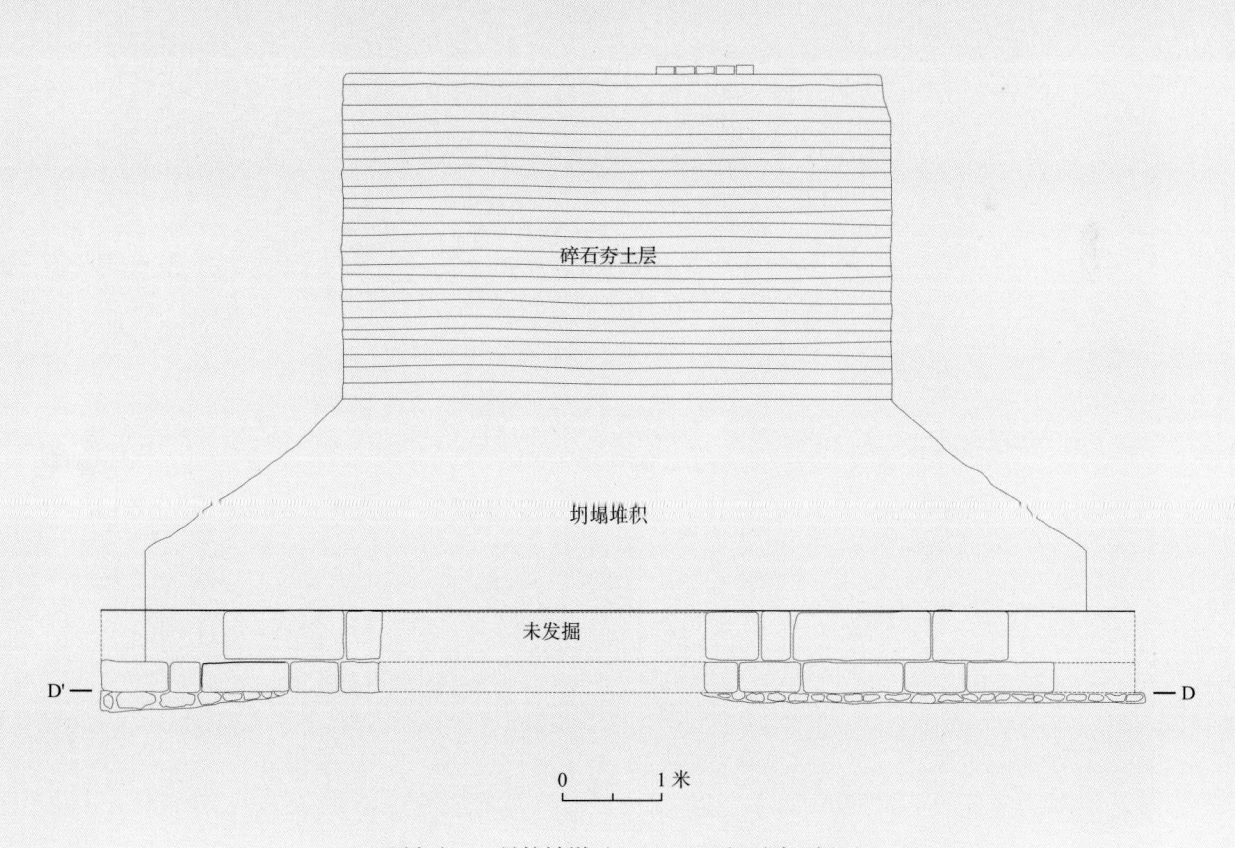

图六六　6号护城墩（2018YCD6）西壁正视图

图六七　6号护城墩（2018YCD6）发掘前（俯视）

图六八　6号护城墩（2018YCD6）发掘前（北立面）

图六九　6号护城墩（2018YCD6）发掘后（俯视）

基础：护城墩基础未开挖基槽，而直接在略加修整的自然山体上修筑，采用土石混筑方式将自然山体顶部垫平，再用长方形条石铺平。平面呈矩形，东西长10.5、南北长10.6、高5.96米。

墩体：高6.16米，分为上、中、下3部分。

墩座：内部土石混筑，外立面条石包砌。东立面仅残存1层条石，长约9.3、残高0.3米；南立面残存两层条石，底层东端条石遭人为拆毁，现残长8.3米，上层条石残存中西

图七〇 6号护城墩（2018YCD6）发掘后（北立面）

图七一 6号护城墩（2018YCD6）发掘后（东北—西南）

图七二 6号护城墩（2018YCD6）发掘后（东立面）

图七三 6号护城墩（2018YCD6）发掘后（南立面）

延庆岔道城翼城及护城墩遗址考古发掘报告

图七四　6号护城墩（2018YCD6）发掘后（西南—东北）

图七五　6号护城墩（2018YCD6）发掘后（西立面）

部，残长3.45米；西立面残存两层条石，底层条石残长1.82米，上层条石残存1.64米；北立面仅存东北角一块条石，残长0.83米。

墩身：平面近矩形，自下而上逐渐收分，南北长5.5、东西宽约5.5、残高3.17米。内部黄土夯筑而成。夯层厚度不一，厚0.1—0.15米。外立面原包砌青砖，夯土与包砖之间土石夯筑。现包砖已拆除，土石夹层坍塌，露出夯土芯。

墩顶：顶部较平，中部尚存三合土防水层和部分砖铺地面，长5.5、宽5.38—5.6米，铺地青砖仅存一层，错缝顺砌，白灰勾缝。

六、出土遗物

D1、D6护城墩顶部及四周出土遗物共计15件，分为建筑材料和生活用品两类。

（一）建筑材料

建筑材料分为瓦、砖，石质2类，砖瓦均为泥制灰陶，模制；石材为青石。

兽面纹瓦当　1件。D1∶1，残存部分当头，直径10.1厘米（图七六，4；图七七，1）。

板瓦　1件。D1∶11，素面，长24.8、宽16—18.2厘米（图七六，13；图七七，2）。

筒瓦　1件。D1∶8，素面，长21.7、宽11.3、高4.9厘米（图七六，9；图七七，3）。

悬梯石　1件。D1∶10，整体呈近"F"形，表面加工较为平整，顶部前端凿有凹槽，头部略宽，尾部略窄，近锥形，长83、宽17—19厘米（图七六，14；图七七，4）。

外包石　1件。D1∶12，呈长方形，表面加工较粗糙，长57、宽41、厚10厘米（图七六，15；图七七，5）。

正脊花砖　6件。D1∶2，残长23、厚6厘米（图七六，1；图七七，6）。D1∶6，残长16.1、宽11、厚7厘米（图七六，2；图七八，1）。D6∶3，残长21.2、宽17、厚6.5厘米（图七六，7；图七八，2）。D1∶7，残长13.2、宽12、厚5.5厘米（图七六，12；图七八，3）。D6∶2，残长15、宽14、厚6.5厘米（图七六，10；图七八，4）。D1∶5，长21、宽13、厚5.5厘米（图七六，11；图七八，5）。

挑檐砖　2件，外侧侧面呈圆弧状。D1∶4，残长22.1、宽5.1、高5.6厘米（图七六，3；图七八，6）。D6∶4，残长27.3、宽13.2、厚5.1厘米（图七六，8；图七八，7）。

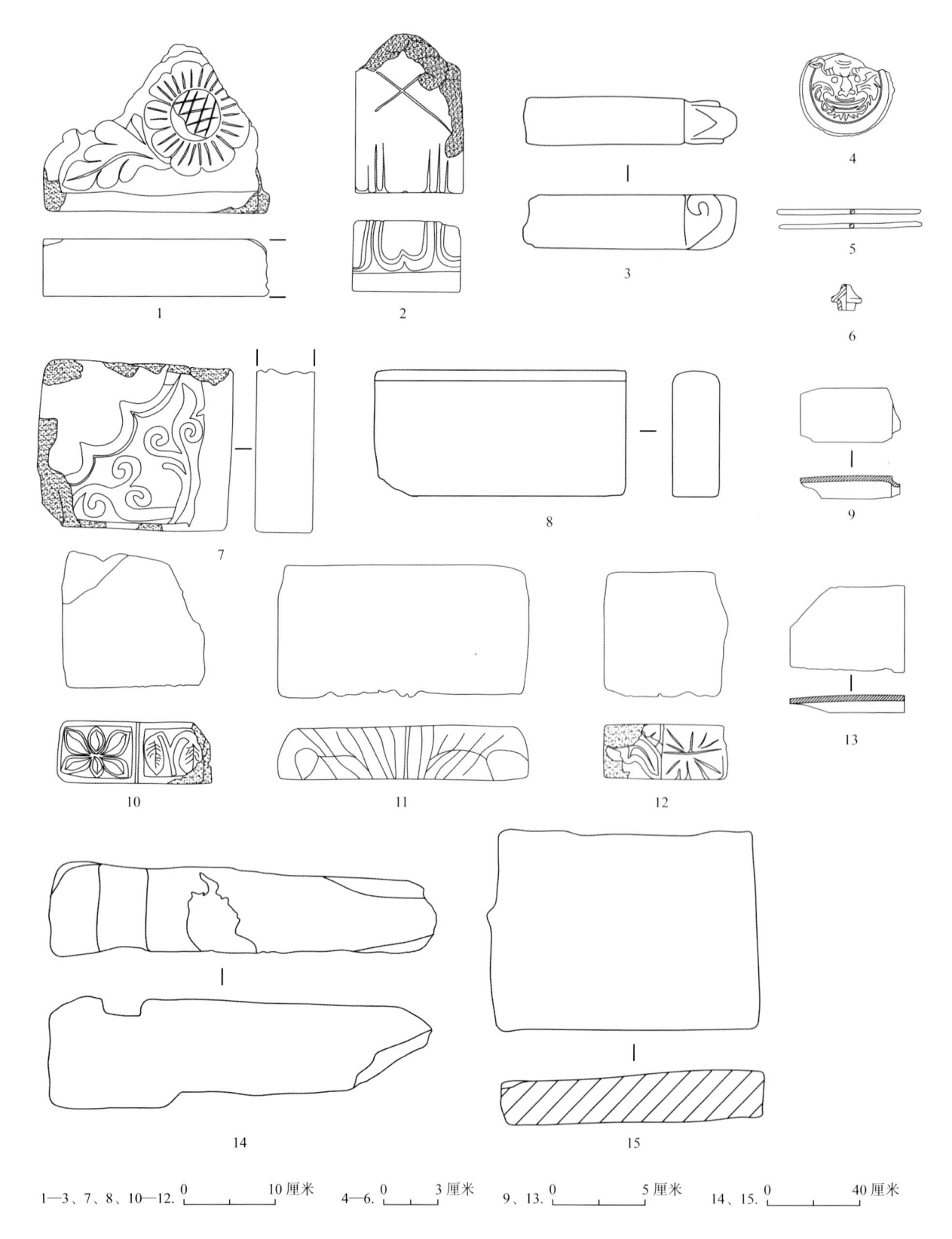

图七六 D1、D6护城墩出土器物

1、2、7、10—12.正脊花砖（D1∶2、D1∶6、D6∶3、D6∶2、D1∶5、D1∶7） 3、8.挑檐砖（D1∶4、D6∶4） 4.兽面纹瓦当（D1∶1）
5.铁器（D6∶5） 6.瓷器盖（D6∶1） 9.筒瓦（D1∶8） 13.板瓦（D1∶11） 14.悬梯石（D1∶10） 15.外包石（D1∶12）

1. 兽面纹瓦当（D1：1）  2. 板瓦（D1：11）

3. 筒瓦（D1：8）  4. 悬梯石（D1：10）

5. 外包石（D1：12）  6. 正脊花砖（D1：2）

图七七　D1护城墩出土建筑材料

1. 正脊花砖（D1：6） 　　2. 正脊花砖（D6：3）

3. 正脊花砖（D1：7） 　　4. 正脊花砖（D6：2）

5. 正脊花砖（D1：5）

7. 挑檐砖（D6：4）

6. 挑檐砖（D1：4）

图七八　D1、D6 护城墩出土建筑构件

（二）生活用品

铁器　1件。D6：5，腐蚀严重，圆柱状，两头呈锥形，较尖，长15厘米（图七六，5；图七九，1）。

瓷器盖　1件。D6：1，轮制，圆帽形盖，子母口，表面施酱釉，盖口未施釉，盖纽已缺失，盖径3.5、通高2.7厘米（图七六，6；图七九，2）。

1. 铁器（D6：5）

2. 瓷器盖（D6：1）

图七九　D6护城墩出土生活用品

七、结　　语

根据明万历三十年（1602）前后宣大总督杨时宁编纂的《宣大山西三镇图说·岔道城图说》记载："嘉靖三十年以警报频仍，议者不得已为护关缩守之计，始筑而城之，随甃以砖。"[2] 因此，岔道城翼城及护城墩当修建于明代。

1949年后，岔道城1—6号烽火台及边墙受到严重破坏，原本高大雄伟的城墙、墩台被人为拆毁殆尽，日后又倾倒垃圾填埋，如今仅存夯土遗址。改革开放后，随着"三北防护林"等植树造林、绿化工程工作的影响，遗址区全部种植松柏树和低矮的灌木丛。

本次考古勘探发掘工作，共勘探、发掘岔道城南、北翼城两道，护城墩6座，对认识长城修筑结构和工艺、岔道城长城防御体系、军都陉防御体系和长城保护修缮具有重要意义。

（1）本次发掘清理的北翼城城墙，揭露出城墙底部边缘，新发现城墙底部内外两侧夯筑有斜坡状护坡散水，为认识夯土结构的城墙排水设施提供了新材料。

（2）本次发掘的6座护城墩，人为损毁严重，考古发掘前无法得知护城墩准确的建筑形制和工艺。通过考古发掘，清理出基本完整的护城墩结构，形制基本一致，略有不同。依据发掘结果，结合1905—1909年由上海同生照相馆拍摄、上海公兴印字馆制造、1909年发行的《京张路工撮影》中的照片可复原烽火台的建筑形制（图八〇）。

以D1护城墩为例，该墩以自然山体为基础，略加修整后修筑。护城墩为实心结构，平面略呈矩形，收分明显，剖面呈上窄下宽的梯形。护城墩在修建时就地取材，以当地的沙状黄土夹杂碎石夯筑而成，夯土层的厚度为0.1—0.25米，由于土质黏合度不同而表现出一定的差异。夯土外包砌砖石，即以条石为基础，护城墩中上部包砖，砖石与夯土部分为土石混筑的填充物。顶部四周应设垛口墙并辟门，门距离地面较高，门枕外侧设悬梯石，用于挂登顶软梯。该登顶设施早在明初便已形成。"永乐十一年冬十月己酉，山西缘边烟墩成……高五丈有奇，四围城高一丈，外开濠堑、吊桥；门道上置水柜，暖月盛水，寒月积冰，墩置官军三十一人守瞭，以绳梯上下。皆上所规画也。"[3]《金汤借箸十二筹》中云"墩台高三四丈，必占山坡高处，直起，不用阶梯，上下皆用软梯，每一墩小房一间……"[4] 并配图（图八一）。说明至崇祯时期仍沿而不废。在现存明长城遗迹中，此种建筑形制的实心墩台常见于明代蓟镇长城，如拿子峪05号烽火台、拿子峪06号烽火台等。而悬梯石这一登顶设施，在蓟镇、宣府镇长城均有分布，如蓟镇的角山2号敌台、小河口11号敌台，宣府镇的青边口5号敌台、四台沟村02号敌台等。

图八〇 《京张路工撮影》中岔道城影像

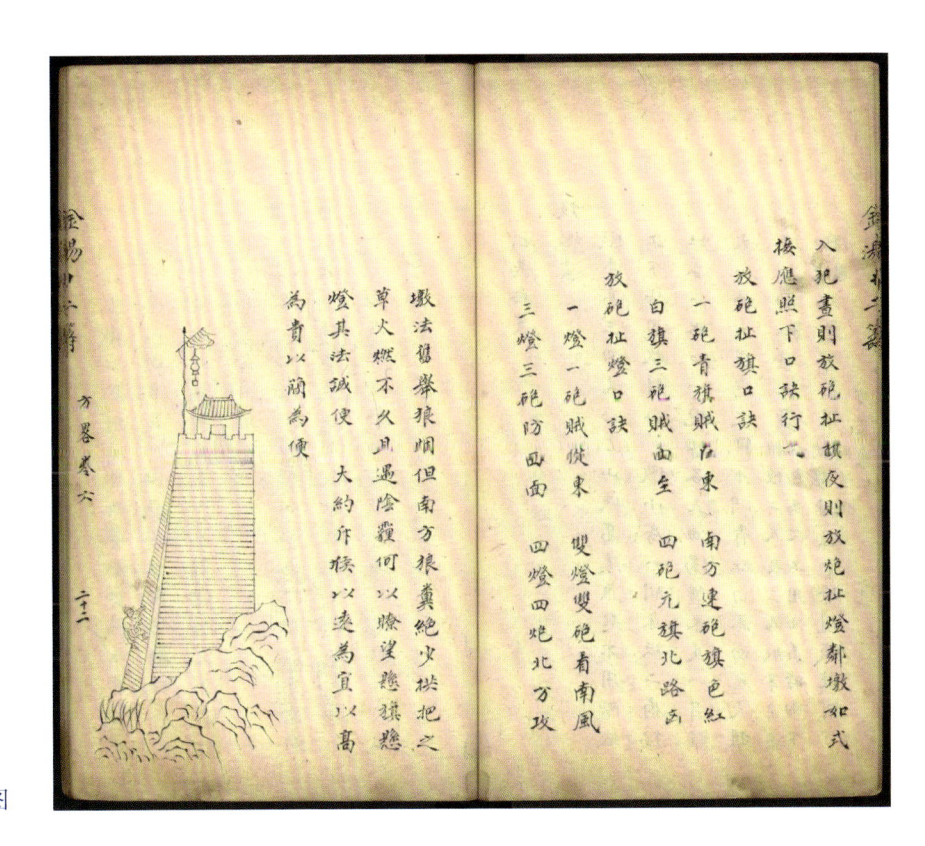

图八一 《金汤借箸十二筹》中墩台图

延庆岔道城翼城及护城墩遗址考古发掘报告　55

此外，该护城墩顶部曾修建铺房，又称楼橹、望厅，该建筑常见于明长城文献，如《四镇三关志》《宣大山西三镇图说》中所绘长城舆图内的墩台顶部。现存明蓟镇、昌镇长城敌台顶部亦有分布，如拿子峪16号敌台等。其建筑形制一般是硬山顶，坐二破三式。本次发掘虽未见铺房建筑遗迹，但从出土的建筑装饰构件来看，该护城墩上的铺房建筑较为精美，设有挑檐砖（叠涩砖檐）、砖雕花脊等。

（3）本次发掘在D6护城墩周围出土有白灰块，经北京科技大学科技史与文化遗产研究院魏书亚、北京第二外国语学院基础科学部蒋建荣分析检测，根据红外光谱以及拉曼光谱的分析结果表明该白灰的无机成分以方解石为主。而气相色谱-质谱和热裂解-气相色谱-质谱检测结果表明该白灰样品几乎不含有有机成分。

（4）现藏于台北故宫博物院绘制于明末清初的彩绘军事地图《居庸关图本》[5]、《南山图本》[6]（图八二、图八三）中，在岔道城南北两侧各绘制了一座实心墩台，题签标注"护城墩"，本次发掘的6座烽火台中，D1、D6两座烽火台与图本中所绘位置和所处军事地理形势较为一致，故D1、D6烽火台当为图本上所绘的"护城墩"。

（5）《宣大山西三镇图说·岔道城图说》所记仅为岔道城城址自身，南北翼城、护城墩失载。本次考古勘探发掘的南、北翼城，6座护城墩完整地展现了岔道城的防御体系，证明岔道城并非仅为一座处于山谷中的城堡，而是在城堡西门瓮城外（迎敌面）向南北两侧的山脉制高点修建翼城，山顶修建护城墩，从而占据城址南北两侧的制高点。更新了我们之前对岔道城防御体系的认知（图八四）。同时，这种防御体系的修建模式，在同属太行八陉的军都陉（关沟）防御体系中的八达岭关、上关城、居庸关、南口城中亦出现，具有一致性。更新了我们对明清时期北京城西北门户——军都陉（关沟）防御体系的认识。

（6）本次针对长城附属设施的考古发掘工作是北京提出"长城文化带"之后首个针对长城的专项考古发掘工作，对今后北京乃至全国的长城遗产保护工作，特别是长城修缮前先做田野考古发掘工作，提供了成功的案例和经验，为今后制定科学的修缮保护方案提供了基础信息，打下了坚实的基础。同时起到了宣传和示范作用。

领队：刘乃涛

发掘：尚珩、张志伟

摄影：尚珩、张志伟

绘图：张志伟

白灰检测：蒋建荣、魏书亚

执笔：尚珩、卜彦博、刘乃涛

图八二 《居庸关图本》（台北故宫博物院藏）

图八三 《南山图本》（台北故宫博物院藏）

图八四　岔道城防御体系全景

注释

[1] 宋大川主编、盛会莲著：《北京考古志·延庆卷》，上海古籍出版社，2012年，第43—46页。

[2] 薄音湖编辑、点校：《明代蒙古汉籍史料汇编·第12辑——九边图论·九边图说·宣大山西三镇图说》，内蒙古大学出版社，2015年，第103页。

[3] （明）杨士奇等：《明实录·明太宗实录·卷144·永乐十一年十月》，"中央研究院"历史语言研究所校勘本，1962年，第1709页。

[4] （明）李盘、周鉴：《金汤借箸十二筹·卷六·设墩台》，哈佛大学图书馆藏清钞本，第21、22页。

[5] 李孝聪、陈军主编：《中国长城志·图志》，江苏凤凰科学技术出版社，2016年，第134页。

[6] 李孝聪、陈军主编：《中国长城志·图志》，江苏凤凰科学技术出版社，2016年，第125页。

附录

长城 6 号烽火台遗址白灰样品分析检测报告

北京科技大学　魏书亚

北京第二外国语学院　蒋建荣

一、样　　品

研究样品取自长城 6 号烽火台遗址。

二、分析仪器及条件

1. 拉曼光谱分析

Lab RAMHR Evolution 型高分辨拉曼光谱仪，厂家：HORIBAJobinYvonS.A.S，波谱检测范围：4000cm^{-1}—100cm^{-1}；He-Cd 激光器（325nm）——光谱分辨率 ≤ 1.6cm^{-1}；高温热台：室温至 1500℃。

2. 红外光谱分析

Nicolet 6700 高级傅里叶变换红外光谱仪（美国赛默飞世尔科技公司），测试条件：背景、样品扫描次数：16 次，波数范围：4000cm^{-1}—500cm^{-1}；分辨率为 4cm^{-1}；测量附件为 ID1。

3. 气相色谱 – 质谱分析结果（GC/MS）

色谱柱：SLB-5MS（5% diphenyl/95% dimethyl siloxane），长 30m，内径 0.25mm，膜厚 0.25μm（Supelco）。日本岛津分析软件（Shimadzu GCMS Real Time）用来控制 GC/MS。

程序升温：柱温箱初始温度 120℃，保持 2min，以 5℃/min 的速率升温至 270℃，保持 10min。分流比 30：750，载气：氦气，流速 1mL/min。

电子轰击离子源（EI）；离子源温度：280℃；传输线温度：220℃；扫面范围：35—400amu。

4. 热裂解气相色谱质谱仪（Py-GC/MS）

热裂解气相色谱质谱仪（Py-GC/MS）由日本前线试验室 [Frontier lab] 的热裂解仪 EGA/PY-3030D 和日本岛津 [Shimadzu，Japan] 气相色谱质谱仪 GCMS-QP2010Ultra 组合而成。

热裂解仪参数：热裂解温度600℃，热裂解时间10s，注射器温度250℃，注射器和色谱仪的连接接口温度320℃。

气相色谱质谱条件：色谱柱 SLB-5MS（5% diphenyl/95% dimethyl siloxane），长30m，内径0.25mm，膜厚0.25μm（Supelco）。日本岛津分析软件（Shimadzu GCMS Real Time）用来控制 GC/MS。色谱柱所在烘箱的初始温度是50℃，保持5min；然后以3℃/min 的速率升高到292℃，保持3min。载气：氦气。柱前压力15.4kPa，流速0.6mL/min，1∶50分流比。恒定流速。

质谱仪电离电压：70eV；扫描0.5s，质荷比（M/Z）为50到750。

气相色谱和质谱仪的连接接口温度和电离室的温度分别是280℃和200℃。用 NIST14 和 NIST14s 质谱数据库来鉴定分离后的化合物。

三、分析结果

1. 拉曼光谱分析

该白灰样品的拉曼光谱分析结果见图一，从图中可以看出其主要拉曼峰值在155cm^{-1}、

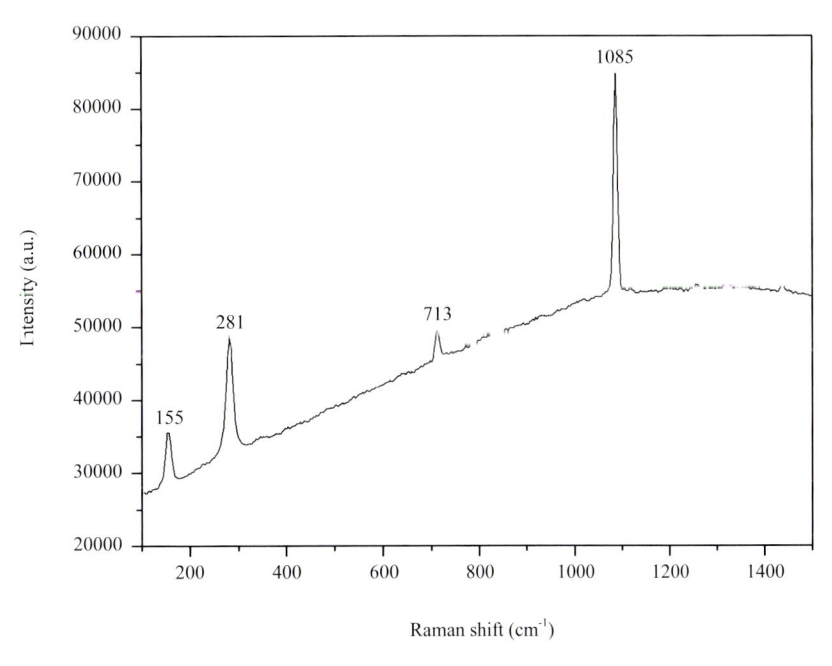

图一　白灰样品的拉曼分析结果

281cm^{-1}、713cm^{-1}、1085cm^{-1}左右，通过标准谱图（http://ruff.info/index.php）和方解石标准拉曼特征峰值对比，峰值非常吻合，表明长城6号烽火台遗址白灰样品中含有方解石。

2. 傅里叶红外光谱分析结果

Nicolet 6700 高级傅里叶变换红外光谱仪（美国赛默飞世尔科技公司），测试条件：背景、样品扫描次数：16次，波数范围：4000cm^{-1}—500cm^{-1}；分辨率为4cm^{-1}；测量附件为ATR。

图二是该白灰样品的红外吸收光谱图，从图中可以看出，主要为方解石的特征吸收峰：712cm^{-1}、871cm^{-1}、1397cm^{-1}，结合该样品的拉曼光谱分析结果，进一步可以确定长城6号烽火台遗址白灰的无机成分以方解石为主。

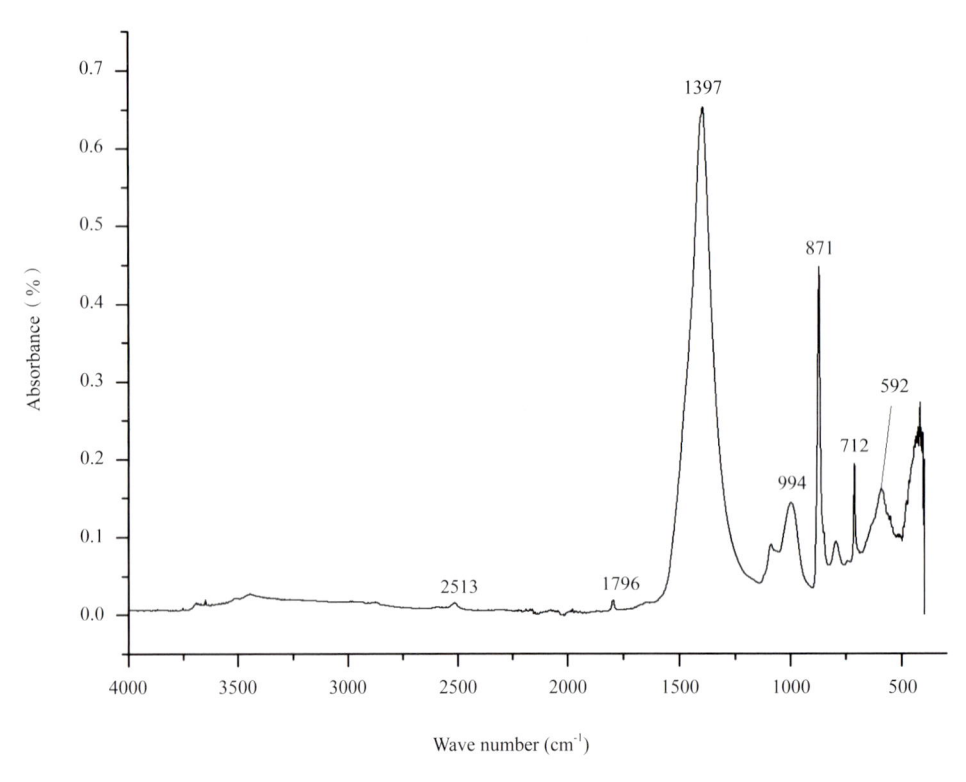

图二　白灰样品的红外光谱图

3. 气相色谱－质谱分析结果

取0.1g白灰样品，加入5mL超纯水于沸水浴中浸提5min，之后70℃超声1小时，离心机离心10min。取上清液用氮吹仪在60℃下吹干，之后加入50μL的乙腈、50μL的衍生试剂MTBSTFA，在110℃下衍生30min，反应完全后冷却至室温，上机进行测试。分析结果显示样品中几乎不含有有机化合物。

4. 热裂解－气相色谱－质谱分析结果

将样品（大约 50μg）置于热裂解器里，加入 3μL 质量分数为 20% 的四甲基氢氧化铵溶液（TMAH），在 600℃下裂解，裂解后的产物进入气相色谱－质谱中分析。分析结果同样表明样品中不含有有机化合物。

四、结　　论

红外光谱以及拉曼光谱的分析结果表明该长城 6 号烽火台遗址白灰样品的无机成分以方解石为主。而气相色谱－质谱和热裂解－气相色谱－质谱检测结果表明该白灰样品几乎不含有有机成分。

延庆南寨坡城堡遗址
考古发掘报告

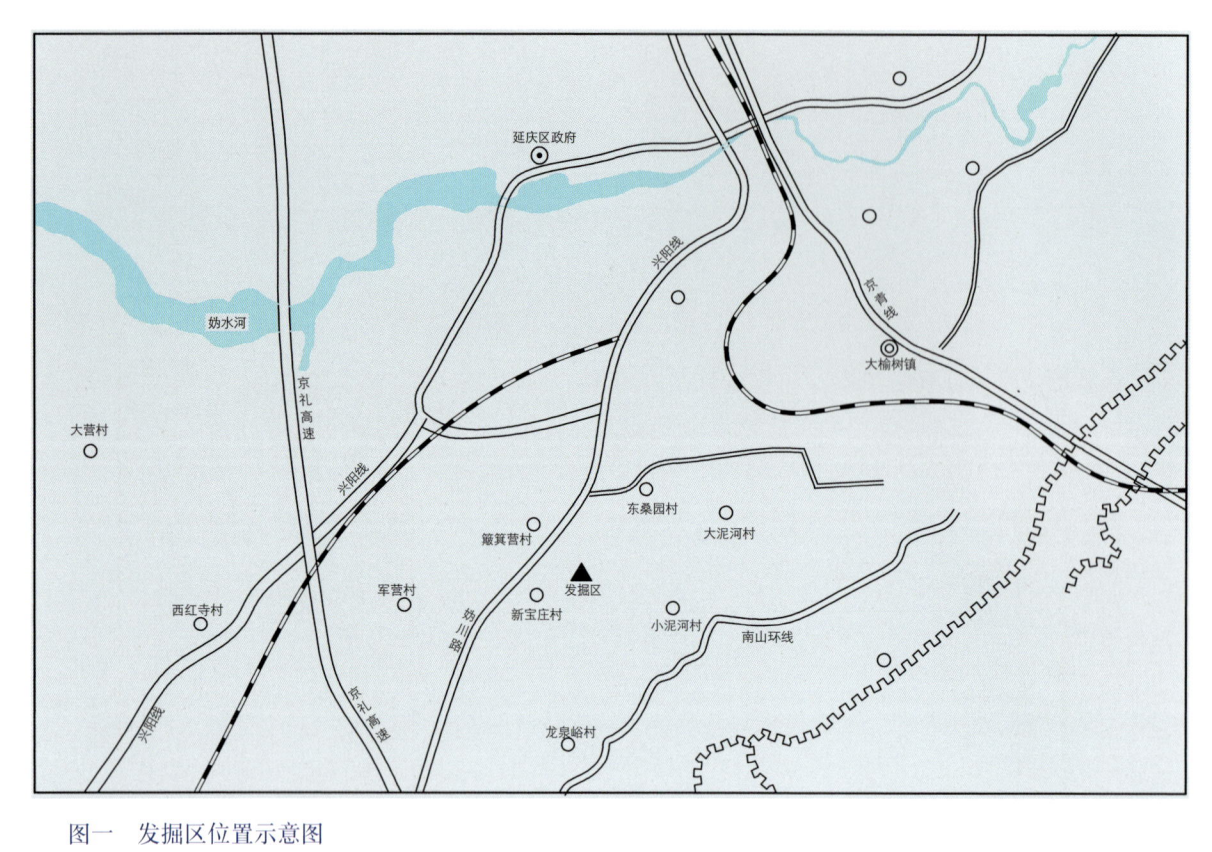

图一　发掘区位置示意图

　　南寨坡城堡遗址位于北京市延庆区城区南侧，西邻妫川路（S216省道），西北邻簸箕营村，东北邻东桑园村，西南邻新宝庄村（图一）。城堡居一浅山顶部，地势高耸，北望延庆城区（明清延庆州城所在地），居高临下，俯控四野，易守难攻（图二）。

　　为了解南寨坡城堡遗址的文化内涵，为日后保护修缮工作提供基础支撑，经北京市文物局、国家文物局批准［考执字（2019）第321号］，2019年5月8日—9月22日，北京市文物研究所（现北京市考古研究院）对南寨坡城堡遗址进行了考古勘探和发掘工作，发掘清理了城墙、城门、城内道路、房址、窖藏和壁龛，发掘面积2000平方米（图三、图四）。

一、地层堆积

　　南寨坡城堡遗址内的遗迹普遍位于表层土下或裸露于地表之上，地层堆积简单，仅有一层，厚0.05—0.9米。其下便是自然山体岩石。这一层土色灰黑，土质松软，主要由腐殖质构成，出土遗物以砖块、建筑构件、陶瓷碎片为主。出土的近现代遗物表明，遗址废弃至今一直有人类在这一层活动。

图二　南寨坡遗址全景（发掘前）

二、遗　　迹

南寨坡城堡遗址内主要由城墙、城门1座、城内道路1条、房址4组、窖藏和壁龛各1座组成，占地面积东西长69.3、南北宽67.4米，合计3500余平方米。

（一）城墙

南寨坡城堡平面近椭圆形，东西长69.3、南北宽67.4、残高3—7.05米。占地面积3500余平方米。城墙选址修建在山体顶部，系在修整后的自然山体上直接用黄土平夯夯筑城墙，并未开挖基槽。城墙墙体上窄下宽，剖面呈梯形，底部基础厚约2.7—7.1米，顶部宽约1.8米，收分约0.25米。城墙夯筑质量较好，夯层清晰，厚10—12厘米。夯土土质分为两类，一类土色呈灰褐色，土质坚硬，含碎石块等，仅在城门及东南部城墙有所发现，且均位于城墙的下半部；另一类土色呈黄褐色，土质坚硬，较纯净，均叠压于灰褐色夯土之上。城墙内外立面曾包砌毛石，现今大部分已遭人为拆毁无存。其中城门东侧城墙有二次修筑的痕迹，第一次为毛石砌筑，第二次在原基础上夯土（图五）。

（二）城门

城门辟于东城墙，方向82°，平面呈长方形，南北宽3.8、东西长约6.9米。以城墙夯土外包砖、石进行构建。由门洞、门洞两侧城台、门道组成（图六）。城门所用青砖规格为38厘米×18厘米×8厘米，与现存明长城所用城砖尺寸相同。用石均为就地取材，大小不一。

1. 城台

城台位于门洞壁两侧，采用黄土夯筑于山体岩石之上，平面呈长条形，剖面呈梯形，内、外檐墙壁面每米收分约0.25米。门洞北侧夯土城墙残高约6.8米，夯土可见二次夯筑的痕迹，下部夯土高约4.35米，土色呈灰褐色，土质坚硬，夹杂大量碎石块等物，夯打质量好，不见夯窝，夯层清晰，厚约10—12厘米；上层夯土残高约2.53米，土色呈灰黄色，土质坚硬，较纯净，夯打质量好，不见夯窝，夯层清晰，厚约10—12厘米。门洞南侧夯土残高约5.4米，未见二次夯打痕迹，土色呈灰褐色，土质坚硬，夹杂大量碎石块等物，夯打质量好，夯层清晰，厚约10—12厘米。

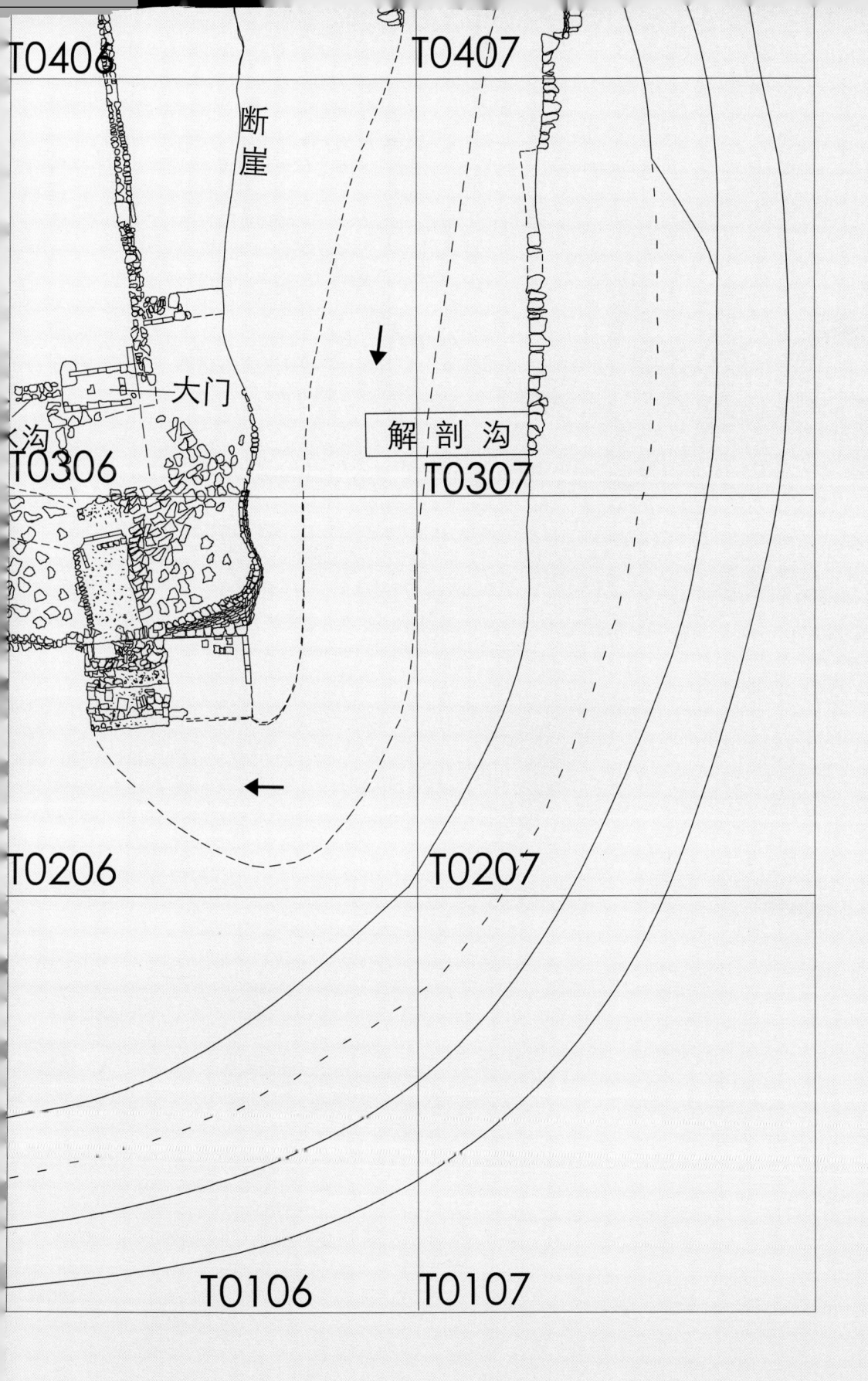

图三　2019年南寨坡遗址考古发掘总平面图

T0404 F4	T0405

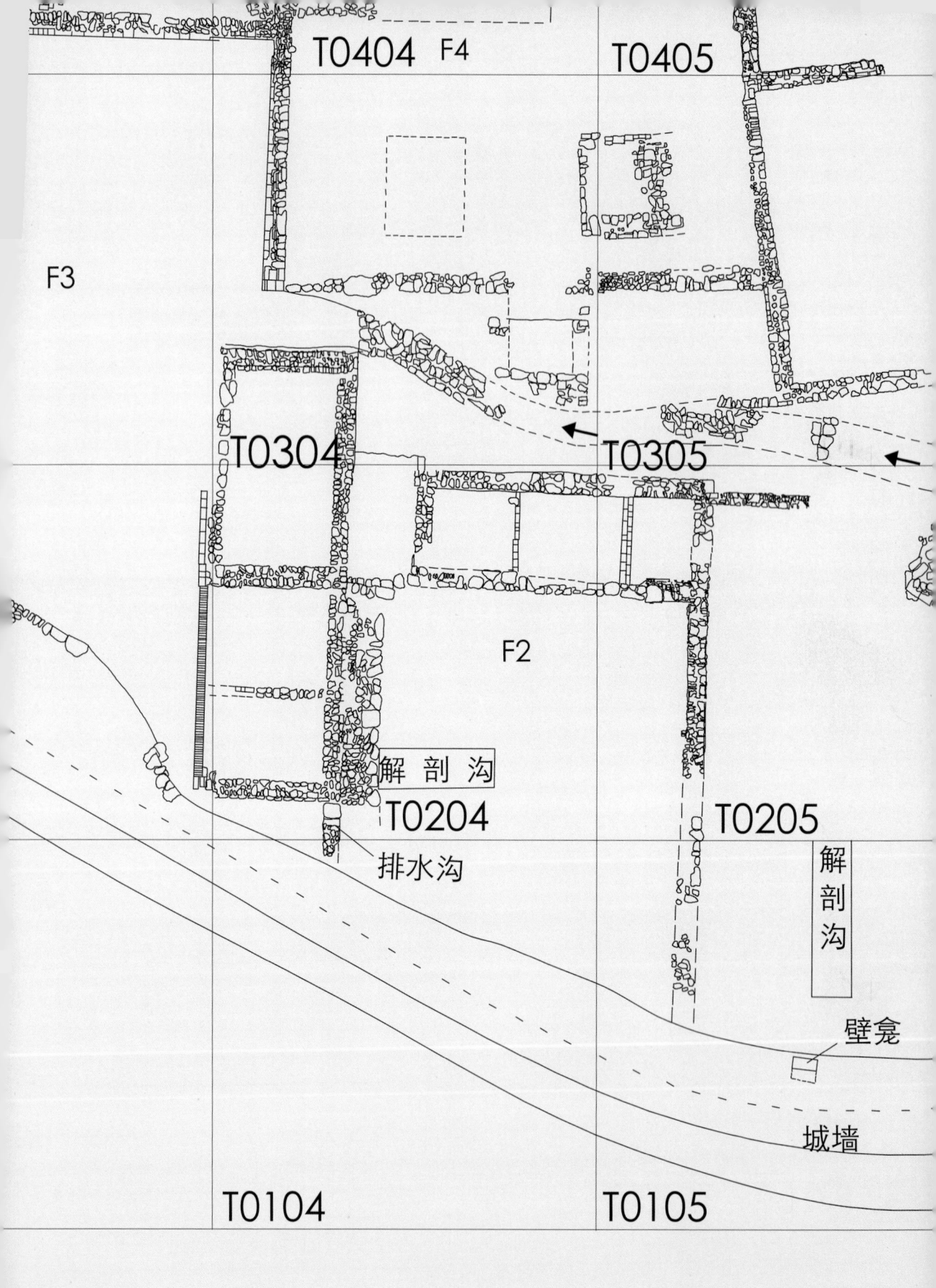

F3

T0304	T0305

F2

解剖沟

T0204	T0205

排水沟

解剖沟

壁龛

城墙

| T0104 | T0105 |

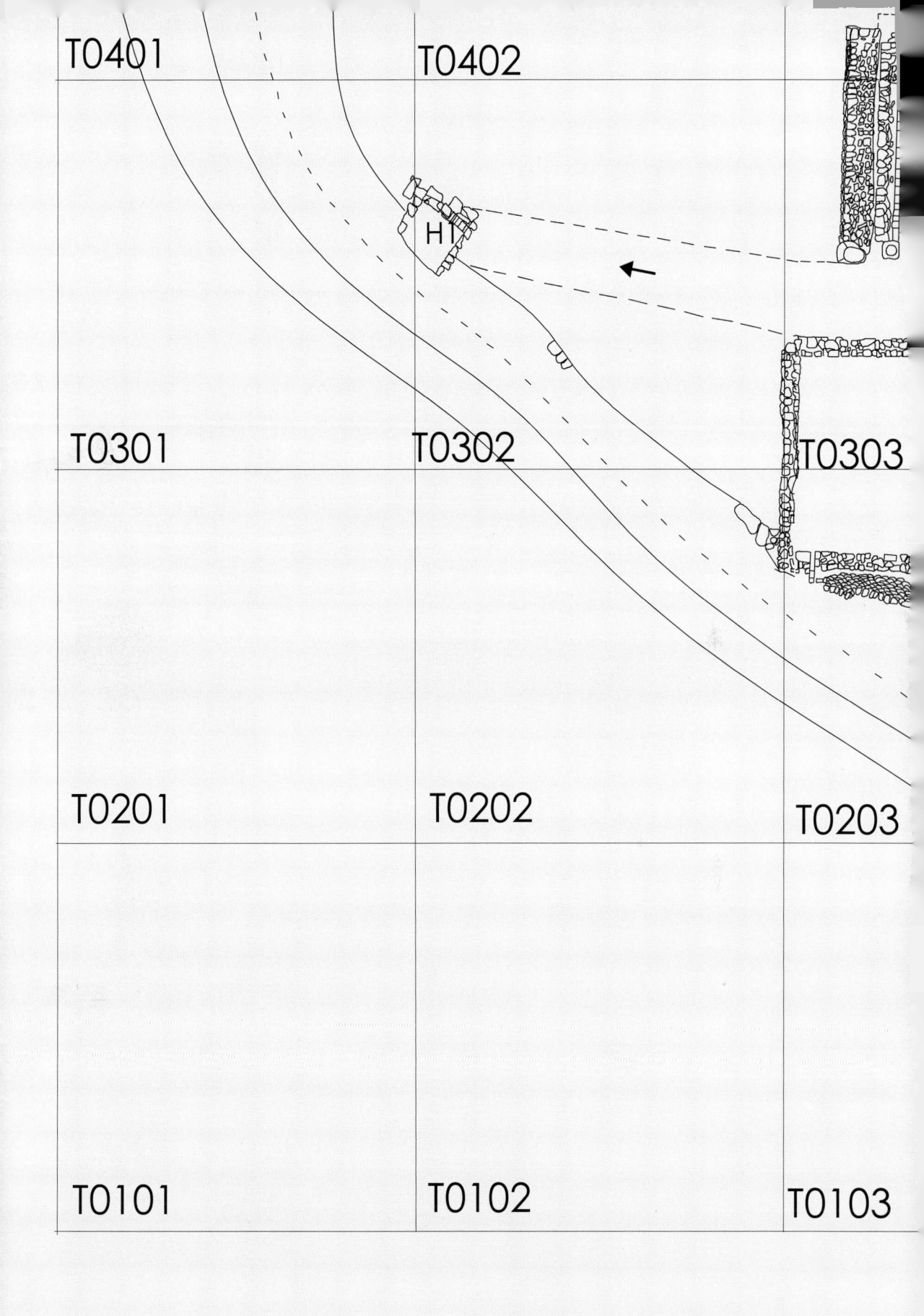

T0401	T0402	
T0301	T0302 H1	T0303
T0201	T0202	T0203
T0101	T0102	T0103

城墙		
T0701	T0702	T0703
T0601	T0602	T0603
T0501	T0502	T0503

城墙

城墙

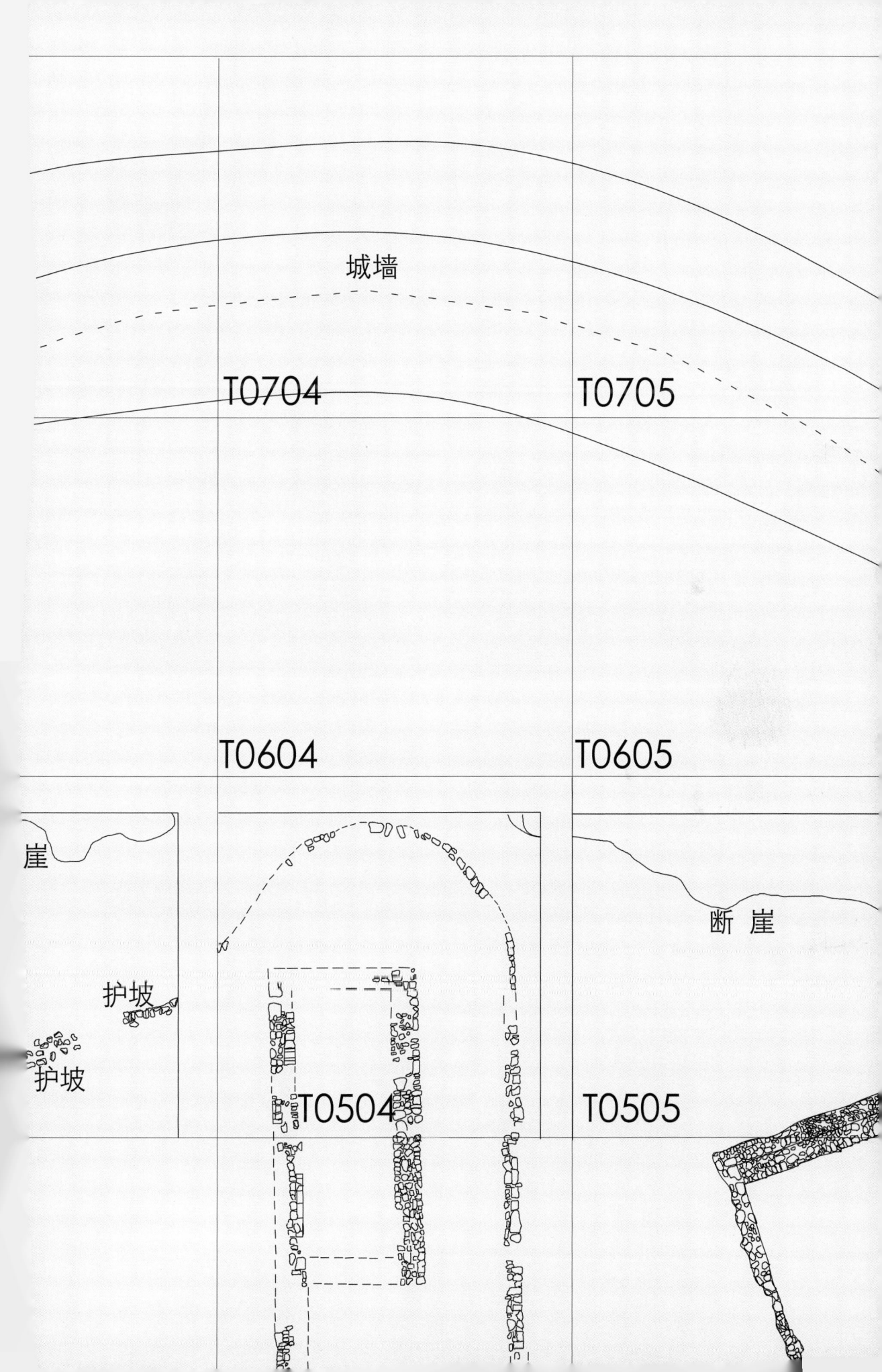

T0704　　　T0705

T0604　　　T0605

崖

护坡

护坡

T0504　　　T0505

断崖

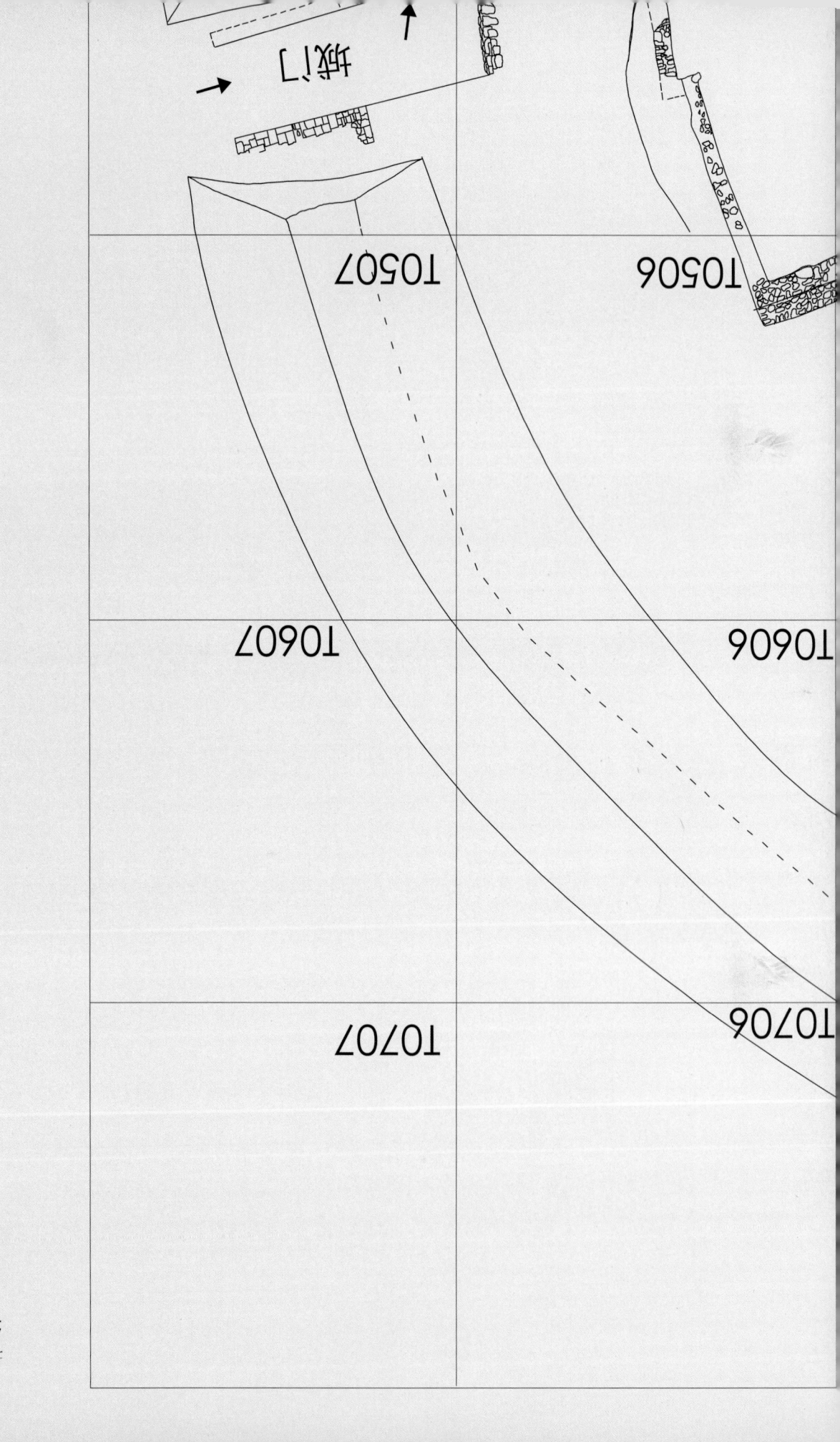

T0507 城门 →	T0506	
T0607	T0606	
T0707	T0706	

北 ↓

图四　南寨坡遗址正射影像图

图五 城门平、剖面图

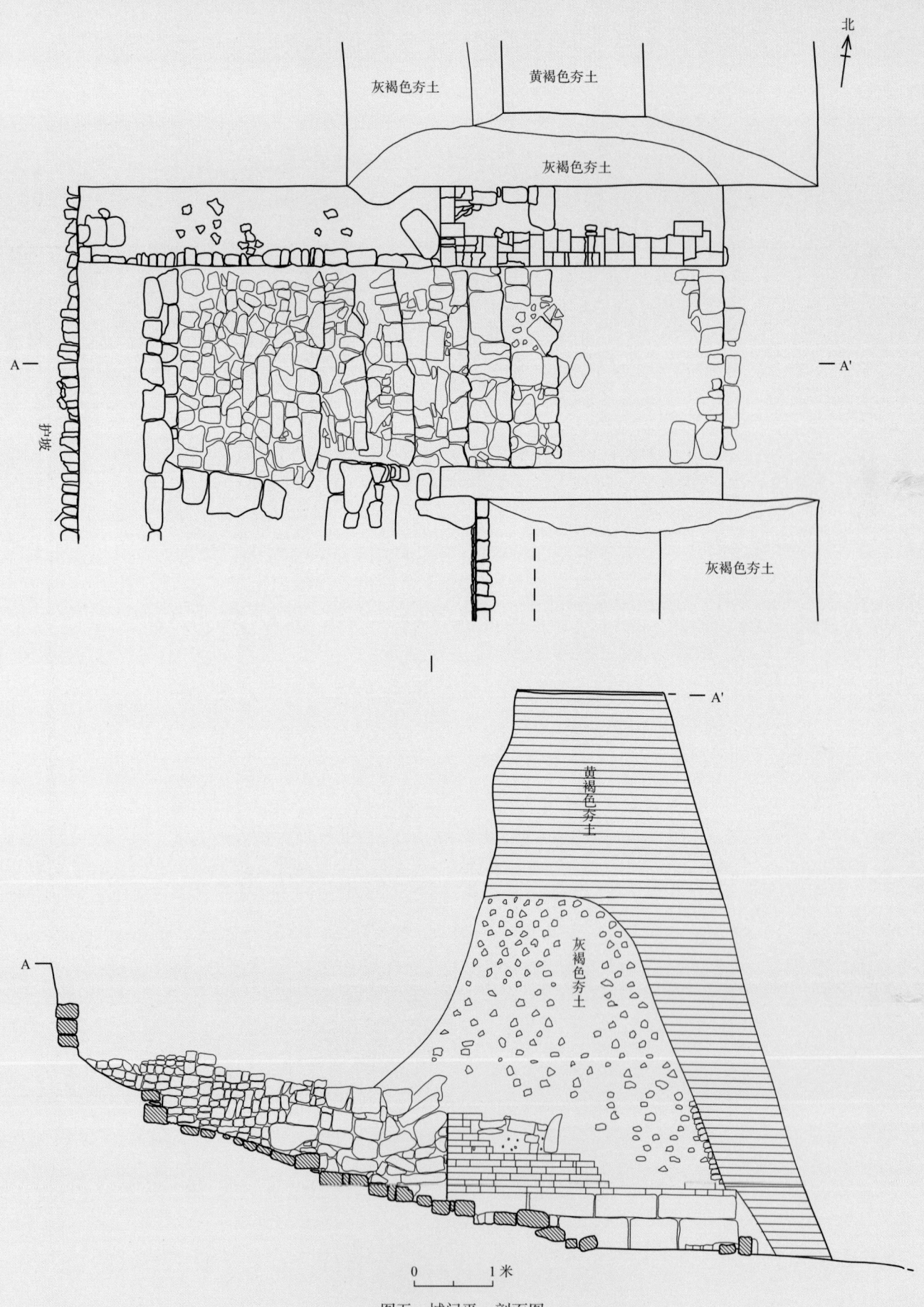

图六 城门

2. 门洞

门洞平面呈长方形，门道方向82°。门洞破坏严重，城门顶部坍塌，形制未知。现残存北侧墙壁的基础部分，南侧门洞墙壁破坏无存，仅残存墙砖破坏后的基槽部分。总进深残长6.4、内空宽2.4—2.5米，分内门洞和外门洞两部分。

外门洞壁的基础部分用条石平砌两层，上部用城砖采用一顺一丁的方法砌筑。城砖与夯土之间的填馅部分采用黄土夹杂石块夯实。外门洞进深3.57米，门洞壁残高0.74—1.64米，墙厚1米。

内门洞壁仅存基础部分，采用青石平砌，青石与城墙夯土之间的填馅部分采用黄土夹杂石块夯实。内门洞进深2.8米，残高1.82—2.26米，墙厚约1米。

3. 门道

门道平面呈"L"形，东出城门向城外山下延伸，西入城门后呈直角转角转向南进入城内，门洞下道路皆用青石平铺。南北宽4、东西长6.4米。

门洞外侧设门限石，采用青石立砌，高出门洞道路约0.1米，进城方向呈坡状向上，设7级青石铺砌的台阶。第一级台阶宽约2.7米（东西宽，下同）；第二级宽0.4—0.52米，高出第一级约0.16米；第三级宽0.62—0.96米，高出第二级0.14米；第四级宽0.5—0.66米，高出第四级约0.16米；第五级宽约0.5—0.62米，高出第四级约0.1米；第六级宽1.8—1.9米，斜坡状，自东向西渐高，高出第五级0.2—0.58米，该级台阶呈直角向南转折，向西即为城门护坡，护坡用青石平砌，高两层、约0.4米；第七级宽约1.8米（东西），高出第六级约0.15—0.2米，直角转折向西。

（三）房屋遗址

城堡内共发掘清理4组房址（编号：F1—F4）、1座窖藏、1座壁龛。根据出土壁画、佛像残块等遗物判断，该建筑性质属寺庙类建筑。

1. F1院落

位于城内东部，东距城门约8米，西邻F4，西南邻F2，方向176°。一进院，由山门、庭院、排水沟、东西配殿、东西耳房、正殿组成。该组建筑破坏严重，仅残存砖石砌筑的墙基和地面，南北总长约18.5米，东西残宽12米。用砖杂乱，均为青灰色砖，尺寸有30厘米×30厘米×6厘米、36厘米×18厘米×7厘米、32厘米×32厘米×6厘米、24厘米×12厘米×6厘米等多种规格；用石均为就地取材，大小不一，棱角分明（图七、图八）。

（1）山门

位于院落最南部，辟于院落南墙中部偏东位置。残存下部三层砖墙，平面呈长方形，门洞内空宽1.9、进深0.95、残高0.12—0.24米。构建方法为南北壁下层以平砖顺砌、上层以两顺一丁垒砌，四壁之间用土夹碎石块填实，其上青砖平铺作地面，地面砖多已不存，仅存东侧两块地面砖。门北壁东部还残存在砖上凿出的半个圆形海窝，海窝径长约20厘米，深约6厘米。

（2）庭院

平面近长方形，南北长10.9—11.6、东西宽4.86米。地势北高南低、东西高中部低。地面用青砖、石块或土夹碎石平铺，地面踩踏痕迹不明显。

庭院南墙、山门门洞西侧设排水孔，凿于院墙最下部，所处位置为庭院地面最低处。横断面呈长方形，长0.18、高0.2、进深约0.36厘米。下部用墙砖平铺，壁以平砖错缝叠砌。

（3）西配殿

位于院落西南部。平面呈长方形，坐西面东，面阔三间（坐二破三式），残存南、西、北墙壁及部分铺地砖。内空南北长7.49、东西宽3.4、残高0.6—1米，南墙厚0.5米，西墙厚0.52米，北墙厚0.4米。墙壁采用青砖砌筑，地面下部用土夹碎石填实，其上用青砖或石块平铺，地面高出庭院地面约0.4米。

（4）东配殿

位于院落东南部，大致与西配殿对称，但坐西面东，面阔三间（坐二破三式），东为断崖。残存西壁、南北壁的西半部分及北部部分铺地砖。平面呈长方形，内空南北长7.49、东西残宽1.86—3.2、残高0—0.3米，南墙厚约0.65米，西墙、北墙厚约0.5米。墙壁用青砖砌筑，地面下部用土夹碎石填实，其上用青砖平铺，地面与庭院地面近平。

该殿虽处于F1院落内东配殿位置上，但其朝向并非坐东面西，而是坐西面东，正对城堡东门，城堡门内正对寺庙殿宇，这种布局为明清时期宣、大地区所常见。

（5）西耳房

位于西配殿北侧，倚西配殿北墙而建。坐西向东，平面呈长方形，面阔单间，内空南北长约2.44—2.77、东西宽约2.84—3.12、残高0.44—1.1米，南墙厚约0.4米，西墙厚约0.5米，北墙厚0.45米。墙壁用青砖砌筑，地面下部用土夹碎石填实，其上用青砖平铺，地面高出庭院地面0.4米。

图七 F1平、剖面图

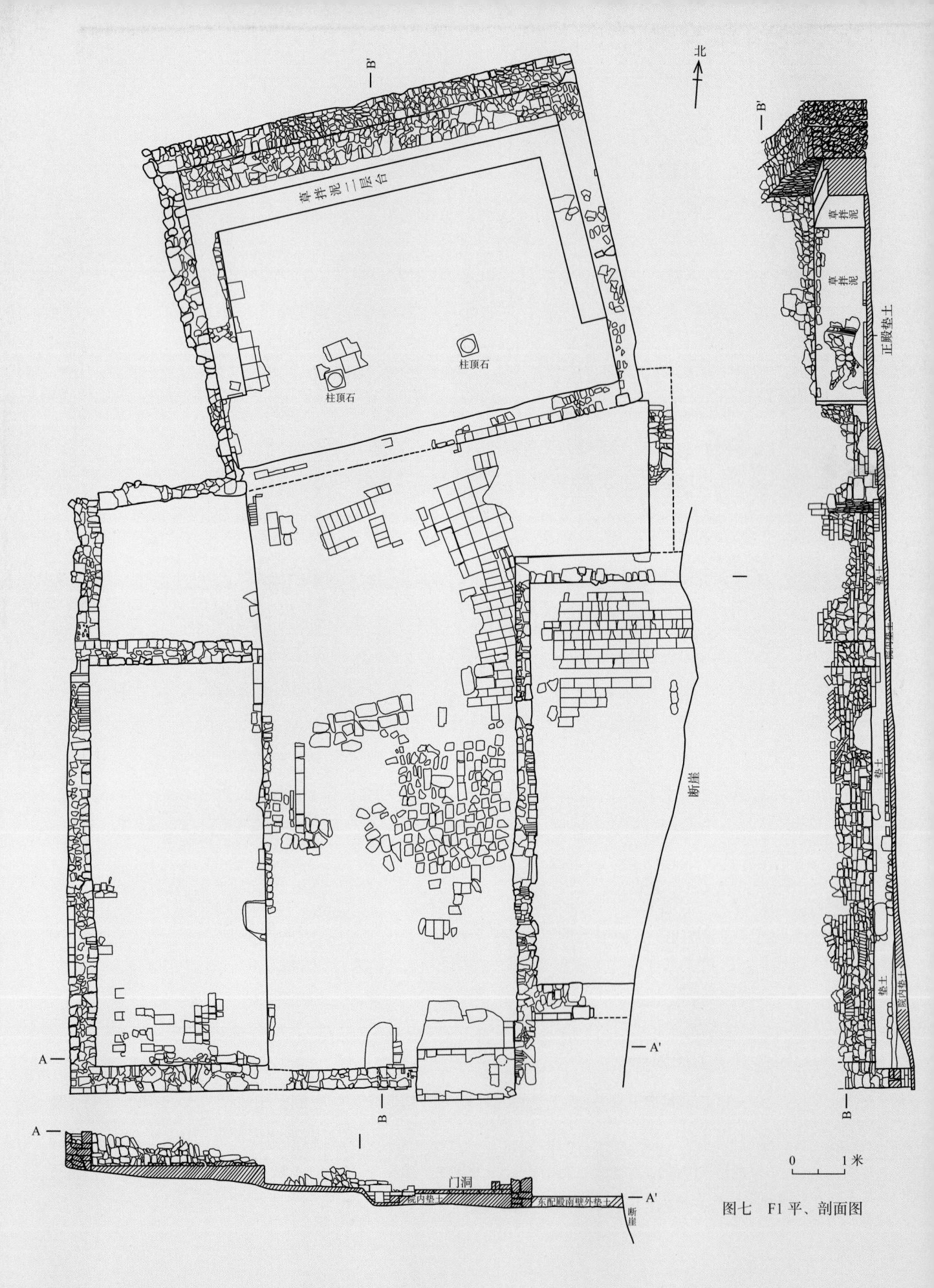

74　北京长城考古（一）

图八　F1 院落

（6）东耳房

位于东配殿北侧，倚东配殿北墙而建。坐西向东，平面呈长方形，面阔单间，内空南北长约 2.36—2.84、东西宽约 2.57、残高 0—0.55 米，南墙厚 0.5 米，东墙厚约 0.46 米。墙壁用青砖砌筑，地面下部用土夹碎石填实，踩踏痕迹不明显，地面与庭院地面齐平。

（7）正殿

位于院落最北部，坐北向南，平面呈长方形，面阔三间，出前檐廊，残存四壁墙砖及部分铺地砖。内空东西长 7.36、南北宽 3.71 米（南以柱础石北边为界），残高 0.22 米，西墙厚约 0.55 米，东墙厚约 0.44 米，北墙为双层墙，总厚 1.1 米。墙壁用青砖砌筑，地面下部用土夹碎石填实，其上用方砖平铺。

延庆南寨坡城堡遗址考古发掘报告

前廊东西长7.58、南北宽约1.1米，残高0.26—1米，西墙厚约0.46米，东墙厚约0.44米。墙壁用青砖砌筑，铺地砖均无存，地面下部用土夹碎石填实，踩踏痕迹不明显，地面高出庭院地面0.2米。

正殿尚存两块金柱的柱础石，方形，东西等距，将正殿分隔为三间，西侧柱础石边长0.4、高0.3米，东侧柱础石边长0.42、高0.3米。柱础石间距2.3米。

正殿内西、北、东三壁设长方形供台，采用石块垒砌，表面用草拌泥抹平后涂刷白灰作为地仗层，并于其上绘制壁画，其中西侧供台残存部分壁画，内容为墨笔勾勒的莲花图案（图九）。西侧二层台南北长3.6、东西宽0.5、高1米，北侧二层台西高东低呈坡状，东西长7.36、南北宽0.5、高0.6—1米，东侧二层台南北长2.7、东西宽0.5、残高0.2—0.5米。

据当地长者回忆，结合出土莲花图案壁画综合分析，推测该组建筑为佛殿。

图九　莲花壁画

2. F2院落

位于城内东南部，地势北高南低，东北距城门15米，东北邻F1，北邻F4，西邻F3，所处位置为城内最低处，低于F1约0.5米。平面呈长方形，方向184°，一进院，由庭院、正房组成。该组建筑破坏严重，仅残存砖石砌筑的墙基和地面，南北总残长13.1、东西宽7.76—9.35米。用砖杂乱，均为青灰色砖，尺寸有30厘米×30厘米×6厘米、36厘米×18厘米×7厘米、32厘米×32厘米×6厘米、24厘米×12厘米×6厘米等多种规格；用石均为就地取材，大小不一，棱角分明（图一〇、图一一）。

图一〇 F2 平、剖面图

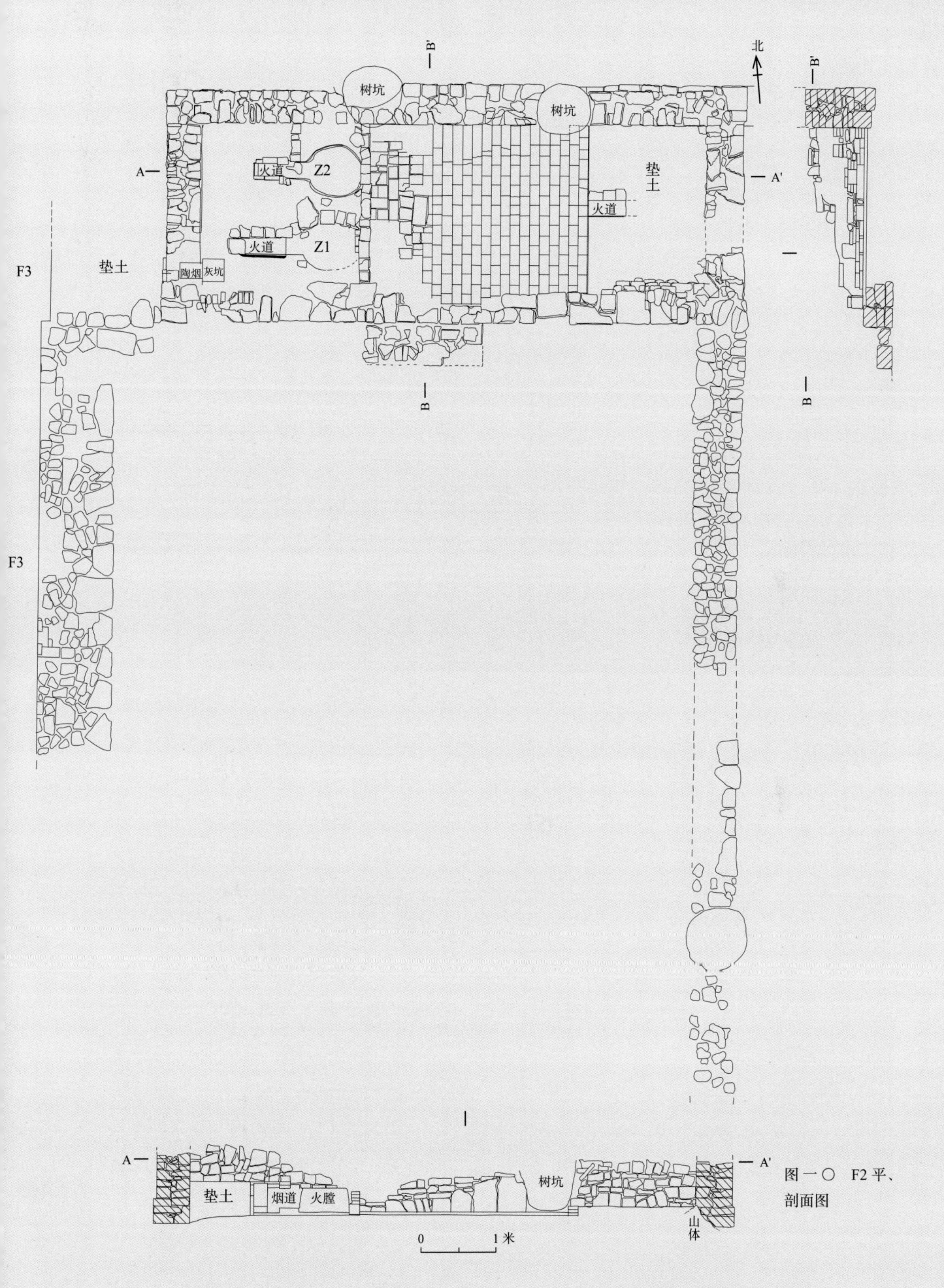

延庆南寨坡城堡遗址考古发掘报告

图一一　F2院落全景

（1）庭院

庭院平面近梯形，西墙利用F3东配殿后墙，南墙则利用城堡墙，仅修建东墙。南北残长10米，东西内空宽8.76米，东墙厚约0.6米。院内地面未铺砖，踩踏痕迹不明显。

（2）正房

正房位于庭院北部，坐北面南，面阔三间，东西全长7.7、宽3.1米。

明间　东西内空长2.91米，南北内空宽约2.2米，残高0.52米，东西隔墙厚约0.14米，北墙厚约0.54米。地面用平砖纵向平铺，高于庭院0.3米。东西隔墙以平砖错缝叠砌，北墙用青石垒砌。屋外南侧设一级台阶，采用青石垒砌，东西长约1.56、宽约0.56、高出院落地面0.3米。

西次间　东西内空宽2.12米，南北宽约2.18米，残高0.88米，与明间隔墙厚0.14米，南、西、北墙厚约0.44—0.5米。屋内地面未铺砖。南、西、北墙用青石垒砌，与正屋隔墙用青砖以平砖错缝叠砌。

房内正中并列置两座灶（编号：Z1、Z2），平面均呈"∞"形，灶门已不存，残存火道、灶膛两部分。

灶址1（Z1）　位于西厢房南部，东倚隔墙而建，总长1.7米。火道平面为长方形，壁用残砖或者青石平砌，内空长1、宽0.22、残深0.24米，烧结面厚约6厘米。火膛平面均作圆形，直壁、圜底，残存北半部分壁砖，以残砖平砌，长径长0.6—0.8、残深0.32米。

延庆南寨坡城堡遗址考古发掘报告

灶址2（Z2） 位于西厢房北部，东倚隔墙而建，总长1.44米。火道平面为长方形，壁用残砖或青石平砌，内空长0.7、宽0.22、残深0.24米。火膛平面均作圆形，直壁、圜底，周壁已烧至青灰色，长径长0.62—0.7、残深0.32米，烧结面厚约6厘米。

东次间　东西内空宽1.58、南北宽约2.15、残高0.82米，与正屋隔墙厚0.14米，南、北、东墙厚约0.44—0.5米。底部未铺砖，高于正屋底约0.12米。南、西、北墙用青石垒砌，与正屋隔墙用青砖以平砖错缝叠砌。

屋内西部残存一小段灶址的火道，西紧靠正屋隔墙。东西向，平面近长方形，底近平，壁以残砖平砌。残长0.5、内空宽0.2、残深0.06米。

该院落所处位置较低，建筑规格简单，正房内生活遗迹较多，因此推测为寺庙僧侣的生活区。

3. F3院落

位于城内中部偏南位置，东邻F2、F4，所处位置高于F2约0.5米，低于F4约1米。平面呈一进院，方向182°，由庭院、排水沟、东配殿、西配殿、正殿、护坡、散水等部分组成。建筑破坏严重，残存墙基及地面结构，南北总长约15.3—22.28米，东西宽10.8—14米。砖、石砌筑，用砖杂乱，均为青砖，尺寸有30厘米×30厘米×6厘米、36厘米×18厘米×7厘米、32厘米×32厘米×6厘米、24厘米×12厘米×6厘米等多种规格；用石均为就地取材，大小不一，棱角分明（图一二、图一三）。

（1）庭院

平面近梯形，南北长8.5—13.4、东西宽6.22米。北部地面用青砖或青石平砌，南部用黄土夹碎石平铺。院墙用青石垒砌，厚约0.42米。

排水孔凿于东院墙下部，横断面呈正方形。上下壁以青砖平砌，两侧壁用侧砖垒砌。边长0.12、进深0.42米。

（2）东配殿

位于院落东部，坐东面西，面阔三间。南北总长11.6、东西宽4.02、残高0.9米。殿内用隔墙分隔出相对独立的三座殿。

北次间　平面呈长方形，南北内空长5.16、东西内空宽约3.02、残高0.9米，北、东、南壁厚约0.5米，西壁厚约0.22米。地面用青砖平铺，墙壁用青石垒砌。

殿中南部并列置两座南北向灶，推测为火炕，破坏严重，均残存烟道部分，烟道壁均用残砖平砌。

灶址 1（Z1） 位于东侧，残长 0.82、内空宽 0.2、残深 0.3 米。

灶址 2（Z2） 位于西侧，火道自北向南通向与东 2 配殿的隔墙，残长 2.3、宽 0.2—0.3、残高 0.5 米。

明间 平面呈长方形，南北内空长 2.45、东西内空约 3.26、残高 0.52 米，东北壁厚 0.5 米，与北次间隔墙厚 0.5 米，与南次间隔墙厚 0.24 米，西墙厚 0.24 米。地面用青砖平铺，东、北、南墙用青石垒砌，西墙以侧砖垒砌。

南次间 平面呈长方形，南北内空长 2.16、东西内空约 3.2、残高 0.5 米，东、南墙厚 0.5 米，西墙厚 0.24 米。地面未铺砖。东、北、南墙用青石垒砌，西墙以侧砖垒砌。

（3）西配殿

位于院落西部，坐西面东，东与东配殿北次间对称分布，平面呈长方形，面阔三间（坐二破三式）。南北内空长 4.93、东西内空宽 3.24、残高 0.8 米，南、西、北墙厚约 0.48—0.58 米，东墙厚约 0.36 米。地面用青砖纵横平铺。南、西、北墙用青石垒砌，东墙用青砖以一顺一丁垒砌。

房屋中南部残存一灶址的火道部分，平面呈长条形，西北向南通向南墙，残长 3.3、宽 0.12—0.2 米，北部的火道壁已烧至青灰色，烧结面厚约 6 厘米。

（4）正殿

位于院落最北部。坐北向南，平面呈长方形，面阔三间，出前檐廊，内空东西长 8.85、南北残宽约 6.18 米（南以东墙外侧界），残高 1.9 米，西墙厚约 0.6 米，东墙厚约 0.54 米，北墙厚约 0.56 米。墙壁用青砖或石块堆砌而成，地面用青砖横向平铺，地面高出院落地面约 0.18 米。

殿内西、北、东三壁各设供台，长方形。采用石块垒砌，外立面以草拌泥抹平，草拌泥之上涂刷白灰。西侧供台南北长 3.27、东西宽 1.26、高出地面 0.14 米，北侧供台东西长 2.82、南北宽 1.62、高出地面 0.84 米，东侧供台南北长 3.18、东西宽 1.26、残高 0.22 米。

前廊西侧仅存一檐柱柱础，长 0.42、宽 0.41 米。

据当地长者回忆，该组建筑为关帝庙，正殿以南、城堡外的山坡上曾修建一座戏楼，现损毁无存。

（5）散水

设置于正殿北墙外侧墙下，高于正殿地面 0.42 米，平面呈长条形，用青砖纵横平铺一层，地势自东向西渐低。残长 7.75、宽约 0.88 米。

图一二 F3 平、剖面图

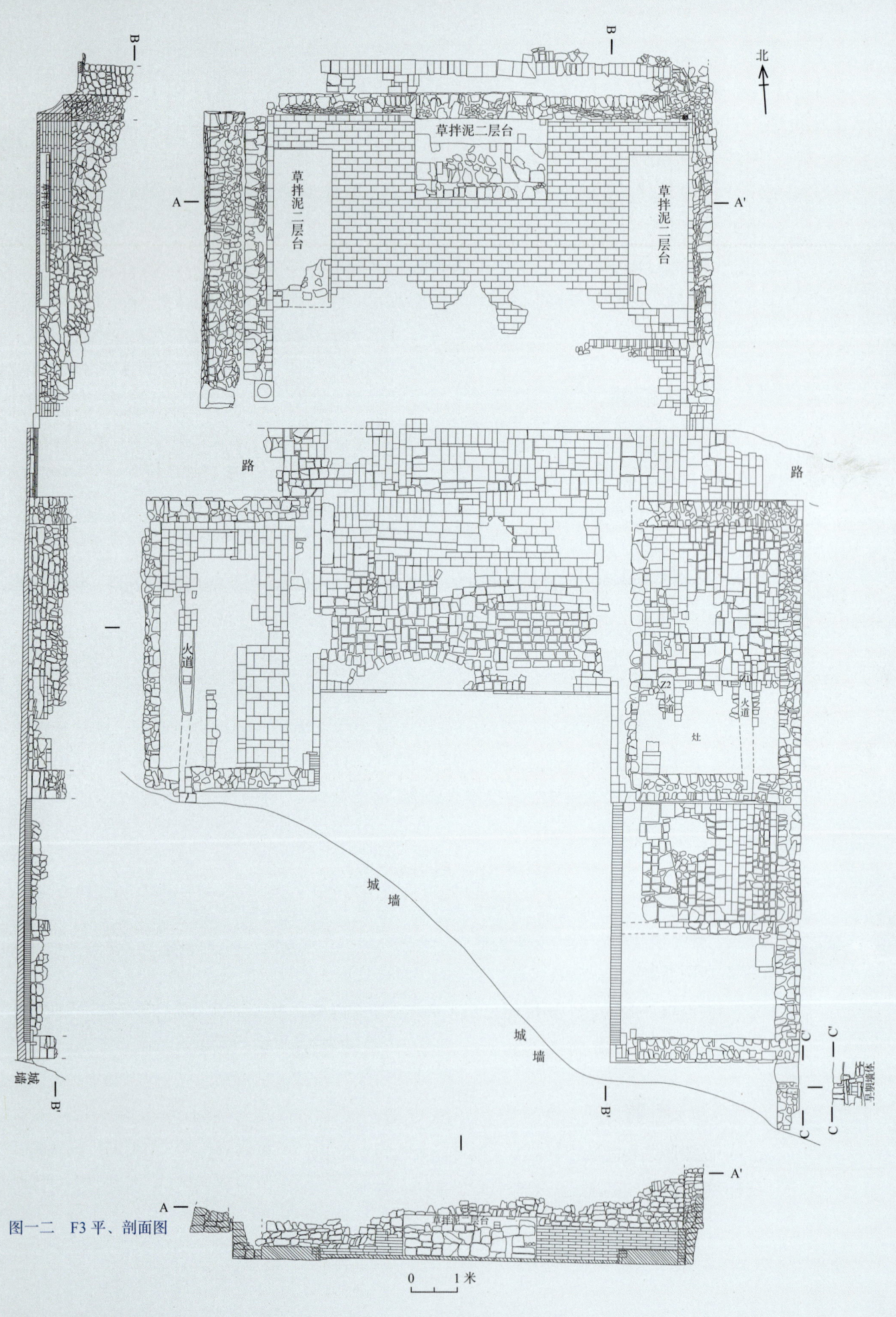

图一三 F3院落全景

（6）护坡

仅残存一段，设置于正殿西墙外侧，紧贴正殿西墙，用青石垒砌，上窄下宽，横断面呈梯形，外壁每米收分约0.15米。南北残长6、厚约0.8—0.9、残高0.45米。

4. F4院落

位于城内中部，南邻F2，西南邻F3，东邻F1，处于城内制高点，总体形状呈长方形，分为上（后）、下（前）两部分（图一四）。

图一四　F4 院落

（1）下（前）院

总体呈近长方形，方向176°。由钟鼓亭（台基）、护坡墙、台阶等部分组成（图一五）。建筑破坏严重，残存墙基。

台阶　位于院落南护坡中部，共设5级踏步，采用石块垒砌，东西宽1.9米。踏步破坏严重，残存第一、四、五级。第一级宽约0.3、高0.2米；第二、三级破坏不存；第四级宽0.36、高0.3米；第五级宽0.5、高0.35米。

护坡墙　位于院落南部，地势呈北高南低，东西高、中部低趋势。现残存两道，均

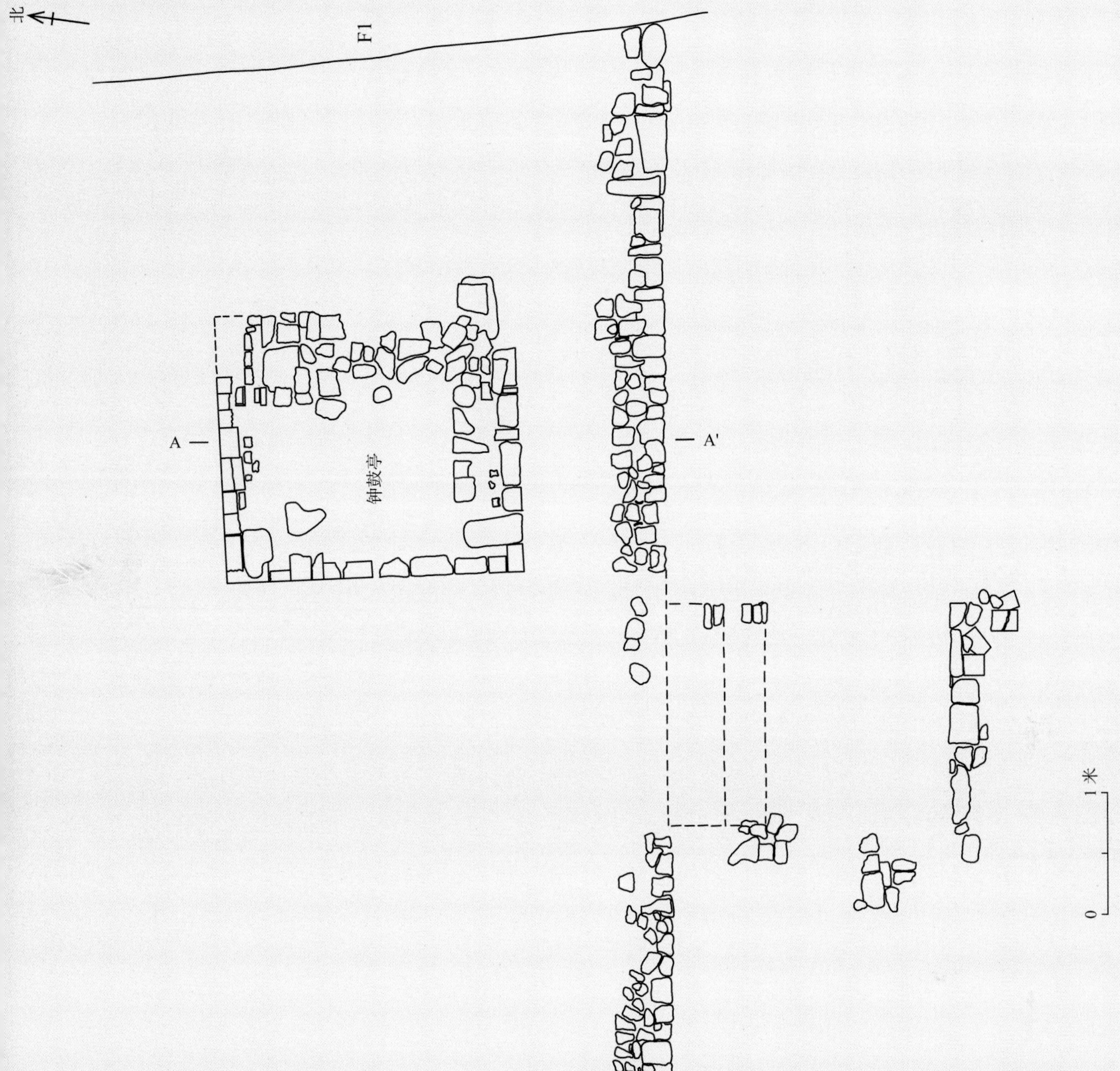

图一五 F4（下院）平、剖面图

用石块垒砌，东与 F1 西配殿西墙相连，西与 F3 正殿东墙相连。东西墙长约 12.4、厚约 0.4—0.5、残高 0.3 米，南北墙残长约 4.82、厚约 0.3、残高 0.3 米。

钟鼓亭　位于院内中东部，现存基座（实心），平面呈长方形，外立面采用石块或青砖垒砌，内部用黄褐土夹杂石块铺垫。南北长 2.53、东西宽 2.4、残高 0.2—0.3 米。从结构上考察，应为钟鼓亭的基座，其西侧对面应建有同样类型的建筑与之对称，现无存。

（2）上（后）院

总体呈近长方形，方向 186°，由护坡、廊道、正房等部分组成（图一六）。建筑破坏严重，残存墙基及地面结构。南北总长约 17 米，东西残宽 7—7.16 米。建筑用砖杂乱，均为青砖，尺寸有 25 厘米 ×13 厘米 ×4 厘米、28 厘米 ×14 厘米 ×5 厘米等多种规格；用石均为就地取材，大小不一，棱角分明。

护坡　建于上院的东、北部，平面呈"L"形，采用石块垒砌。东墙长 3.68、厚约 0.4—0.45、残高 0.2—0.5 米。北墙中部呈外弧形，长 13.68、厚约 0.2—0.5、残高 0.2—0.7 米。

院落　即正殿与护坡之间的部分，平面近长方形，南北长度不详，宽约 2.34—2.43 米。地面破坏严重，仅残存南部部分铺地砖，下部用黄土夹石块垫实，之上用青砖纵横平砌。

正殿　平面呈长方形，破坏严重，残存墙基及部分铺地砖，墙体采用石块垒砌，地面下部用黄土夹石块垫实，土上用青砖纵横平铺。内空部分南北长约 12.98、东西宽 2.82、墙基残高 0.1—0.3 米。

殿内正中置供台，黄土夹石块垒砌，平面呈长方形，东西长 1.9、南北宽 1.38、高出地面 0.32 米。供台以北殿内空间较大，据当地长者回忆，该组建筑为玉皇阁，因此推测正殿为二层阁楼式建筑，供台以北的空间为登楼的楼梯间。

（四）灰坑

编号 H1（图一七）。

位于城内西南部，东邻 F3。凿挖于南城墙脚下，平面呈长方形，南凿城墙为壁，西、北、南三壁用石块或青砖垒砌，口稍大于底，斜壁，平底。坑口东西长 1.36—1.4、南北宽 1.04—1.34、深 1.66—1.76 米，底部东西长 1.18—1.26、宽 0.96—1.24 米。底部东北角用石块砌一方形台阶，边长 0.3、高 0.3 米。

图一六 F4（上院）平、剖面图

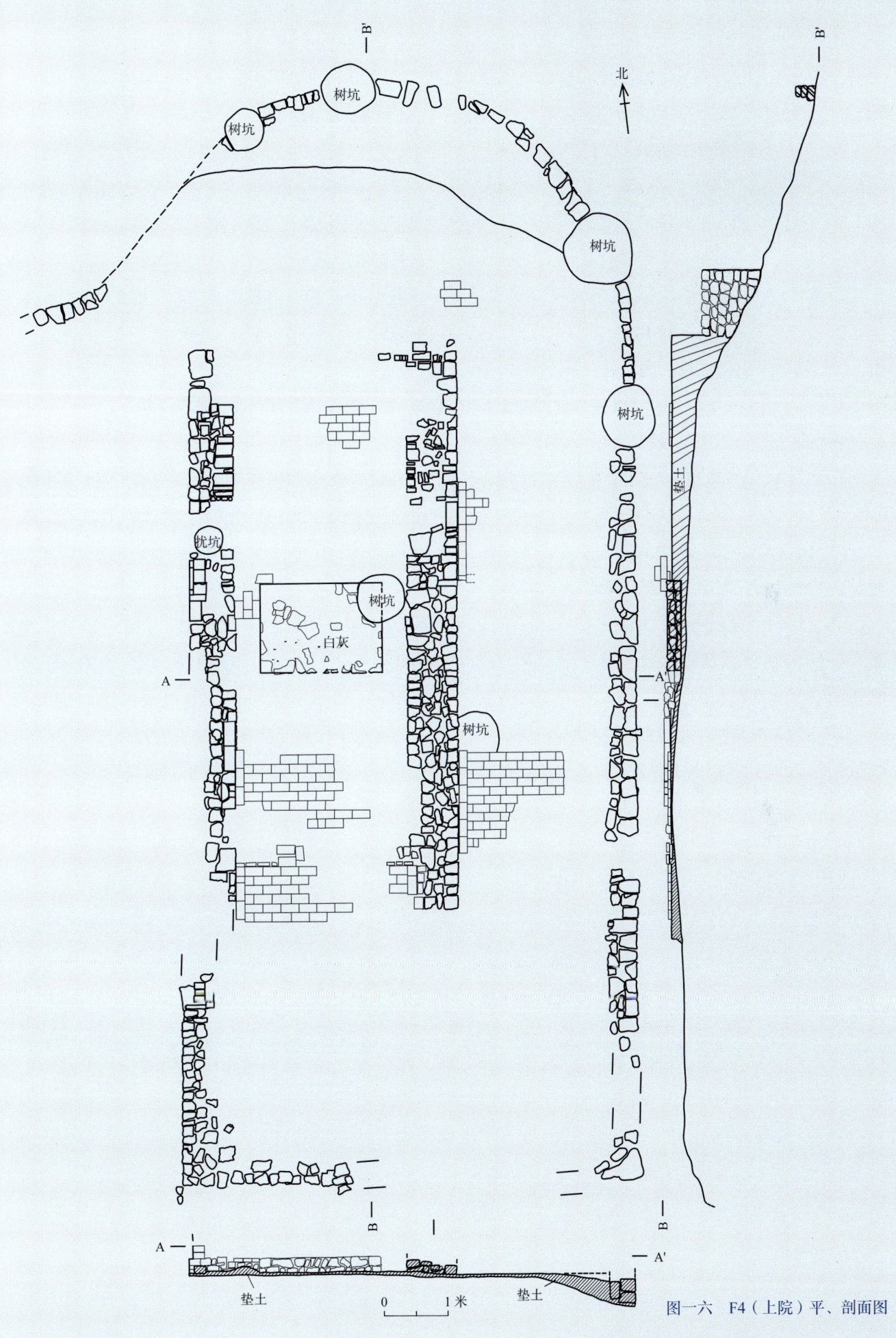

延庆南寨坡城堡遗址考古发掘报告 87

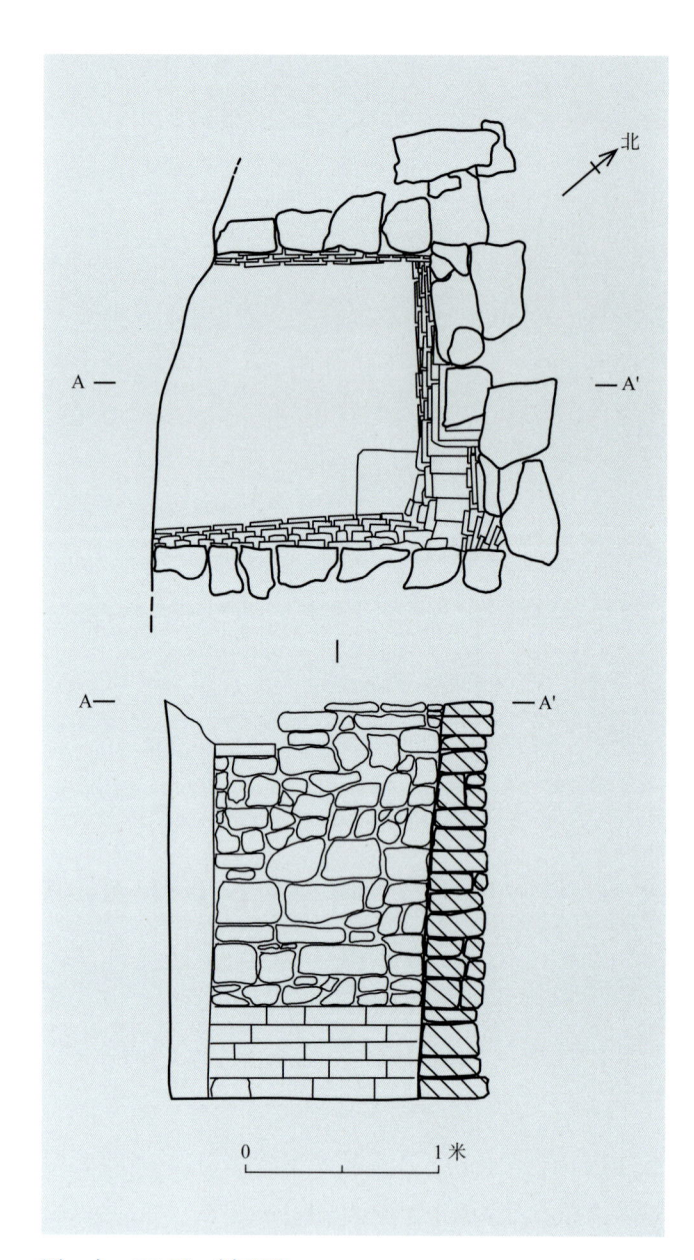

图一七 H1 平、剖面图

（五）壁龛

位于城内东南部，凿挖于东南城墙内侧立面上，高出现地表约 0.88 米，西北邻 F2。平面呈长方形，北、东、南三壁凿城墙为壁，西壁青砖以平砖错缝叠砌，东西长 0.62、进深 0.7、高 0.52 米。直壁、平底（图一八）。

（六）城内道路遗址

城内依地势和布局设道路一条，连接各组建筑。道路平面呈"之"字形，始于城门，先西南折约 20.7 米，后折向西北，连接 F1—F4、H1。路面采用青石片铺墁，保存较差，多已不存，仅 F2 与 F4 之间的路面保存相对较好，宽约 0.7—1 米。同时，该路从 F3 组建筑中的正殿前穿过，F3 院内部分路面以青砖平铺，与庭院内地面融为一体（见图四）。

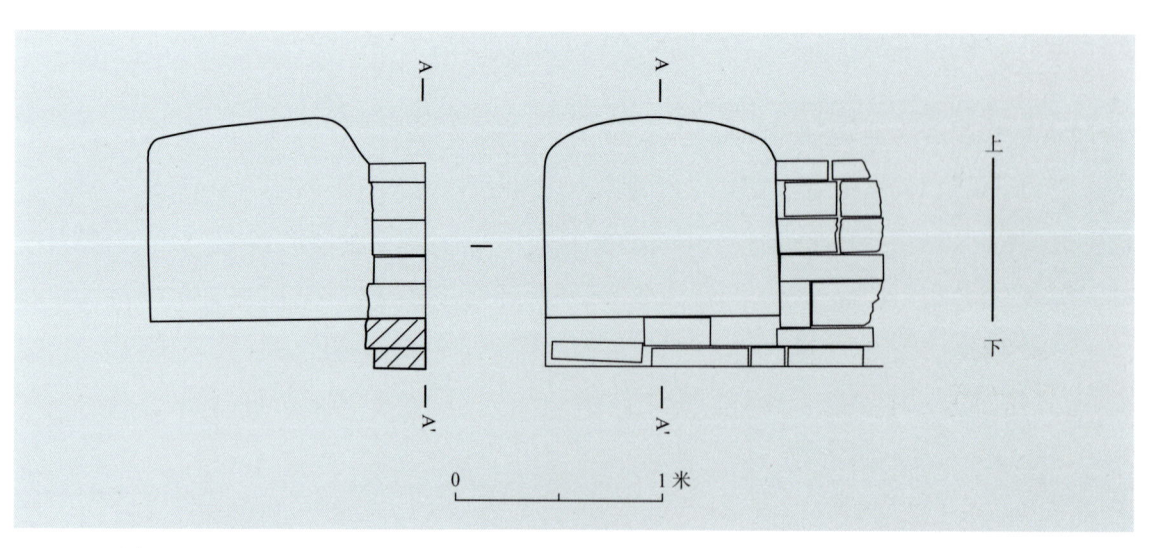

图一八 壁龛平、剖面图

三、出土遗物

南寨坡城堡遗址出土有陶器、瓷器、铜钱、佛珠等遗物共167件（套）。其中陶器共153件，主要为建筑构件和日常用具。建筑构件有瓦当、滴水、脊兽、砖雕装饰、筒瓦、板瓦。日常用具主要有罐、盘、唾壶、盆、炉。瓷器10件，均为日常用具，有碗、盘、杯、灯盏。铜钱1件。佛珠1件。

（一）建筑构件

建筑构件均为泥质灰陶，主要有：

1. 瓦当

39件。由外缘与内区两部分构成，根据内区纹饰的差异分为三型。

A型　3件。饰龙纹。

标本T0406①：1，残，由筒瓦和瓦当两部分构成。筒瓦中间开圆形孔，残长28、残宽13.6、厚0.9厘米。瓦当分内外两区，素面缘，内区模印模糊不清的"龙系珠纹"，圆珠位于龙首前，龙口大张，右前肢前伸，左前肢后摆，双足矫健，通体饰鳞片，龙尾上翘，身躯健壮，作行进状。直径13.6、缘宽0.8厘米（图一九，1；图二〇，1）。

标本T0203①：1，外缘素面，内区有少量钙化物，并附模糊不清的"龙纹"饰于表面，龙蜿蜒盘旋，体态矫健，龙爪雄劲，似奔波在云雾波涛之中。直径12.2、缘宽1.1厘米（图一九，5；图二〇，2）。

标本T0302①：1，圆形。仅剩当面，当面模印模糊不清的龙纹。直径12厘米（图一九，6；图二〇，3）。

B型　30件。饰兽面纹。形制相似，大小不同。

标本T0304①：9，残，由筒瓦和瓦当两部分构成。筒瓦中间开圆形孔，残长26、残宽11.2厘米。瓦当分内外两区，外缘素面、乳钉纹环形缘，内区模印兽面纹，粗眉、凸睛，獠牙外露。直径11.2、缘宽1.1厘米（图一九，3；图二〇，4）。

标本T0302①：8，残，仅剩当面。圆形，当面用一周凸弦纹分成内、外两区，外缘素面，内区模印兽面纹，兽面高眉，凸睛，宽鼻，面目狰狞。直径11.6、缘宽1厘米（图一九，7；图二一，1）。

标本T0403①：1，残，仅剩当面。圆形，当面以乳钉纹分成内、外两区，外缘饰小乳钉，内区模印兽面纹，兽面长发、大眼鼓睛，高鼻，大嘴，长须。直径11.6、缘宽1.2

延庆南寨坡城堡遗址考古发掘报告　89

北京长城考古（一）

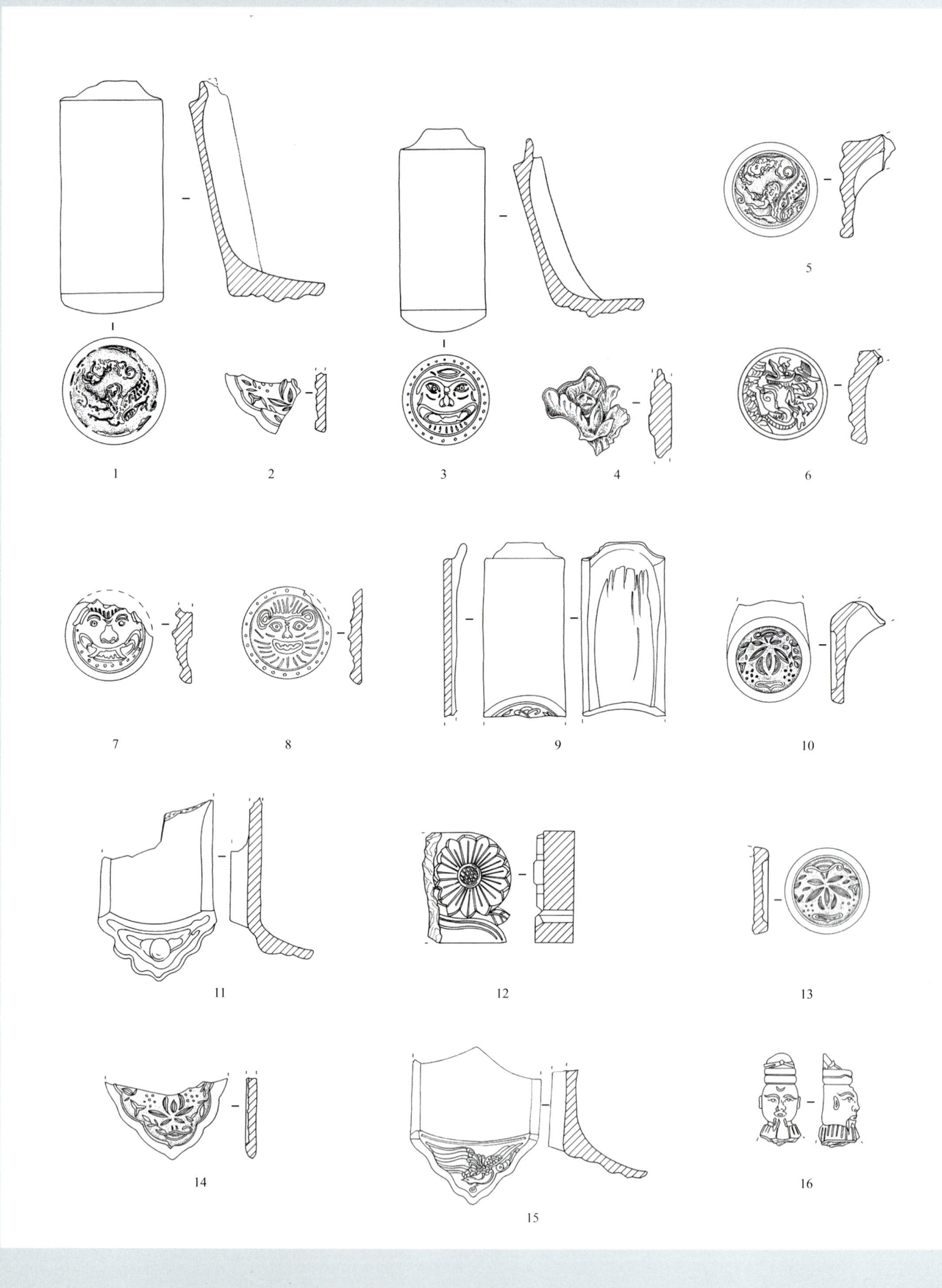

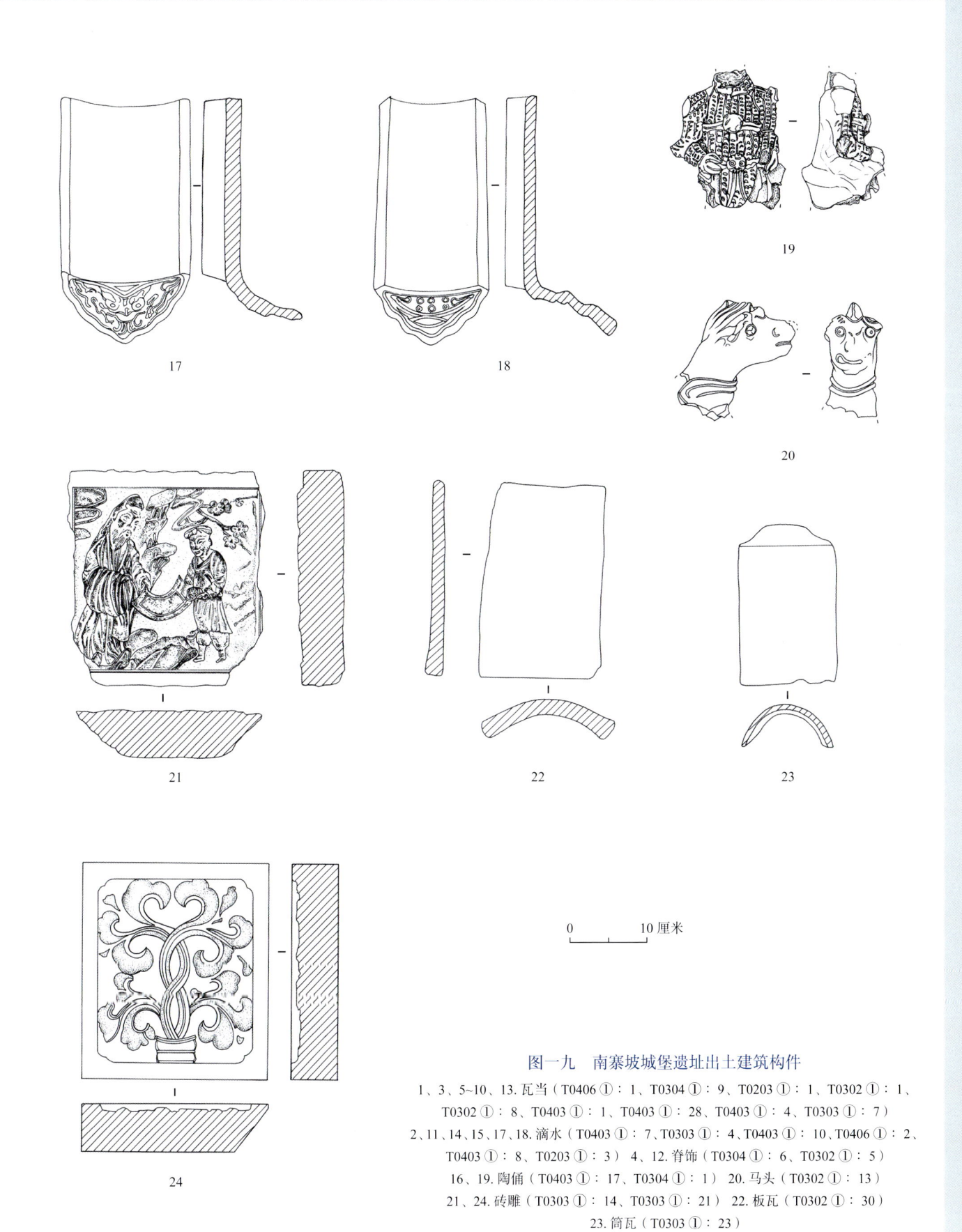

图一九 南寨坡城堡遗址出土建筑构件

1、3、5~10、13.瓦当（T0406①：1、T0304①：9、T0203①：1、T0302①：1、T0302①：8、T0403①：1、T0403①：28、T0403①：4、T0303①：7）
2、11、14、15、17、18.滴水（T0403①：7、T0303①：4、T0403①：10、T0406①：2、T0403①：8、T0203①：3） 4、12.脊饰（T0304①：6、T0302①：5）
16、19.陶俑（T0403①：17、T0304①：1） 20.马头（T0302①：13）
21、24.砖雕（T0303①：14、T0303①：21） 22.板瓦（T0302①：30）
23.筒瓦（T0303①：23）

延庆南寨坡城堡遗址考古发掘报告　91

1. T0406①：1

2. T0203①：1

3. T0302①：1

4. T0304①：9

图二〇 南寨坡城堡遗址出土瓦当（一）

厘米（图一九，8；图二一，2）。

C型　6件。饰莲花纹。形制相似，大小不同。

标本T0403①：28，残，由瓦当和筒瓦两部分构成。筒瓦中间开圆形孔，残长22、宽11厘米。瓦当分内外两区，外缘素面，内区模印莲花纹。直径10.7、缘宽0.7厘米（图一九，9；图二一，3）。

标本T0403①：4，残，由瓦当跟筒瓦两部分构成。筒瓦残长7.2、宽11厘米。瓦当分内外两区，外缘素面，内区中心模印盛开的莲花，莲花四周藤叶环绕。直径11、缘宽1.2厘米（图一九，10；图二一，4）。

标本T0303①：7，残，仅剩当面。圆形，瓦当分成内、外两区，宽平缘，外缘素面，内区中心为一束盛开的莲花，四周藤叶环绕。直径11.4、缘宽1、厚2.1厘米（图一九，13；图二一，5）。

2. 滴水

10件。由外缘与内区两部分构成，根据形状及内区纹饰的差异分为三型。

A型　3件。形制相似，大小不同。饰兽面纹。

标本T0203①：3，长菱花形素面缘，内区模印变形兽面纹饰。通长30.6、宽15、厚2厘米（图一九，18；图二二，1）。

标本T0403①：8，菱花形缘，内区模印兽面纹，兽面大眼、鼓睛、高鼻、大嘴，兽面彩绘剥落。通长31、宽16.8、厚2.2、缘宽0.8厘米（图一九，17；图二二，3）。

B型　6件。形制相似，大小不同。饰花卉纹。

标本T0303①：4，残，菱花形素面缘，内区表面饰花卉纹。残长23、宽15.5、厚2、缘宽1厘米（图一九，11；图二二，4）。

标本T0403①：7，残，菱花形素面缘，内区表面饰莲纹。残高7.6、残宽10、厚1.6、缘宽1.2厘米（图一九，2；图二二，2）。

标本T0403①：10，残，菱花形素面缘，内区中心饰盛开的莲花，莲花四周藤叶缠绕。残高11、残宽16.2、厚1.4、缘宽1.2厘米（图一九，14；图二三，1）。

C型　1件。饰凤鸟纹。

T0406①：2，残。板瓦上半部残，表面有彩绘剥落，菱花形素面缘，滴水分内外两区，外区素面环形缘，内区模印凤纹，伸颈昂首，金碧尖嘴，圆眼鼓睛，腾空展翅，尾羽飞扬，作翱翔状。残长20、宽17、厚约1.6、边缘宽1厘米（图一九，15；图二三，2）。

3. 脊饰

30件。按照装饰题材不同，分为三型。

1. T0302①：8
2. T0403①：1 
3. T0403①：28 
4. T0403①：4 
5. T0303①：7 

图二一 南寨坡城堡遗址出土瓦当（二）

94　北京长城考古（一）

1. T0203①：3 　　　　　　　　　　　2. T0403①：7

3. T0403①：8

4. T0303①：4

图二二　南寨坡遗址出土滴水（一）

延庆南寨坡城堡遗址考古发掘报告

A型 2件。均为人物形象。

T0403①：17，残。仅剩头部，头戴毡帽，身着衫，额头正中饰月牙形纹饰，眉眼细长，圆眼鼓睛，嘴微张，昂首平视前方。残高12、残宽4.5—5.3厘米（图一九，16；图二四，1）。

T0304①：1，残。头部、腿部局部缺失。武士形象，身材魁梧，着铠甲，右手前折扶于右膝，右腿弯屈端坐于圆台之上，左手伸于腰带处。残高17.6、身宽15厘米（图一九，19；图二四，2）。

B型 1件。马形象。

T0302①：13，残。独角，昂首闭嘴，圆眼鼓睛，颈下饰云纹。残高14.4、残长约15.4厘米（图一九，20；图二四，3）。

C型 27件。正面皆模印花卉纹饰，均较残碎。

标本T0302①：5，残。砖面模印花卉纹。残高14、残宽11.4、厚5.2厘米（图一九，12；图二四，4）。

标本T0304①：6，残。正面模印盛开的花朵。残高10.8、残宽11厘米（图一九，4；图二四，5）。

4. 戗檐、博风砖

2件。残，方形，表面砖雕装饰图案。

T0303①：14，方形，右下角残。砖面雕刻2人，均似少数民族，左侧古稀老人，身材魁梧，身穿对襟宽袖长袍，头顶缠巾为冠，留长胡须，面容慈祥，神态自若，左足残；右侧一童子，身穿交领右衽短袍，脚蹬平头短靴，头戴冠帽，俯首微

1. T0403①：10

2. T0406①：2

图二三 南寨坡城堡遗址出土滴水（二）

1. T0403①：17

2. T0304①：1

3. T0302①：13

4. T0302①：5

5. T0304①：6

图二四 南寨坡遗址出土脊饰

延庆南寨坡城堡遗址考古发掘报告

笑，脸部圆润，头顶花枝缠绕，两人手捧一卷轴，似在梅林中分享喜乐之事，画面场景取材于清初李渔喜庆题材《满床笏》。残高27.2、残宽25、厚6厘米（图一九，21；图二五，1）。

T0303①：21，残。呈方形，砖面分内外两区，外区素面，缘宽1.8厘米，内区刻对称缠绕花藤，花卉枝叶茂盛，花朵盛开，生长于圆形花盆之中。残长27.4、残宽22.7、厚6厘米（图一九，24；图二五，2）。

5. 筒瓦

20件。形制相似，大小不同。呈半筒形，前端有凹凸的瓦舌。

标本T0303①：23，残。长20.2、宽12.8、唇长2.6、厚0.5厘米（图一九，23；图二六，1）。

6. 板瓦

10件。形制相似，大小不同。平面呈等腰梯形，横截面略有弧度。

标本T0302①：34，残。素面，残长18.8、残宽13.5厘米。

标本T0302①：30，残。泥质灰陶。外壁素面，内壁饰布纹。残长24.6、残宽15.6、厚1.4—2.2厘米（图一九，22；图二六，2）。

1. T0303①：14　　　　2. T0303①：21

图二五　南寨坡城堡遗址出土戗檐、博风砖

1. 筒瓦（T0303①：23）

2. 板瓦（T0302①：30）

图二六　南寨坡城堡遗址出土筒瓦、板瓦

（二）日用器具

分为陶器和瓷器两类。

1. 陶罐

1件。

T0203①：5，可复原。泥质夹砂黑陶。直口微敛，方唇，鼓腹，圜底，肩上部附一对对称的桥形横耳。口径18、腹径19、通高9.4厘米（图二七，16；图二八，1）。

2. 陶盘

1件。

T0203①：7，残，可复原。泥质灰陶。敞口，平沿，圆唇，斜弧腹，内底下凹，下置矮圈足，内壁腹部有两周凹弦纹，外壁腹部有拉坯旋痕。口径16、底径7.2、通高2.4厘米（图二七，3；图二八，2）。

100　北京长城考古（一）

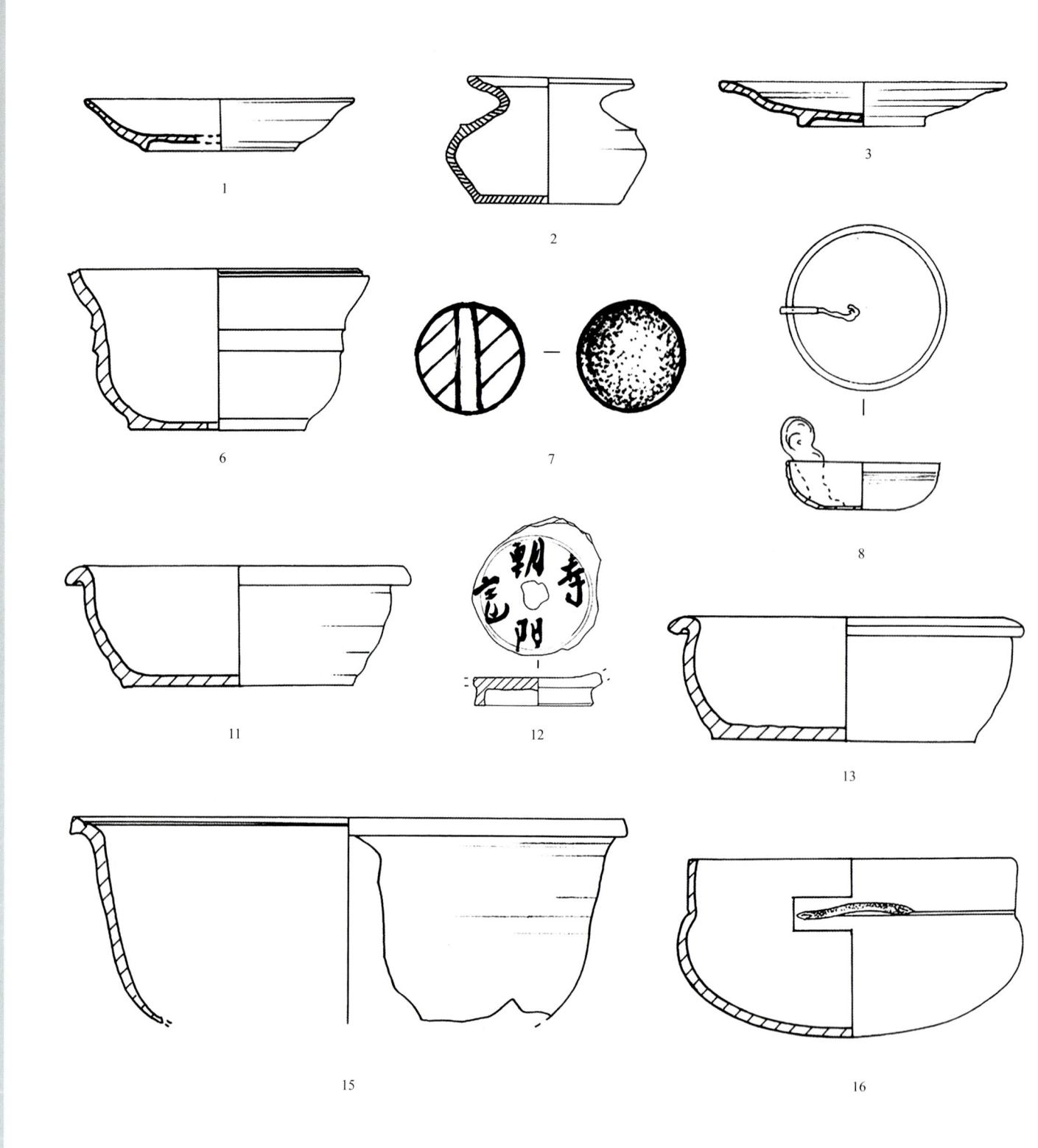

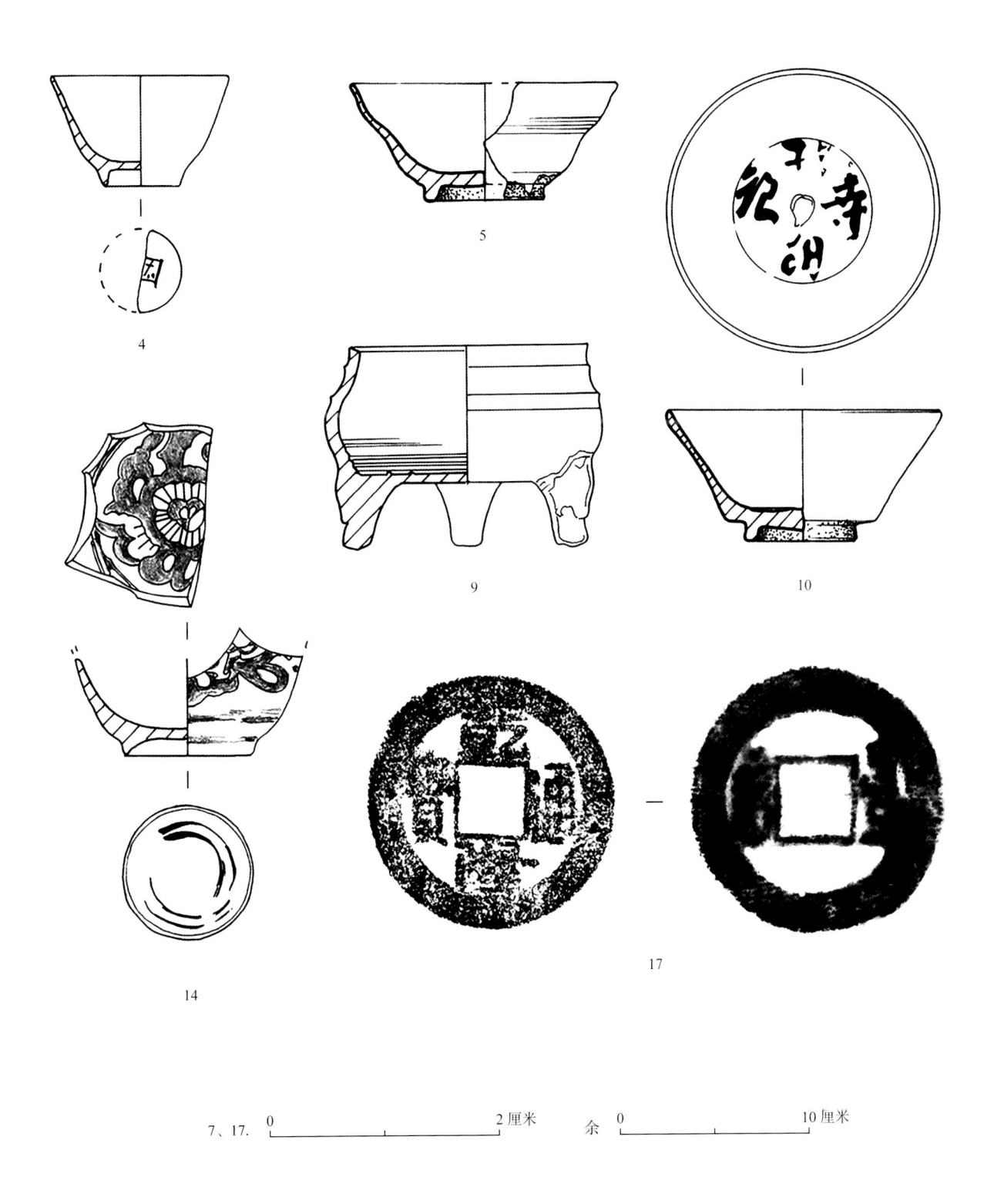

图二七 南寨坡城堡遗址出土器物

1.瓷盘（T0303①：15） 2.陶唾壶（T0303①：29） 3.陶盘（T0203①：7） 4.瓷杯（T0203①：8） 5、10、12、14.瓷碗（T0302①：48、T0302①：35、T0203①：4、T0302①：49） 6、11、13、15.瓷盆（T0303①：20、T0303①：10、T0303①：19、T0302①：40） 7.佛珠（T0303①：13） 8.瓷灯盏（T0303①：18） 9.陶炉（T0403①：22） 16.陶罐（T0203①：5） 17.铜钱（T0302①：6）

延庆南寨坡城堡遗址考古发掘报告

3. 陶唾壶

1件。

T0303①：29，可复原。泥质灰陶。敞口，尖圆唇，短束颈，溜肩，鼓腹，平底，肩部、上腹部各饰一周凸弦纹。口径9、腹径11、底径7.8、高6.86厘米（图二七，2；图二八，3）。

4. 陶盆

4件。形制相似，大小不同。

T0303①：10，残，可复原。泥质灰陶。敞口，卷沿，尖圆唇，斜弧腹，平底，腹部装饰四周凹旋纹。口径19.2、底径13.2、高6.4厘米（图二七，11；图二八，4）。

T0302①：40，残。泥质灰陶。敞口，折沿，方唇，斜弧腹，下腹部残。口径30.6、残高10.8厘米（图二七，15；图二八，5）。

T0303①：19，泥质灰陶。口微敛，卷沿，圆唇，腹微鼓，平底。口径19.4、底径14.5、高6.6厘米（图二七，13；图二八，6）。

T0303①：20，残，可复原。泥质灰陶。敞口，方唇（应该是子母口），曲腹，饼形足，唇部有两周凹弦纹，腹中部有两周凸棱。口径16.6、底径9.8、通高8.6厘米（图二七，6；图二九，1）。

5. 陶炉

1件。

T0403①：22，可复原，泥质灰陶。素面，敛口，方唇，鼓腹，平底，下承兽蹄形三足，上腹部装饰两周凸弦纹。口径12.2、腹径14.2、足高3.2、通高11厘米（图二七，9；图二九，2）。

6. 瓷碗

4件。

T0203①：4，仅剩圈足。灰胎，外壁施酱釉，釉不及底部，内壁无釉，内底黑墨楷书"朝阳寺记"四字，对读，碗底粗糙。底径6.5、残高1.8厘米（图二七，12；图二九，3）。

T0302①：49，口残，弧腹，圈足。白胎，灰白釉，外底无釉，青花纹饰（青花白地），足端削胎，足心素胎。内壁绘青花团花纹饰，外壁缠枝花卉纹。腹径残长12、底径6.8、残高5厘米（图二七，14；图二九，4）。

T0302①：35，残，可复原。敞口微敛，斜直腹，平底，下置矮圈足。足端削胎，足心

1. 陶罐（T0203①：5）　　　　　　　　2. 陶盘（T0203①：7）

3. 陶唾壶（T0303①：29）　　　　　　4. 陶盆（T0303①：10）

5. 陶盆（T0302①：40）　　　　　　　6. 陶盆（T0303①：19）

图二八　南寨坡城堡遗址出土日用陶器

1. 陶盆（T0303①：20）

2. 陶炉（T0403①：22）

3. 瓷碗（T0203①：4）

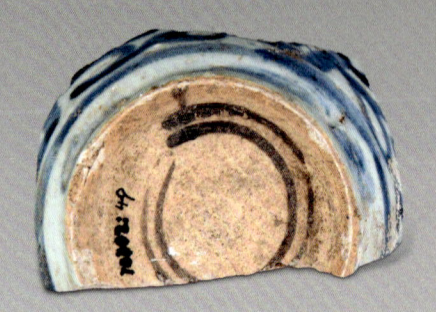

4. 瓷碗（T0302①：49）

图二九　南寨坡城堡遗址出土日用陶、瓷器

凸起，内壁施白釉，内底刮釉，印楷书（应为毛笔手写，或为墨书）"朝阳寺记"四字，对读，外壁施黑釉，釉不及底。口径14.8、底径6.5、高6.6厘米（图二七，10；图三〇，1）。

T0302①：48，敞口，尖唇，斜曲腹，平底，下置矮圈足，足端削胎，腹部有拉坯弦纹。白胎，白釉，圈足未施釉。口径14.1、底径6.2、高6厘米（图二七，5；图三〇，2）。

7. 瓷盘

1件。

T0303①：15，残，可复原。敞口，尖圆唇，斜弧腹，圈足。挖足过肩，白胎，内外施豆青釉。足端刮釉，修足圆滚，足心施白釉。口径15、底径8.8、通高2.8厘米（图二七，1；图三〇，3）。

8. 瓷灯盏

1件。

T0303①：18，残，可复原。直口，圆唇，深弧腹，平底。盏内边缘塑有扁状捉手。灰胎，酱釉，内壁及口部施酱釉，外壁未施釉。口径8.4、底径4.9、通高5厘米（图二七，8；图三〇，4）。

9. 瓷杯

1件。

T0203①：8，残，可复原。敞口，斜弧腹，下置矮圈足。足端削胎，白胎，豆青釉，足心白釉，胎体轻薄，底部残存蓝色花押款。口径9.4、底径4.2、高5.8厘米（图二七，4；图三〇，5）。

（三）佛具

佛珠　1件（23枚）。形制相同，大小略有不同，分为石质、陶质两类。

T0303①：13，圆形，中间有一圆形穿孔，表面染蓝色颜料，大部分颜料已脱落。直径1、穿径0.3厘米（图二七，7；图三一）。

（四）铜钱

1件。

T0302①：6，范铸，圆形，方穿。正面楷书钱文为"乾隆通宝"四字，对读，背面为满文"宝泉"二字，对读。钱径2.3、穿边长0.6厘米（图二七，17）。

1. 瓷碗（T0302①：35） 　　　　　　　　　　2. 瓷碗（T0302①：48）

3. 瓷盘（T0303①：15）

4. 瓷灯盏（T0303①：18）　　　　　　　　　5. 瓷杯（T0203①：8）

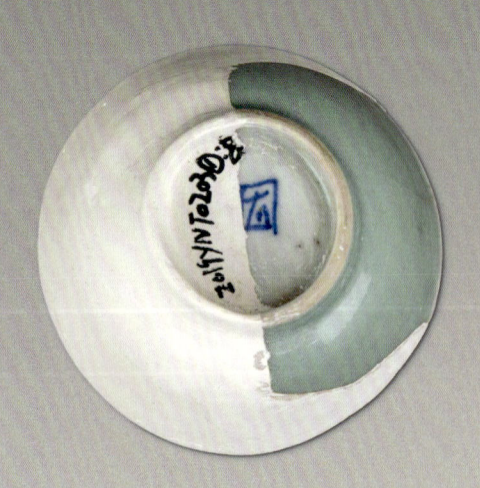

图三〇　南寨坡城堡遗址出土日用瓷器

图三一 南寨坡城堡遗址出土佛珠（T0303①：13）

四、结　语

南寨坡城堡遗址发展演变轨迹清晰。明代时，属明长城宣府镇怀隆道辖东路所属军事堡寨，虽然该城堡在《宣大山西三镇图说》《宣府镇志》等明代边防文献以及延庆诸版方志中失载，但由于延庆州（卫）城选址在妫河河川，地势平坦，无险可据，城南浅山之地可俯控全城，军事价值凸显。因此，明廷在这一制高点肇建南寨坡城堡，达到北与延庆州（卫）城互为犄角，声势联络，避免其"孤悬塞外"的目的。这种在主（大）城周围的制高点修建子（小）城的防御体系模式，最早见于兵家经典著作——宋代《武经总要》（前集）。同时，在明蓟镇长城沿线也多有遗存，如河北界岭口、刘家口、冷口、白羊峪长城等地。

清代以来，随着边疆危机的解除，南寨坡城堡逐渐失去往日的军事功能，遂纳入明代沿边地区城堡裁撤的范围，但由于其位置高耸，视野极佳，故成为建寺修庙的最佳选址，时人以堡寨城墙为庙院院墙，在堡内依山就势修建庙宇建筑群：朝阳寺，营建了佛殿（F1）、关帝庙（F3）、玉皇阁（F4）、僧侣生活区（F2）共4组建筑。至抗日战争时期，毁于人为纵火，继而荒废，之后当地村民陆续拆卸、搬运砖、石等建材终成今日遗址。

领队：刘乃涛
发掘：尚珩、张志伟、张晨
绘图：张志伟
执笔：尚珩、卜彦博、刘乃涛

延庆柳沟城东南城墙
考古发掘报告

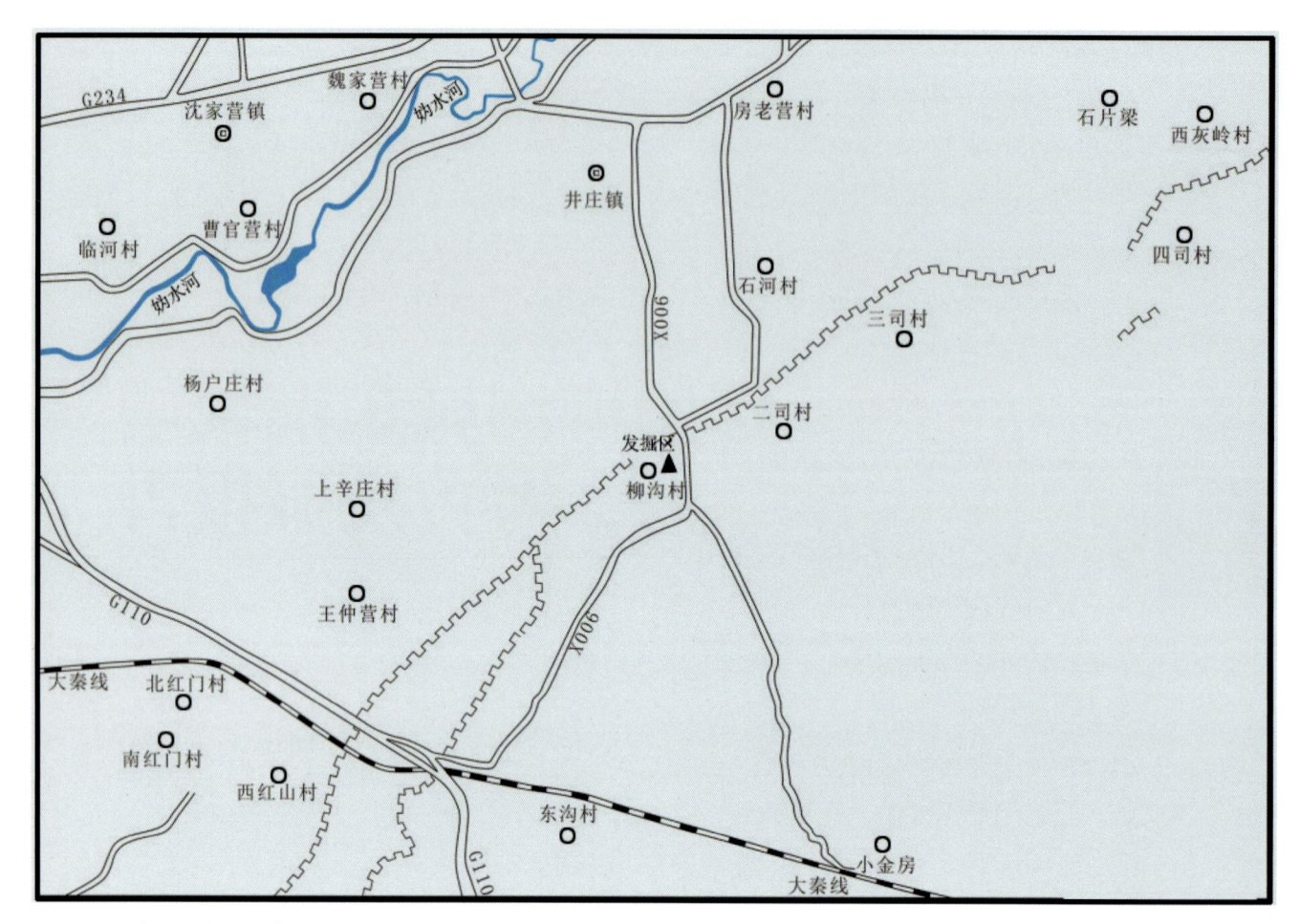

图一　发掘区位置示意图

柳沟城（编码：1102293531021700l0）遗址位于北京市延庆区井庄镇柳沟村内，居村北部平川之上，东邻X006县道、二司村，西邻王仲营村、上辛庄村（图一）。城堡选址在妫水河南岸，东、西、南三面环山。

随着延庆当地旅游业的发展需要，2007年11月柳沟古城修缮项目（一期工程）施工，对北城门进行了初步复原，修补了一层城门券洞，恢复了局部城门外包砖墙，二层仅恢复了部分女墙、女墙外围地面。2010年5月柳沟古城北城墙及北瓮城修缮工程（二期工程）施工。但是，两次修缮工程均未做正式的考古发掘工作。

为配合"北京延庆区长城1102293531021700l0号城堡（柳沟古城）东南城墙体抢险加固及展示工程"建设，了解柳沟城东南城墙、东南角台的形制、结构、营建方法，丰富其文化内涵，为日后的规划、保护、修缮工程方案的制定提供基础资料和技术支撑，经北京市文物局、国家文物局批准［考执字（2019）第 435 号、考执字（2020）第 338 号］，北京市文物研究所（现北京市考古研究院）于 2019 年 10 月 14—30 日对柳沟城东城墙进行考古发掘工作，布设探沟 7 条（图二、图三）；2020 年 8 月 26 日—9 月 16 日，对南城墙、东南角台进行考古发掘工作，布设探沟 2 条。两次共发掘清理东城墙、南城墙、东南角台遗址，发掘面积共 300 平方米。现将本次发掘情况报告如下。

一、地层堆积

柳沟城堡遗址内的遗迹普遍位于表层土下或裸露于地表之上，地层堆积简单，仅有一层，即近现代层。土色呈黄褐色，土质疏松，含植物根系，以及大量的现代砖块、塑料制品等垃圾物。其下便是生土，黄褐色，土质较硬，纯净，无包含物。出土的近现代遗物表明，遗址废弃至今一直有人类在这一层活动。

二、遗迹

柳沟城平面大致呈矩形，东西长 335.85、南北宽 265.35 米，北、东城墙保存相对较好，南、西城墙保存较差（图四—图六）。城墙高出现地表约 3—4 米，城墙采用黄土夯筑墙芯，砖石包砌内外立面方法建造。古城破坏严重，城墙仅存夯土芯，且保存较差，内外立面包砌的砖石无存。城门仅存北门，东、西、南门无存。

（一）城墙

1. 东城墙

东城墙全长 300.82 米（以城墙外檐为测量标准），方位角约 352°，两端呈直角转角与南、北城墙连接。城墙高出现地表约 3.5—4.08 米，内外立面所包砌的砖石无存，仅存夯土墙芯，墙体上窄下宽，剖面呈梯形，

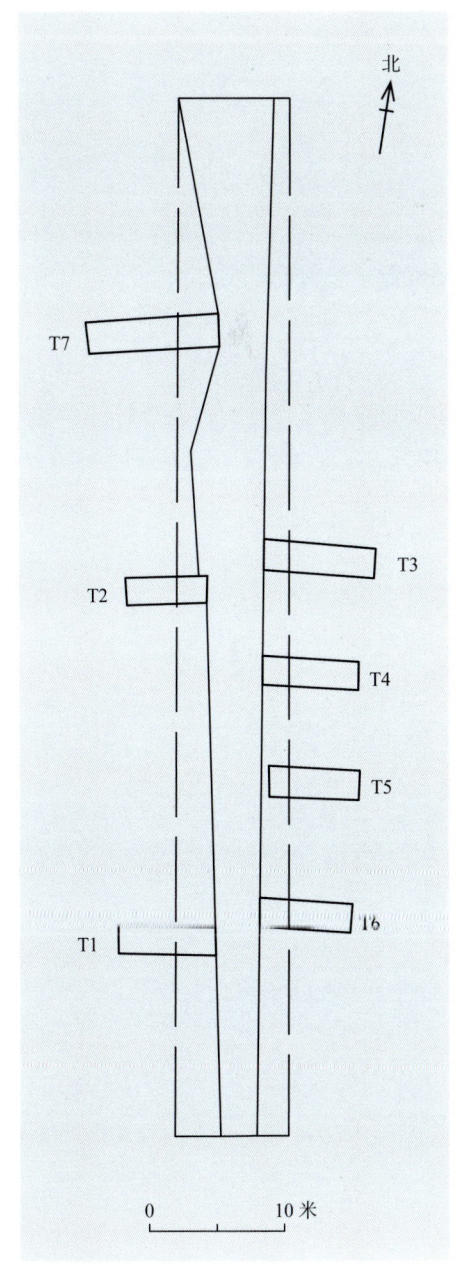

图二　东城墙探沟位置图

图三　柳沟城东城墙探沟

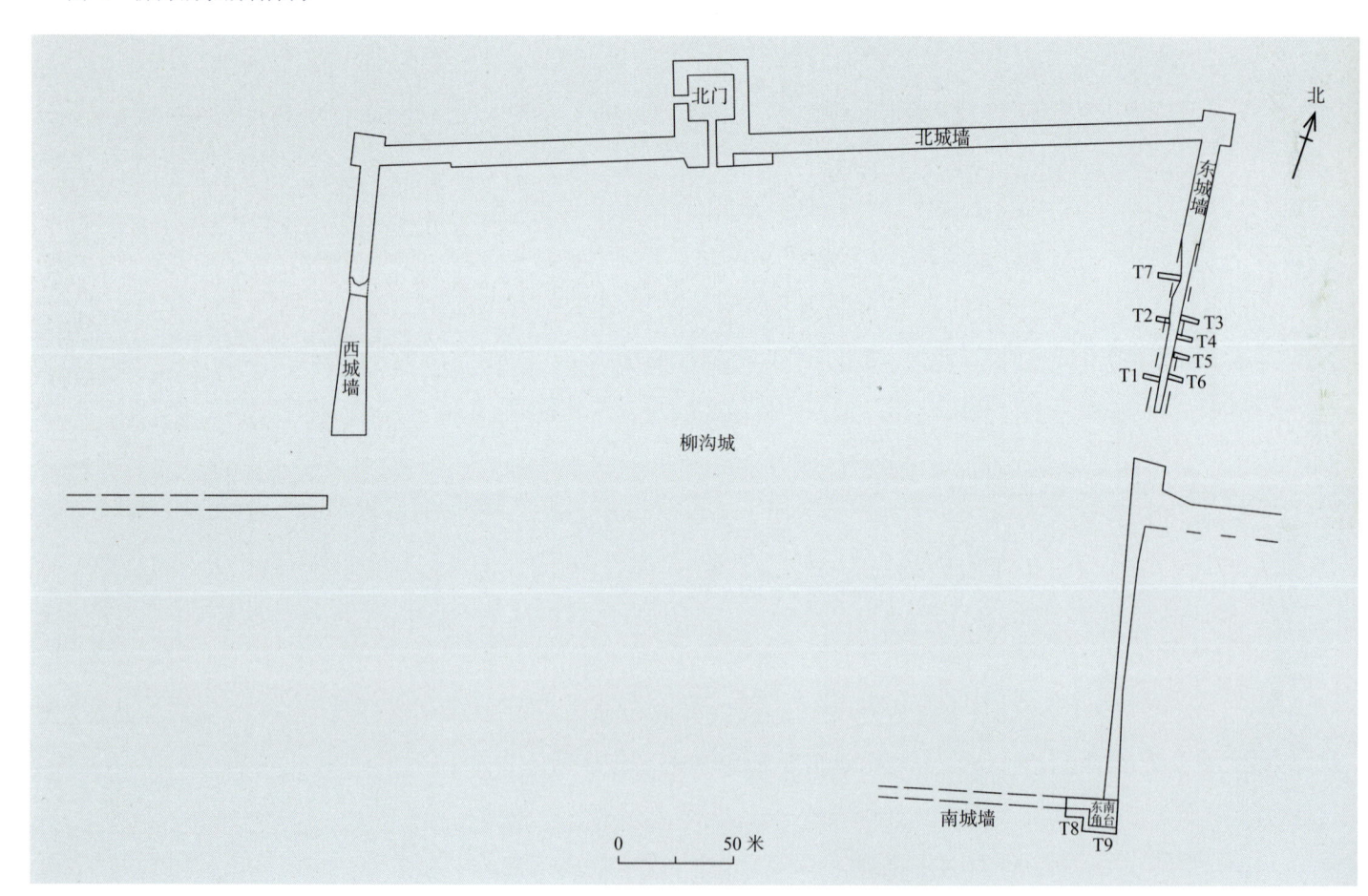

图四　柳沟城平面图

图五　柳沟城全景（北—南）

图六　柳沟城全景（南—北）

墙基厚约 2.75—8.34 米，内外檐壁面收分约 0.3 米。东城墙中部为一豁口，宽约 21.2 米，推测为东城门位置。

东墙内外开设 7 条探沟（编号：T1—T7），以 T5 为例（图七、图八），考古发掘成果表明，东城墙的营造方法是：城墙未开基槽，而是在生土表面夯打一层高约 1.46 米的放脚夯土，其上内缩 1.63—2.94 米筑城墙夯土，然后在城墙夯土两侧包砖石构筑。城墙夯土土色呈黄褐色或红褐色，土质坚硬，含少量石块、碎砖块等物，平夯夯打，夯打质量好，夯窝不清晰，夯层清晰，夯层厚 0.04—0.38 米。值得注意的是城墙放脚夯土略异于城墙夯土，表现为放脚夯土夯层厚度相差较大，部分夯层内夹杂有大量砖块。

2. 南城墙

图八　柳沟城东墙外侧放脚和墙体（T5）

本次发掘南城墙东段，共开设 2 条探沟（编号：T8、T9），城墙平面呈矩形、下宽上窄，剖面呈梯形，以外檐墙外壁为测量基准，方向为 87°。内檐墙破坏不存，外檐墙保存相对较好。营建方法为先用石块夹杂黄土在凸凹不平的生土上部夯打一层厚约 0—30 厘米的夯土垫层取平，其上夯筑放脚夯土，放脚夯土上部内收约 0.8—1 米，向上夯打城墙夯土，城墙夯土外侧包砌砖石，即基础包砌一层厚的条石，条石与夯土之间的填馅部分采用三合土夹杂石块混筑填充，条石之上包砌青砖。

下部放脚夯土长 13 米（发掘部分），残厚 4.75—5.83 米，高约 0.35 米。采用一层大石块、一层黄褐色土夯打而成，土质坚硬，较纯净，夯打质量较好，夯窝不清晰。

城墙夯土夯打于放脚夯土上部，发掘部分长 13 米（以放脚夯土上部为测量基准，下同），残高 3.4、残厚 3.52—4.65 米，壁面每米收分约 0.25 米。黄褐色土，土质坚硬，夹杂少量碎石块等物，夯打质量好，夯层清晰，夯窝不清晰，夯层厚约 6—10 厘米。

城墙夯土外的填馅部分厚约 0.52—0.68、残高约 0.35 米。采用石灰、黄土夹杂石块夯打而成，土质坚硬，夯打质量好，夯窝、夯层不清晰。

（二）东南角台

东南角台平面呈长方形，剖面呈梯形（图九—图一一），以南壁外檐墙外壁为测量基准，方向87°。内檐墙及东侧外檐墙破坏不存，残存南侧外檐墙。

营造方法同城墙。底部放脚夯土南北残厚10.92—12.8、东西残厚10.3—10.8、高约0.7米。角台夯土夯打于放脚夯土上部，残高3.14米，南北残厚10.9—12.42米（以放脚夯土上部为测量基准，下同），东西残厚约9.7—9.9米，壁面每米收分约0.3米。黄褐色土，土质坚硬，夹杂少量碎石块等物，夯打质量好，夯层清晰，夯窝不清晰，夯层厚约6—10厘米（图一二）。

城墙夯土外檐包砌砖石，即基础包砌一层厚的条石，条石与夯土之间的填馅采用三合土夹杂石块填充。残厚约0.1—0.68、残高约0.8米。采用石灰、黄土夹杂石块夯打而成，土质坚硬，夯打质量好，夯窝、夯层不清晰。条石之上包砌青砖。

图九 柳沟城东南角台发掘前（南—北）

图一〇 柳沟城东南角台发掘后（俯视）

图一一 柳沟城东南角台发掘后（南—北）

延庆柳沟城东南城墙考古发掘报告

图一三 东南角台平、剖面图

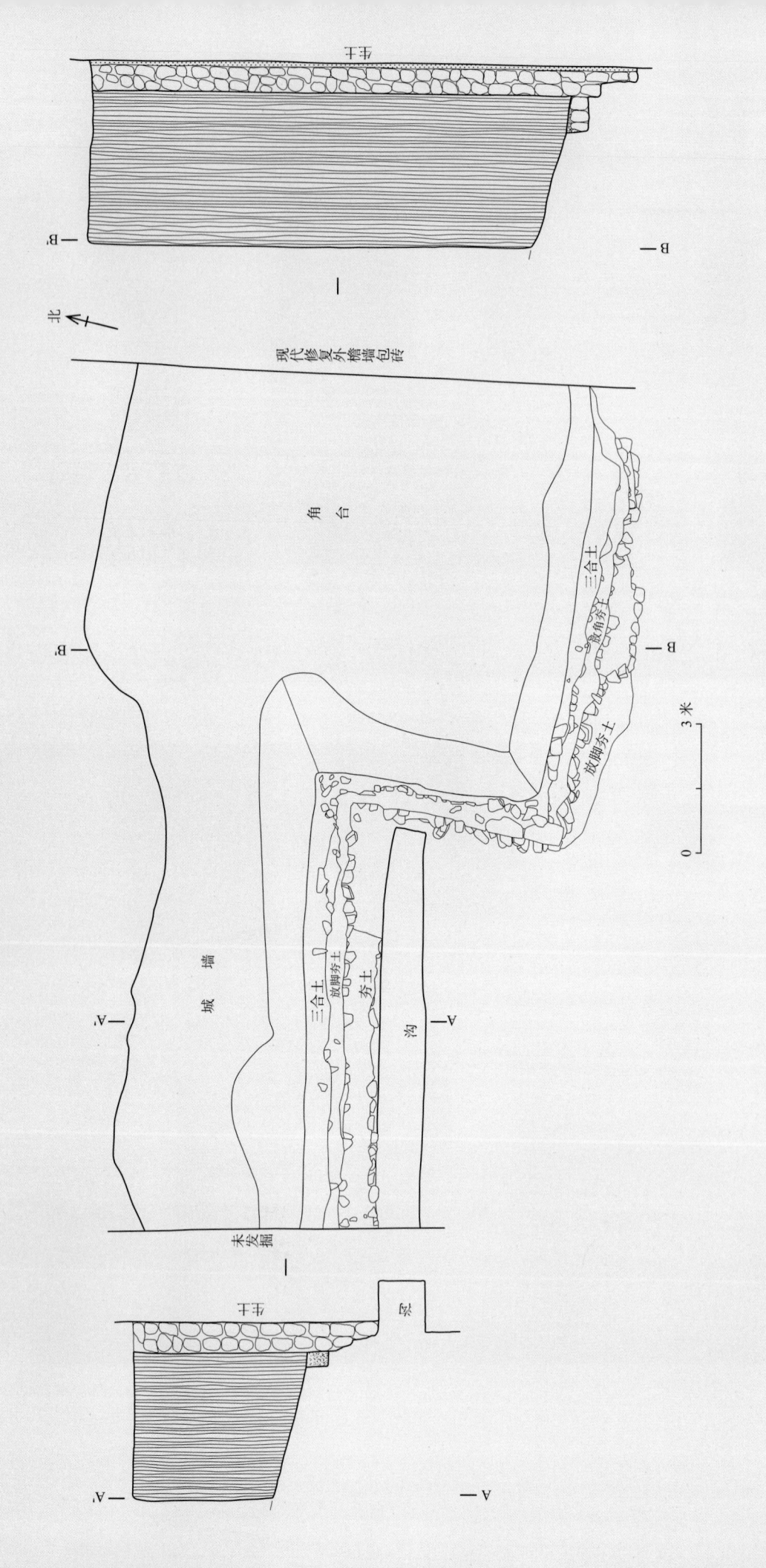

三、出土遗物

因柳沟城在近现代时遭到严重的人为拆毁，仅在东南角台顶部出土瓦当1面。

兽面瓦当 1件。T8：1，原由筒瓦和瓦当两部分构成，现筒瓦残缺，瓦当分内外两区，外缘乳钉纹环形缘，内区模印兽面纹，细眉上翘、凸睛，张嘴式，嘴角上翘。缘宽1.2、直径9.7厘米（图一三）。

四、结　　语

柳沟城作为明长城沿线重要的军事城堡，属宣府镇怀隆道南山管辖。据《宣大山西三镇图说》记载："南山内拱京陵，为藩篱重地。旧无营伍，系东路参将守护。自嘉靖二十九年虏从潮河川内犯，自镇边城溃垣而出，至三十五年始议修联墩，抽怀、永、蔚、延余丁守之。四十五年设参将一员驻扎柳沟……"[1] 可知，柳沟城所在地区原为东路（参将驻扎于永宁城）辖区，随着嘉靖二十九年（1550）"庚戌之变"后，明蒙军事冲突愈演愈烈，边防形势日益严峻，南山地区逐渐析出，成为一个独立的辖区（图一四）。而柳沟城便是这一地区的核心城堡和军事指挥中心、参将驻扎之地。

柳沟城"创自隆庆元年，周三百一十八丈一尺，高连女墙三丈五尺。万历二十四年复增北关，周一百八十五丈八尺，高连垛口二丈五尺。本路参将驻扎于此，设操守一员，除援兵外，所领见在官军二百六十一员名……本城乃本边适中之地，西南皆沙，河东北则平

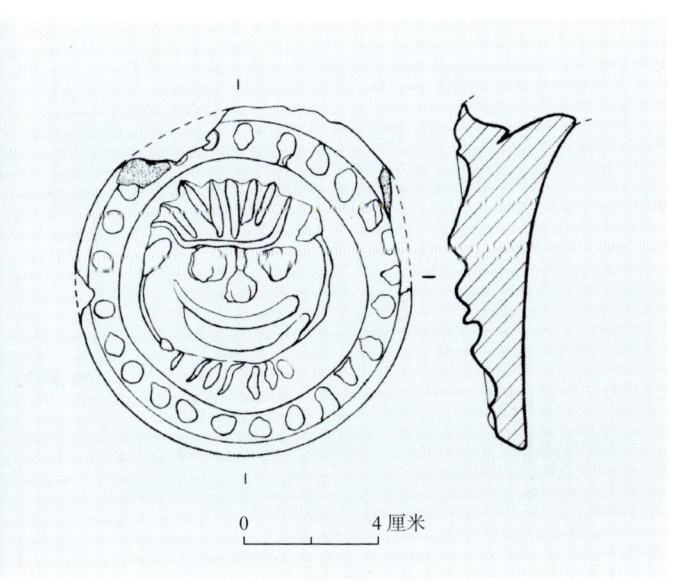

图一三　兽面瓦当（T8：1）

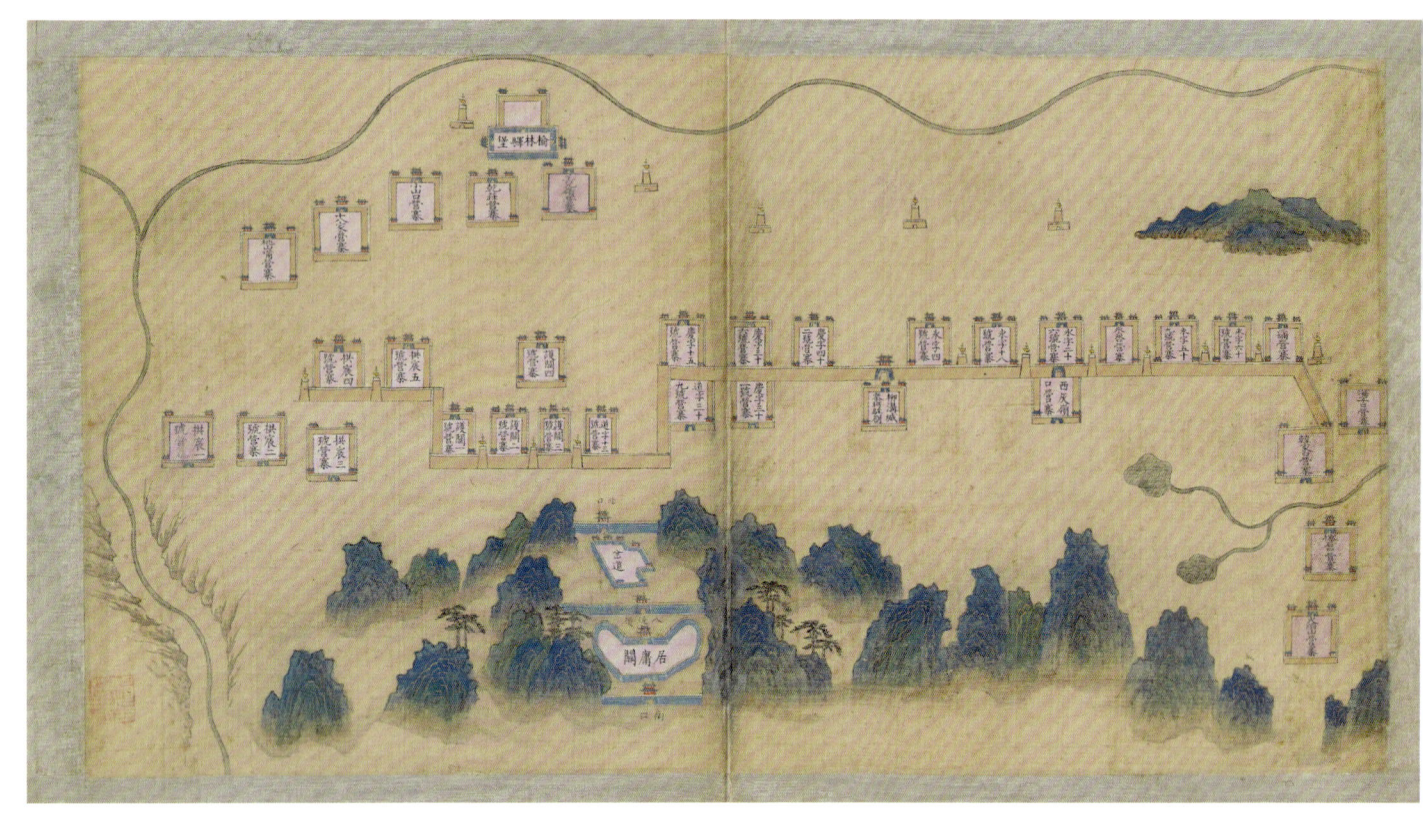

图一四 宣府镇南山舆图
(《宣大山西三镇图说》万历三十一年日本秘阁本)

图一五 柳沟城舆图
(《宣大山西三镇图说》万历三十一年日本秘阁本)

坦,虽称冲口,而设官筑关,绸缪甚密……"[2](图一五)自此以后沿而不废,直至明亡。清季以来,随着民族矛盾的和解和明长城沿线守军的逐渐裁撤,柳沟城逐渐成为一般性居民居住地。

本次发掘明确了柳沟城东、南城墙及东南角台的形制、结构、构筑方法。城墙、角台修筑过程如下:首先城墙在修建前并未修筑基槽,而是直接修治生土地面、找平。夯筑城墙前底部先夯筑放脚,其上再夯筑城墙。其次,城墙外檐墙包砌砖石(内檐墙破坏严重,情况未知),即基础包砌一层厚的条石(条石高度、层数不详,推测为5—7层),条石与夯土墙体之间的填馅部分采用三合土夹杂石块夯筑填充。条石之上的墙体采用青砖包砌到顶(层数未知),城砖与夯土之间并未使用壁带这一横向牵拉结构。

120　北京长城考古(一)

依据成书于嘉靖二十一年（1542）前后的《乡约》[3]记载，明代宣大地区的城堡角台结构分为斜出式、直出式两种形制，且斜出式角台早于直出式角台（图一六）。本次发掘结果显示，柳沟城东南角台方向87°近似直角，当属文献中的直出式角台。角台附近出土兽面瓦当一面，说明原角台顶部修建有角楼或寺庙（推测为魁星阁）类建筑。

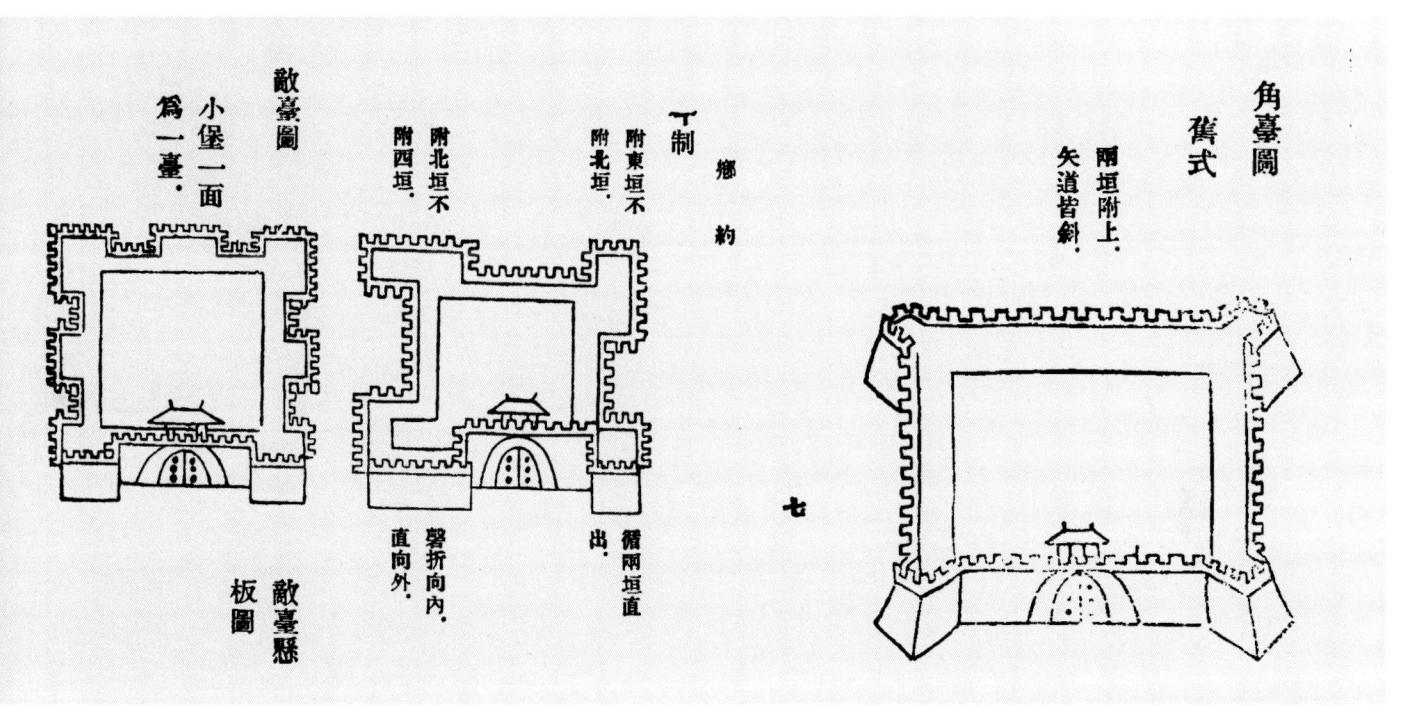

图一六 角台（左）与旧式角台（右）

本次发掘明确了柳沟古城东城墙的结构、构筑方法及地层堆积问题，为日后的古城保护、规划、修缮工程方案的制定提供了基础资料和技术支撑；为研究北京地区明清城址的营建，特别是明长城沿线城堡的营造技术提供了实物资料。

领队：尚珩

发掘：尚珩、张志伟、张晨

绘图：张志伟

执笔：尚珩、卜彦博、刘乃涛

注释

[1] 薄音湖编辑、点校：《明代蒙古汉籍史料汇编·第十二辑——九边图论·九边图说·宣大山西三镇图说》，内蒙古大学出版社，2015年，第102页。

[2] 薄音湖编辑、点校：《明代蒙古汉籍史料汇编·第十二辑——九边图论·九边图说·宣大山西三镇图说》，内蒙古大学出版社，2015年，第103页。

[3] （明）尹畊：《乡约》，《丛书集成初编》，商务印书馆，1936年，第7、8页。

图三　208号敌台（D208）发掘前（西北—东南）

图四　208号敌台（D208）发掘前（东南—西北）

图五 208号敌台（D208）发掘后（俯视）

图六 208号敌台（D208）发掘后（东北—西南）

图七　208号敌台（D208）发掘后（西南—东北）

图八　208号敌台（D208）发掘后（西北—东南）

条石部分　敌台东、北立面的底部残存有部分条石，仅存一层，该层条石的顶部距外部边缘0.07米处残存一道白灰痕，系与上层条石之间粘接的白灰，第二层条石向内收分0.07米，相邻条石间用白灰粘接，所用条石规格为：长0.27—1.25、宽0.18—0.46、厚0.3米，条石表面有錾痕。根据填馅的层数和高度推测，条石原为三层，高度约1米。

填馅部分　敌台底部四周，即条石和夯土芯之间采用毛石及三合土填馅，填馅高1、宽1米。填馅共三层，每层采用毛石平砌，每层厚度约0.26—0.4米。毛石间的缝隙采用三合土填充，每层的顶部用三合土找平，每层厚度约0.06—0.12米。之后再修筑上一层。填馅的顶部采用白灰找平，白灰层厚0.06米，表面残存有平行分布的白灰线痕，根据形状推断为青砖痕，长0.54、宽0.24米。

包砖部分　在填馅及条石之上采用青砖包砌并至顶，夯土芯西、北立面残存有两层青砖，保存差，砌法不详。敌台周围地层中堆积有大量条砖。所收集的条砖规格有两种，均为素面，一种残长38、宽18、厚8厘米；另一种残长38、宽20、厚6厘米。

敌台顶部残存一层铺地方砖，南北残存有4排，最多一排为9块砖，砖规格为：长34、宽32、厚7厘米，素面。铺地砖下部有厚度为0.08米厚的三合土层，三合土层下部有一层厚度为1—3厘米的青灰色土层，该层结构致密，硬度大。

2. 出土遗物

陶灯　1件。D208∶1，残，轮制，泥质灰陶，仅存中部。残高6.3厘米（图九，1；图一〇，1）。

瓷碗　2件。D208∶2，残，轮制，弧腹，圈足，内底下凹，器身施青白釉，内壁近底处饰两周旋纹。底径7.9、残高1.4厘米（图九，2；图一〇，2）。D208∶7，残片，敞口，平沿，圆唇，弧腹，腹部饰两周细弦纹。残高4厘米（图九，4；图一〇，3）。

陶盆　1件。D208∶6，残片，敛口，平沿、圆唇，弧腹。残高4.3厘米（图九，7；图一一，1）。

陶罐　1件。D208∶4，残，轮制，弧腹，圈足底，内壁近底处饰两周旋纹。底径8、残高1.3厘米（图九，5；图一一，2）。

瓷钵　1件。D208∶3，残片，轮制，直口，圆唇，弧腹，器身施墨绿釉。残高4.3（图九，3；图一一，3）。

瓷罐　1件。D208∶5，残片，敛口，鼓腹，口部漏胎，腹部施墨绿釉。残高5.8厘米（图九，6；图一一，4）。

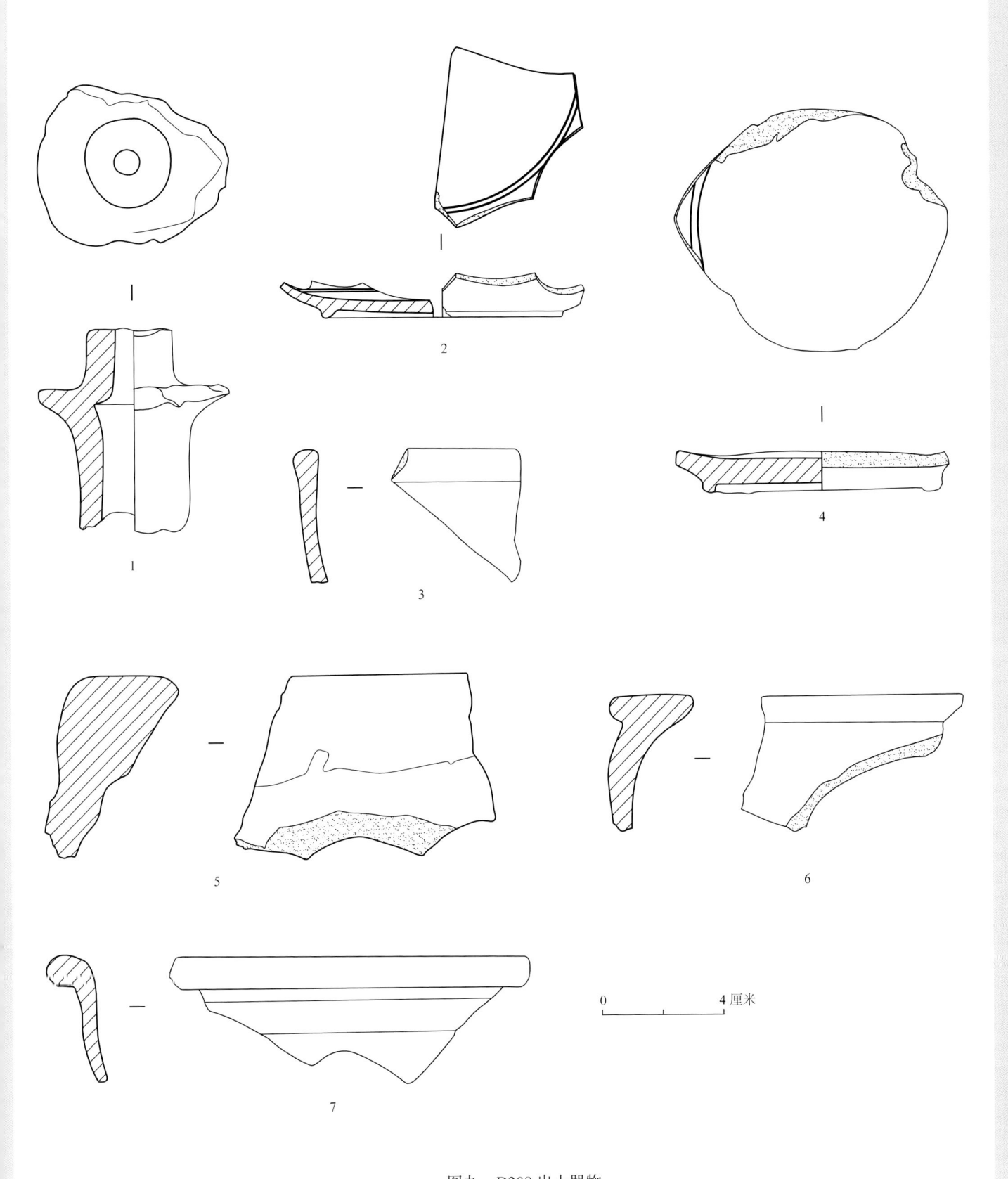

图九　D208 出土器物

1.陶灯（D208：1）　2、4.瓷碗（D208：2、D208：7）　3.瓷钵（D208：3）
5.陶罐（D208：4）　6.瓷罐（D208：5）　7.陶盆（D208：6）

1. 陶灯（D208：1）

2. 瓷碗（D208：2）

3. 瓷碗（D208：7）

图一〇 D208 出土陶、瓷器（一）

1. 陶盆（D208∶6） 　　　　　　　　　2. 陶罐（D208∶4）

3. 瓷钵（D208∶3）

4. 瓷罐（D208∶5）

图一一　D208 出土陶、瓷器（二）

延庆柳沟明长城 208—210 号敌台遗址考古发掘报告

（二）延庆县209号敌台

1. 建筑形制

209号敌台（D209）整体呈覆"斗"状。平面呈长方形，剖面呈上小底大的梯形。敌台底部东西长11.99、南北宽9.45米，顶部东西长6.77、南北宽4.34米，残高5.87米（图一二—图一九）。东西两侧与长城本体相连，外凸于长城墙体（图二〇）。

基础部分　209号敌台建于自然山体之上，修建前并未开挖基槽，而是对自然山体进行修治，使之平整。其中，对于南部较高的山体区域进行铲削，对于敌台东、西两侧偏北处，地势较低的地方采用不规则的毛石掺三合土进行铺垫、找平（图二一）。由于没有对该层向下和四周进行清理，该层分布范围不详。

夯土芯部分　敌台内芯为黄土夯筑，夯土为平夯，较纯净，结构紧密。自敌台底部至顶共夯筑52层，夯土层厚0.06—0.15米不等，土芯底部东西长8.92、南北宽6.78米，顶部东西残长6.77、南北残宽4.34米，残高5.87米。

条石部分　敌台东、北立面的底部残存有部分条石，仅存一层。条石顶部距外部边缘0.07米处残存一道白灰痕，系与上层条石之间粘接的白灰，第二层条石向内收分0.07米，相邻条石间用白灰粘接，所用条石规格为：长27—125、宽18—46、厚30厘米，条石表面有錾痕。根据填馅的高度推测，条石原为三层，高度约1米（图二二、图二三）。

填馅部分　敌台底部四周，即条石和夯土芯之间，采用毛石及三合土填馅，填馅高1、宽1米，填馅共三层，每层采用毛石平砌，每层厚度约0.26—0.4米。毛石间的缝隙采用三合土填充，每层的顶部用三合土进行找平，每层厚度约0.06—0.12米。之后再修筑上一层。填馅的顶部采用白灰找平，白灰层厚0.06米，表面残存有平行分布的白灰线，根据形状推断为青砖痕，长38、宽18、厚9厘米。

包砖部分　在填馅及条石之上采用青砖包砌并至顶。夯土芯西南部残存有两层青砖，保存差，砌法不详。敌台周围地层中堆积有大量城砖。所收集的条砖规格有两种，均为素面，一种残长38、宽18、厚8厘米；另一种残长18、宽20、厚96厘米（图二四）。

敌台顶部残存一层铺地砖，南北残存有7排，最多一排为7块砖，砖规格为：长37、宽37、厚6厘米，素面。铺地砖下部有厚度为14厘米的三合土层。

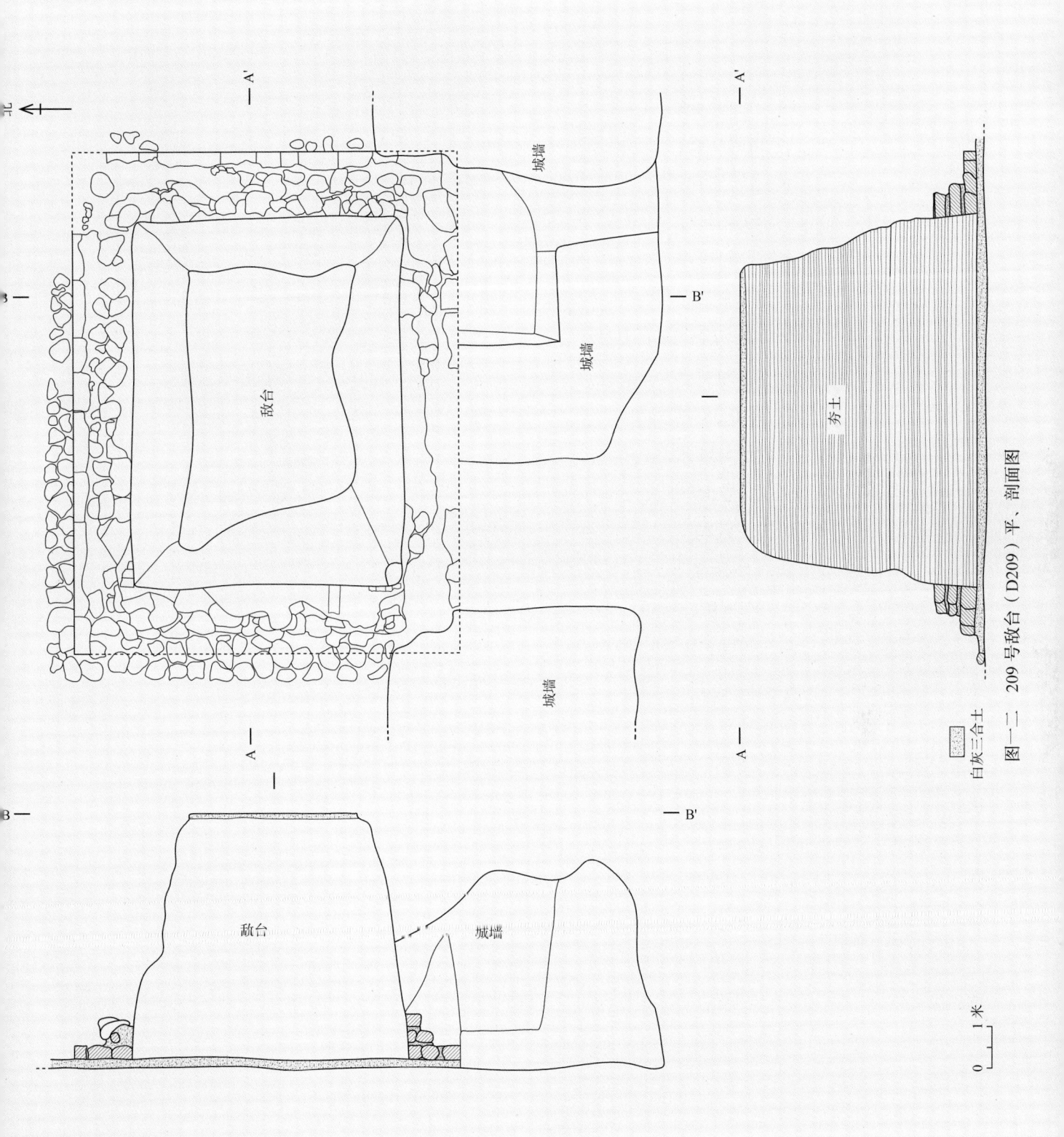

图一三 209号敌台（D209）平、剖面图

延庆柳沟明长城 208—210 号敌台遗址考古发掘报告

图一三　209号敌台（D209）发掘前（俯视）

图一四　209号敌台（D209）发掘前（东北—西南）

图一五　209号敌台（D209）发掘前（东南—西北）

图一六 209号敌台（D209）发掘前（西北—东南）

图一七 209号敌台（D209）发掘后（俯视）

图一八 209号敌台（D209）发掘后（东北—西南）

图一九 209号敌台（D209）发掘后（西北—东南）

图二〇　209号敌台（D209）东南角长城墙体叠压

图二一　209号敌台（D209）北立面外包石、二层收分和散水

图二三　209号敌台（D209）西侧散水、包石、填馅

图二二　209号敌台（D209）东立面外包石、二层收分和填馅

图二四　209号敌台（D209）包砖遗迹

2. 出土遗物

瓷瓶　1件。D209：1，残，敞口，卷沿，束颈，溜肩，鼓腹，底部残缺。器身施墨绿釉。口径4.8、腹径15.4、残高16厘米（图二五，3；图二六，1）。

博风砖　1件。D209：2，残，墙构件，磨制，用于山墙拔檐砖之上，首部雕刻团火轮纹。残长22.6、高15、厚5.6厘米（图二五，2；图二六，2）。

石夯锤　1件。标本D209：3，残，石质，錾刻而成，正面呈近圆形，底部较平。一端残缺，一端中部錾刻一圆形孔。孔进深6.4、直径11、残长1.2厘米（图二五，1；图二六，3）。

（三）延庆县210号敌台

1. 建筑形制

210号敌台（D210）整体呈覆"斗"状。平面呈长方形，剖面呈上小底大的梯形。敌台底部东西长11.94、南北宽9.15米，顶部东西长8.49、南北宽5.64米，残高6米。东西两侧与长城本体相连，外凸于长城墙体（图二七—图三四）。

基础部分　210号敌台建于自然山体之上，修建前并未开挖基槽，而是对自然山体进

图二五　D209、D210 出土器物

1. 石夯锤（D209∶3）　2. 博风砖（D209∶2）　3. 瓷瓶（D209∶1）　4. 瓦当（D210∶2）　5. 滴水（D210∶6）
6. 劈水砖（D210∶4）　7. 柱顶石（D210∶3）　8. 骨锥（D210∶8）　9. 水槽砖（D210∶5）

1. 瓷瓶（D209∶1）

2. 博风砖（D209∶2）　　　3. 石夯锤（D209∶3）

图二六　D209 出土器物

行修治，使之平整。其中，对于南部山体较高的区域进行铲削，对于敌台东、西两侧偏北处，地势较低的地方，采用不规则的毛石掺二合土进行铺垫、找平（图三五）。

夯土芯部分　敌台内芯为黄土夯筑，夯土为平夯，较纯净，结构紧密。自敌台底部至顶共夯筑 38 层，夯土层厚 0.06—0.22 米不等，土芯底部东西长 9.66、南北宽 7.17 米，顶部东西残长 8.49、南北残宽 5.64 米，残高 6 米。

条石部分　在敌台底部东南角、西南角残存有部分条石，仅存一层。条石顶部距外部边缘 0.07 米处残存一道白灰痕，系与上层条石之间粘接的白灰，第二层条石向内收分 0.07 米，相邻条石间用白灰粘接，所用条石规格为：长 0.42—1.56、宽 0.18—0.35、厚 0.3 米，条石表面有錾痕（图三六、图三七）。根据填馅的高度推测，条石原为三层，高度约 1 米。

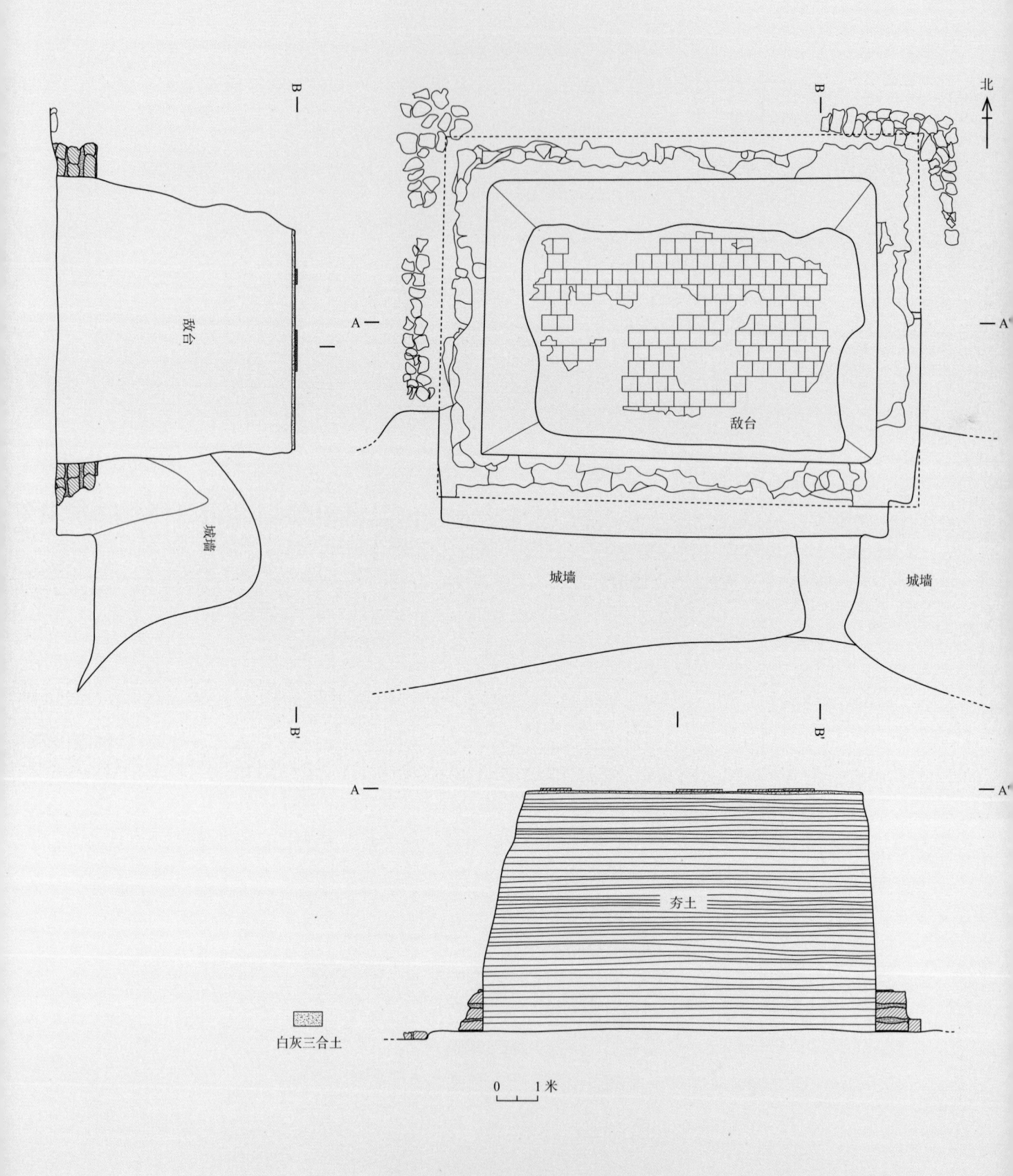

图二七 210号敌台（D210）平、剖面图

图二八　210号敌台（D210）发掘前（俯视）

图二九　210号敌台（D210）发掘前（东北—西南）

图三〇　210号敌台（D210）发掘前（西北—东南）

图二 210号敌台（D210）发掘后（俯视）

图三二　210号敌台（D210）发掘后（东北—西南）

图三三　210号敌台（D210）发掘后（西南—东北）

图三四　210号敌台（D210）发掘后（西北—东南局部）

图三五　210号敌台（D210）基础包石、填馅

图三六　210号敌台（D210）二层条石收分痕迹

图三七　210号敌台（D210）包石遗迹

填馅部分　敌台底部四周，即条石和夯土芯之间，采用毛石及三合土填馅，填馅高1、宽0.82米，填馅共三层，每层采用毛石平砌，每层厚度约0.28米。毛石间的缝隙采用三合土填充，每层的顶部用三合土进行找平，每层厚度约6—18厘米。之后再修筑上一层。填馅的顶部采用白灰找平，白灰层厚5厘米，表面残存有平行分布的白灰线，根据形状推断为青砖痕（图三八、图三九）。

包砖部分　在填馅及条石之上采用青砖包砌并至顶。夯土芯东北部残存有两层青砖，保存差，砌法不详，敌台周围地层中堆积有大量城砖。所收集的条砖规格有两种，均为素面，一种残长35、宽18、厚8厘米；另一种残长22、宽20、厚96厘米。

敌台顶部残存一层铺地砖，南北残存有13排，最多一排为19块砖，砖规格为：长37、宽37、厚6厘米，素面。铺地砖下部有厚度为8厘米的三合土层。

图三八　210号敌台（D210）基础填馅

图三九　210号敌台（D210）基础填馅顶部砖痕

2. 出土遗物

瓦当　2件。D210：2，残，模制，整面模印兽首，双眼突起，双耳耸立，嘴紧闭。须卷曲。直径10.7厘米（图二五，4；图四〇，1）。D210：7，同D210：2（图四〇，2）。

柱顶石　1件。D210：3，残，石质，錾刻而成。平面呈方形，界面呈"凸"形，中部凸起圆形柱座。长46.9、残宽24.2、高14厘米（图二五，7；图四〇，3）。

劈水砖　1件。D210：4，预制砖，平面呈长方形，截面呈"凸"形，中部呈凸棱状，劈水坡度为8—12°。长31.2、宽28、高6.2—9厘米（图二五，6；图四〇，4）。

水槽砖　1件。D210：5，残，预制砖，呈长方形，整面中部下凹，截面呈"U"形。残长14.2、厚12.1厘米（图二五，9；图四一，1）。

滴水　1件。D210：6，残，模印，呈三角形，整面模印花纹，残缺不全。残长6.7、高5.4厘米（图二五，5；图四一，2）。

骨锥　1件。D210：8，骨质，首部呈关节状，尾部磨制尖锐。长10厘米（图二五，8；图四一，3）。

1. 瓦当（D210∶2）  2. 瓦当（D210∶7）

3. 柱顶石（D210∶3）

4. 劈水砖（D210∶4）

图四〇　D210 出土器物（一）

1. 水槽砖（D210∶5）

2. 滴水（D210∶6）

3. 骨锥（D210∶8）

图四一　D210 出土器物（二）

题名鼎建碑 1通。D210：1，出土于敌台南立面偏西位置，石碑背面紧贴城墙侧放。石碑为青石质，竖式圆首碑，保存完整，长93、宽47、厚12厘米。该碑原有榫卯和碑座，现碑座不知所终。碑首中部刻"万历二年"春季建立"，阴刻双勾楷书，左、右两侧阴刻卷云纹，碑正文阴刻楷书，大字7行，小字3行，共190字，录文如下（图四二）：

钦差总督宣大山西军务兵部右侍郎兼右佥都御使湖广嘉鱼方逢时

钦差巡抚宣府等处地方赞理军务右副都御史浙江山阴吴兑

巡按直隶监察御史江西临川陈文燧

镇朔将军镇守宣府等处总兵官都督同知陕西巩昌雷龙

整饬怀隆等处兵备山西提刑按察司副使直隶定远吴哲

分守宣府东路等处副总兵都指挥佥事陕西绥德白允中

提调宣府南山地方副总兵都指挥佥事陕西榆林孙朝梁

中军怀安卫千户张维城

坐营宣府左卫指挥车相

把总永宁卫指挥刘世臣

图四二 题名鼎建碑（D210：1）拓片

三、结论与收获

（一）敌台的营建时代

明代时，延庆208—210号敌台属宣府镇怀隆兵备道辖南山参将管辖。南山地区防务的大规模建设，始于嘉靖三十五年（1556），江东出任宣大总督之后，江东计划修筑"墩七百九座，墩房七百九间"[1]。至嘉靖三十六年离任时，实际"筑墩四百六十有七"[2]。隆庆二年（1568），宣大总督陈其学再举修筑墩台之役，"岔道以东自青石顶至四海冶火焰山，宜乘春修筑墩台"[3]。到隆庆六年（1572），"以宣府镇南山岔西等处修边工成"[4]标志着正式完工。

万历元年（1573），宣大总督王崇古又在南山地区起仿造蓟镇空心敌台、土筑边墩包砖之役[5]。此事在《明实录》中有载："万历元年九月甲申，户部复总督王崇古等题修边支费，言：宣府节次修墙及北路宁远等口，包砌墩台并岔东台工，共该粮两万三千六石，银三万九百九十三两……"[6]万历元年九月，方逢时从王崇古手中接任宣大总督一职并延续了这一规划，自万历二年（1574）起，继续对南山地区的墩台进行包砖："……至于南山垒东敌台，原议先尽本山官军兴修，三年报完，今东路城垒俱尽砖包，北山大边墙崖墩台，俱已尽完……"[7]到万历四年（1576），此项工程终于完工。这年四月"巡抚宣府右副都御史吴兑报修完南山敌台并边墙城堡等工"[8]。

根据D210出土"题名鼎建碑"碑首刊刻的"万历二年春季建立"，判断此段长城3座敌台包砖工程当属方逢时主持，于万历二年（1574）实施，与文献记载一致。但墩台内夯土芯的营建年代无法印证是嘉靖朝还是隆庆朝所为。

（二）敌台与城墙建筑的早晚关系

依据文献记载，江东、张镐在南山地区大规模兴建墩台之时，并未修筑连续性的长城墙体[9]，这一点在嘉靖三十七年（1558）杨博的奏疏中说得很清楚[10]。嘉靖三十八年（1559），杨博提出在原有联墩基础上，增筑长城墙体，以固戍守[11]。从嘉靖三十七年（1558）开始，到三十八年六月，南山地区仅筑墙三百余丈，工程进度十分缓慢。杨博于嘉靖三十八年（1559）离任，其间工程进度不得而知[12]。但从隆庆年间兵部尚书赵炳然《题为经理南山未备事》一疏中可知，杨博筑墙一事并未全部完成，只是岔道城以东地区形成了"高墙深壕"[13]。

通过对D208—D210三座敌台与城墙接合处的发掘可知，敌台底层条石均压于夯土城墙之下。具体而言，D208、D209敌台的东南部，D210号敌台的东南部和西南部，敌台与城墙结合处，城墙向下斜收，敌台向上内收且城墙压于最底层的条石之上。据此判断，夯土城墙的营建时间不早于万历二年，即在敌台包砖竣工后，再于相邻敌台之间修建长城墙体。这一发现与前述文献记载多少存在抵牾之处，特别是三座敌台地处柳沟城西山，距离城墙较近，属防御要冲之地，修建长城墙体时，属优先营建的区域，但考古发掘却显示其营建时间较晚，究其原因，不排除早年营建的墙体损毁、后人补修的可能。在文献记载中，也有类似的记载，如万历三十二年（1604）宣大巡按汤兆京议"南山塌墙宜修"[14]，并获得皇帝的准许。到万历四十一年（1613），形成了"本地为墙者亦百二十余里"[15]的壮观场景。但修边之役至崇祯时期仍在实施，崇祯十年（1637），鉴于西北战事的愈演愈烈，宣大总督卢象昇便多次上疏奏请修建南山防线[16]。因此，也不排除该段墙体为崇祯时期修筑的可能性。

（三）敌台的建造方式及特点

通过对 D208—D210 三座敌台的发掘，可知三座敌台的建筑形制基本一致，营建敌台的过程如下：

1. 敌台地基的处理

敌台建于自然山体之上，修建前并未开挖基槽，而是对自然山体进行修治，使之平整。具体而言，D208 号敌台底部平铺一层夯土，夯土为平夯，较纯净。D209、D210 号敌台，对于南部山体较高的区域进行铲削，对于敌台东西两侧偏北处，地势较低的地方采用不规则的毛石掺三合土进行铺垫、找平。

敌台基础平面整治范围大于敌台实际建筑底部（本次发掘围绕敌台四周开 1.5 米宽的解剖沟，尚未找到基础部分的边界），使基础部分与自然山体结合处摩擦力增大，减少因自然地势及自然灾害造成敌台基础部分变形。

2. 夯筑土芯

三座敌台总体体量虽然大致相近，但夯土芯的夯筑层数、夯层厚度存在一定的差异性。D208 号敌台共 82 层夯土，夯土层厚 6—12 厘米不等；D209 号敌台共 52 层夯土，夯土层厚 6—15 厘米不等；D210 号敌台共 38 层夯土，夯土层厚 6—22 厘米不等，均为平夯。

D208 号敌台西部夯土层较薄，夯层厚度在 6 厘米左右；而中部、东部夯土较厚，夯层厚度在 22 厘米左右，两者之间的结合缝隙明显，应为两次夯筑的痕迹。

3. 砖石包砌

三座敌台均采用砖石包砌。基础采用单层条石包砌，根据填馅的高度推测，条石高度原为三层，高度约 1 米，每两层条石间用白灰粘接，上、下两条石向内收分宽度为 0.07—0.14 米，所用条石规格长 0.27—1.25、宽 0.18—0.46、厚 0.3 米，条石中的五个立面均有錾刻痕迹，仅内侧与填馅部分粘接处一侧没有经过錾刻。

条石与夯土芯之间形成约 1 米宽的填馅。填馅均采用毛石及三合土，共三层，每层用毛石平砌，毛石间的缝隙采用三合土填充，每层的顶部用三合土进行找平，之后再修筑上一层。填馅的顶部采用白灰找平。

条石、填馅之上采用青砖包砌至顶，由于损毁严重，现仅部分区域残存两层青砖，保存差，砌法不详。敌台顶层在夯土芯的基础上修建有质地紧密的三合土防水层，其上采用方砖铺墁地面。

综上所述，D208—D210三座敌台建筑形制如下：敌台外凸且高于长城墙体，砖石包砌的实心敌台，黄土夯筑实心土墩，外立面包砌砖石，基础采用3层条石砌筑，条石内填馅系3层土石混筑，顶部白灰找平后采用青砖包砌置顶。顶部四周砖砌垛口墙，垛口墙顶部铺劈水砖，顶部地面采用方砖十字缝铺墁，中间修建有铺房。

领队：尚珩

发掘：尚珩、张志伟

绘图：张志伟

摄影：尚珩、张志伟

执笔：尚珩、卜彦博、张志伟

注释

[1] （明）孙世芳：《宣府镇志》，成文出版社，1970年，第81页。

[2] （清）李钟倜：《延庆州志·卷9·艺文一》，乾隆七年（1742年）刻本，第53—55页。

[3] （明）张居正：《明穆宗实录·卷17·隆庆二年二月辛卯条》，"中央研究院"历史语言研究所1962年校勘本，第479页。

[4] （明）张居正：《明穆宗实录·卷66·隆庆六年二月丙午条》，"中央研究院"历史语言研究所1962年校勘本，第1596页。

[5] （明）陈子龙：《明经世文编·卷318·王鉴川文集·议修边险疏》，中华书局，1962年，第3382页。

[6] （明）叶向高：《明神宗实录·卷17·万历元年九月甲申条》，"中央研究院"历史语言研究所1962年校勘本，第495页。

[7] （明）陈子龙：《明经世文编·卷320·方司马奏疏一·为开疆厄要以重陵寝以卫孤悬事》，中华书局，1962年，第3407页。

[8] （明）叶向高：《明神宗实录·卷49·万历四年四月丙戌条》，"中央研究院"历史语言研究所1962年校勘本，第1135页。

[9] （明）孙世芳：《宣府镇志》，成文出版社，1970年，第81页；（清）李钟倜：《延庆州志·卷9·艺文一》，乾隆七年（1742年）刻本，第53—55页。

[10] （明）孙世芳：《宣府镇志》，成文出版社，1970年，第81页。

[11] （明）张居正：《明世宗实录·卷473·嘉靖三十八年六月癸亥条》，"中央研究院"历史语言研究所1962年校勘本，第7946页。

[12] 在《明世宗实录》中，还有零星修筑的记载，如嘉靖四十年二月庚戌条："总督宣大山西都御史李文进疏陈边务……南山联墩不足恃，请修宣府北垣以为外蔽，缮南山墩戍以为内防。"再如嘉靖四十二年四月戊午条："发太仓银六千两于宣府，充南山一道修筑墩墙费。"

[13] （明）陈子龙：《明经世文编·卷253·赵恭襄文集二·题为经理南山未备事》，中华书局，1962年，第2661页。

[14] （明）叶向高《明神宗实录·卷403·万历三十二年十一月壬午条》，"中央研究院"历史语言研究所1962年校勘本，第7534页。

[15] （清）屠秉懿：《延庆州志·卷1·城堡》，成文出版社，1968年，第48页。

[16] （明）卢象昇：《卢象昇疏牍·卷8·宣云奏议·确议修筑宣边疏》，浙江古籍出版社，1985年，第177页；（明）卢象昇：《卢象昇疏牍·卷8·宣云奏议·南山修筑墩台疏》，浙江古籍出版社，1985年，第209页。

延庆大庄科长城
3、4号敌台及边墙遗址
考古发掘报告

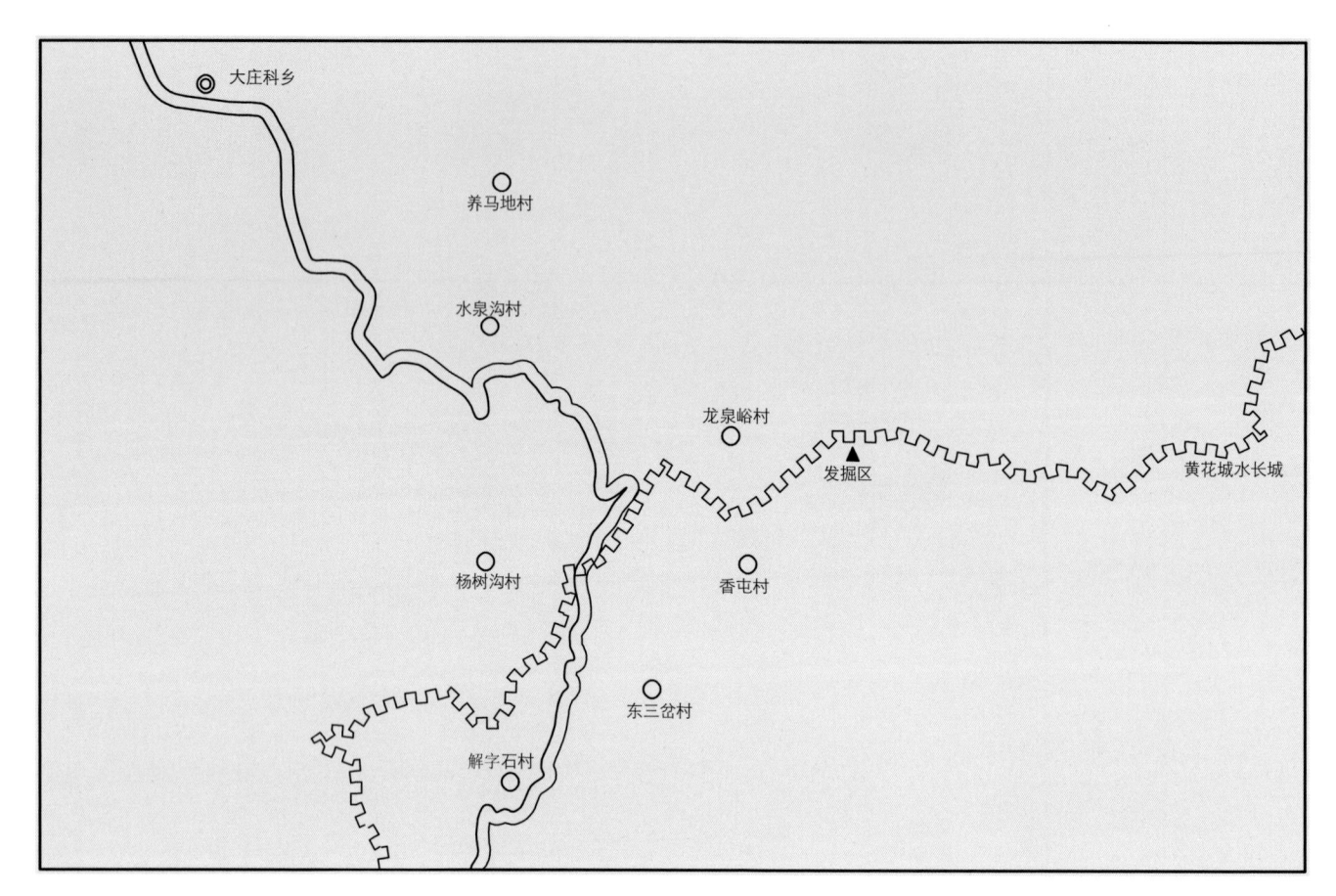

图一　发掘区位置示意图

　　延庆3号敌台（编码：110229352101170003）、延庆4号敌台（编码：110229352101170004）位于北京市延庆区大庄科乡香屯村东北山脊上（图一），敌台间连接有长城墙体（图二）。该段长城墙体属明长城大庄科段，向东与怀柔西水峪、黄花城水长城相连，向西与延庆八达岭长城相接。

　　为了配合北京延庆大庄科长城3、4号敌台及边墙保护工作，依据《国家文物局关于2021年北京市长城险情段落抢险项目及研究性修缮项目计划的批复》（文物保函[2021]140号）文件要求。修缮前需结合必要的考古研究，进一步明确敌台和城墙基本形制和营造特点，为科学编制方案提供依据。经北京市文物局、国家文物局批准[考执字（2022）第（386）号]，北京市考古研究院对北京延庆大庄科长城3、4号敌台及边墙进行考古发掘工作。

　　本次发掘于2022年3月28日开始，至2022年6月10日发掘结束，历时75天，其中因受协调果园占地赔偿、天气因素等影响，共暂停47天，实际发掘28天。发掘清理空

图二 发掘区全景

心敌台2座，墙体3段，登城便门3座。发掘采用整体发掘与局部探沟发掘相结合的方法。敌台内部、顶部采取整体发掘。敌台底部四周开1.5米宽的探沟，以摸清敌台放脚和地基做法；墙体南北侧底部开1米宽的探沟，以弄清墙体底部的建造方法；登城便门的南部开1.5米宽的探沟，以明确便门外有无台阶，台阶下有无道路遗迹。长城倒塌堆积采用二分之一清理方法，以便获取倒塌的次数、早晚关系和倒塌（破坏）原因等信息。对于成片、有规律的倒塌堆积予以保留，以便日后展示。本次发掘面积共600平方米，现将发掘情况报告如下。

一、地层堆积

本次考古发掘的地层堆积区域有：①空心敌台底部四周及顶部堆积；②登城便门上部、门外堆积；③墙体顶部及南北侧墙脚堆积。堆积原因多为建筑倒塌堆积和风积，4号敌台（2022YDD4）四周堆积中有雨水冲刷的淤积。下面以D4底部四周堆积和B3南部堆积为例进行描述：

D4底部四周共有7层堆积（图三）。①层为浅灰土，土质较软，结构疏松，内含大量白灰颗粒、砖块、碎石及植物腐叶，该层分布于敌台条石四周，自西向东渐低呈坡状堆积；②层为灰土，土质较软，结构疏松，内含少量白灰颗粒、砖块，该层分布于敌台条石四周，自西向东渐低呈坡状堆积；③层为浅红黄土，土质较软，结构疏松，内含大量碎石块（敌台主要坍塌于此时），该层分布于敌台条石中部及其以西，自西向东渐低呈坡状堆积；④层为灰红土，土质较软，结构疏松，内含大量碎石块，该层分布于敌台条石西部，自西向东渐低呈坡状堆积；⑤层为红黄土，土质较软，结构疏松，内含少量碎石块，该层分布于敌台条石西部，自西向东渐低呈坡状堆积；⑥层为青红土，土质较软，结构疏松，内含少量碎石块，该层分布于敌台条石西部，自西向东渐低呈坡状堆积；⑦层为青灰土，土质较软，结构疏松，内含大量碎石块，该层分布于敌台条石西部，自西向东渐低呈坡状堆积。①层为风积，②、③层为倒塌堆积，④、⑦层为山体滑坡堆积，⑤、⑥层为淤积。

图三　延庆4号敌台（2022YDD4）西南侧地层堆积

B3南部共5层堆积。①层为浅灰土，土质较软，结构疏松，内含大量白灰颗粒、砖块、碎石及植物腐叶，自北向南渐薄，呈坡状堆积。②层为浅黄红土，土质较软，结构疏松，内含大量白灰块及白灰颗粒；③层为黄红土，土质较软，结构疏松，内含少许白灰颗粒；④层为红黄土，土质较软，结构疏松，内含碎石颗粒；⑤层为青红土，土质较软，结构疏松，土质纯净。①层为倒塌堆积，②—⑤层均为坡状堆积，自南向北渐薄呈坡状堆积。

二、长城建筑遗址

（一）空心敌台

1. 延庆 3 号敌台

延庆 3 号敌台（2022YDD3）位居山脊垭口处，据守垭口。敌台整体呈覆斗状，方向 84º，东、西两侧与长城墙体相连。敌台系空心敌台，回廊中心室样式，平面呈矩形，剖面呈梯形，上小底大，底阔东西长 12.08、南北宽 11.6 米，残高 6.32 米。敌台损毁严重，残存部分由台基和中空两部分组成（图四—图二〇）。

台基　条石砌筑，平面呈矩形，底部东西长 11.9、南北宽 11.54 米，顶部东西长 9.78、南北宽 10.46 米，残高 4.08—4.26 米。敌台建于自然山体之上，营建前对山体进行修治、开挖基槽（图二一）。基槽东西长 12.98、南北宽 12.74、深 0.28—0.44 米。基槽内砌一周放脚条石（图二二）。放脚条石层之上，采用条石砌筑基座四壁，自敌台底部放脚条石向上共计 13 层，其中第一层条石向内收分 0.06 米，上下两层条石采用错缝叠砌，基座四角相邻的上、下条石一横、一顺，叠压向上，条石间用白灰粘接，条石间较大的缝隙用碎石片填缝。条石的外露面、砌筑面均经过錾刻，使其平整、美观，内藏面则未经修治。所用条石规格：长 0.3—1.26、宽 0.3—0.46、厚 0.3—0.4 米。台基内填馅采用片石和土混筑，未用白灰粘接，结构松散，填馅层的上部与第 13 层条石的顶部平齐。

中空部分　回廊中心室样式，平面呈矩形，底部东西长 11.06、南北残宽 8.92 米，残高 0.3—1.6 米。整体保存较差，敌台四周外立面墙壁、箭窗、台门倒塌殆尽。墙体内部填馅采用片石和土混筑。地面采用方砖错缝平铺。墙壁砖缝均用白灰勾缝，荞麦棱式样。

中空部分内地面铺于台基填馅之上。填馅顶部铺有一层素土，即找平层，厚 0.7—0.9 米，找平层之上铺面砖，未见衬砖、衬石（图二三、图二四）。外部条石与青砖衔接处，用青砖砌两层腰檐，向外凸出 0.06 米，腰檐上部砌壁砖，壁砖自腰檐砖外侧向内收 0.06 米。

中空部分系回廊中心室样式，中间为中厅，南北两侧各设一个东—西向筒拱。中空部分外立面墙体采用平砖错缝叠砌，砖之间用白灰粘接，砖墙宽度为 0.1 米。东、西外立面各设有 1 座台门、2 个箭窗，门居中；南立面设 3 个箭窗，箭窗均已坍塌，形制未知。北立面整体坍塌，推测应与南立面相同，设有 3 个箭窗（图二五）。台门已坍塌，形制未知，现存门道底部呈长方形，东西进深 2.08、南北宽 1.12 米，残高 0.76 米。门洞底部设过门石，采用一整块石材雕凿而成，东门过门石长 1.18、宽 0.35、高 27.3 米（图二六）。门槛

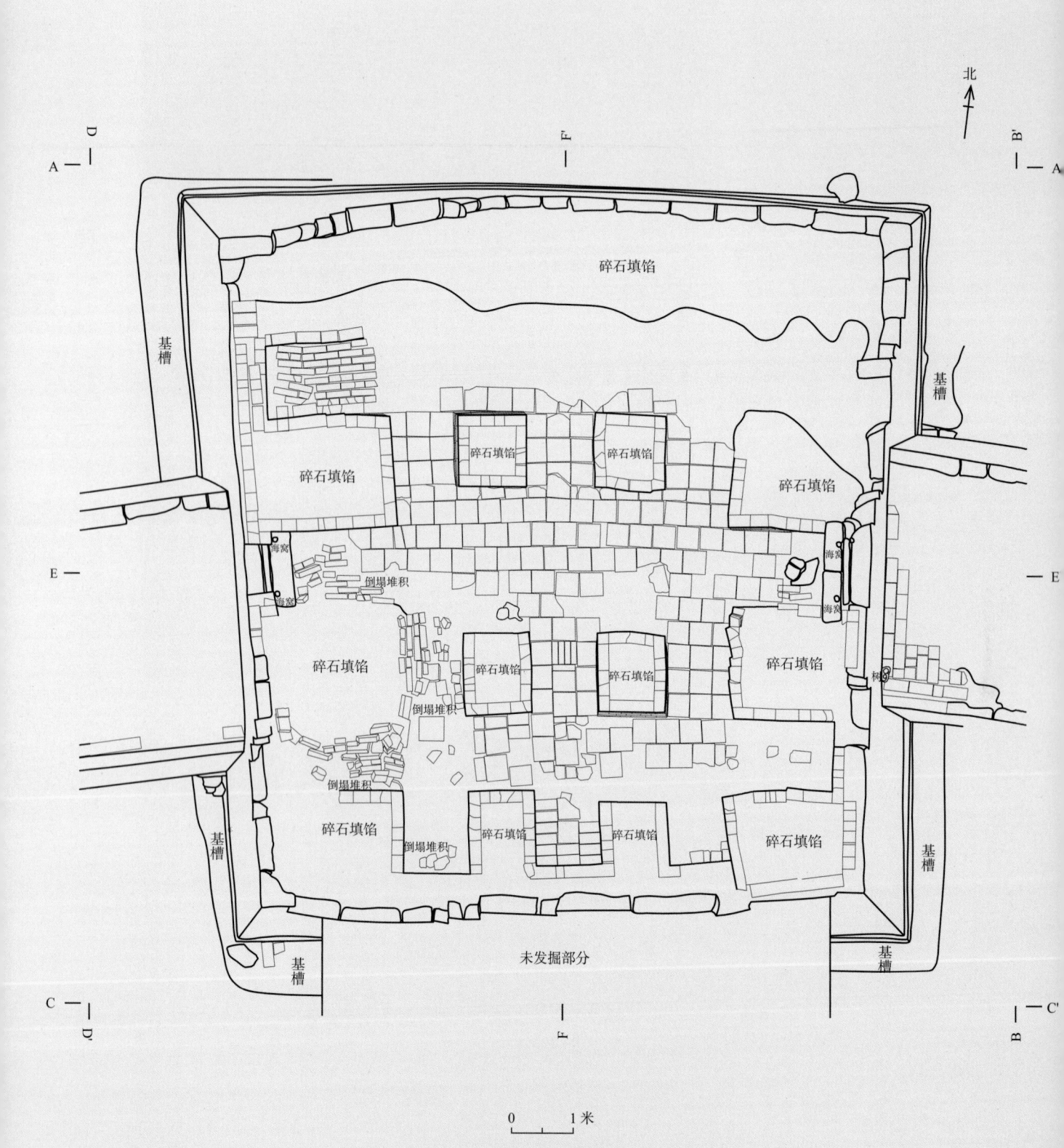

图四　延庆3号敌台（2022YDD3）平面图

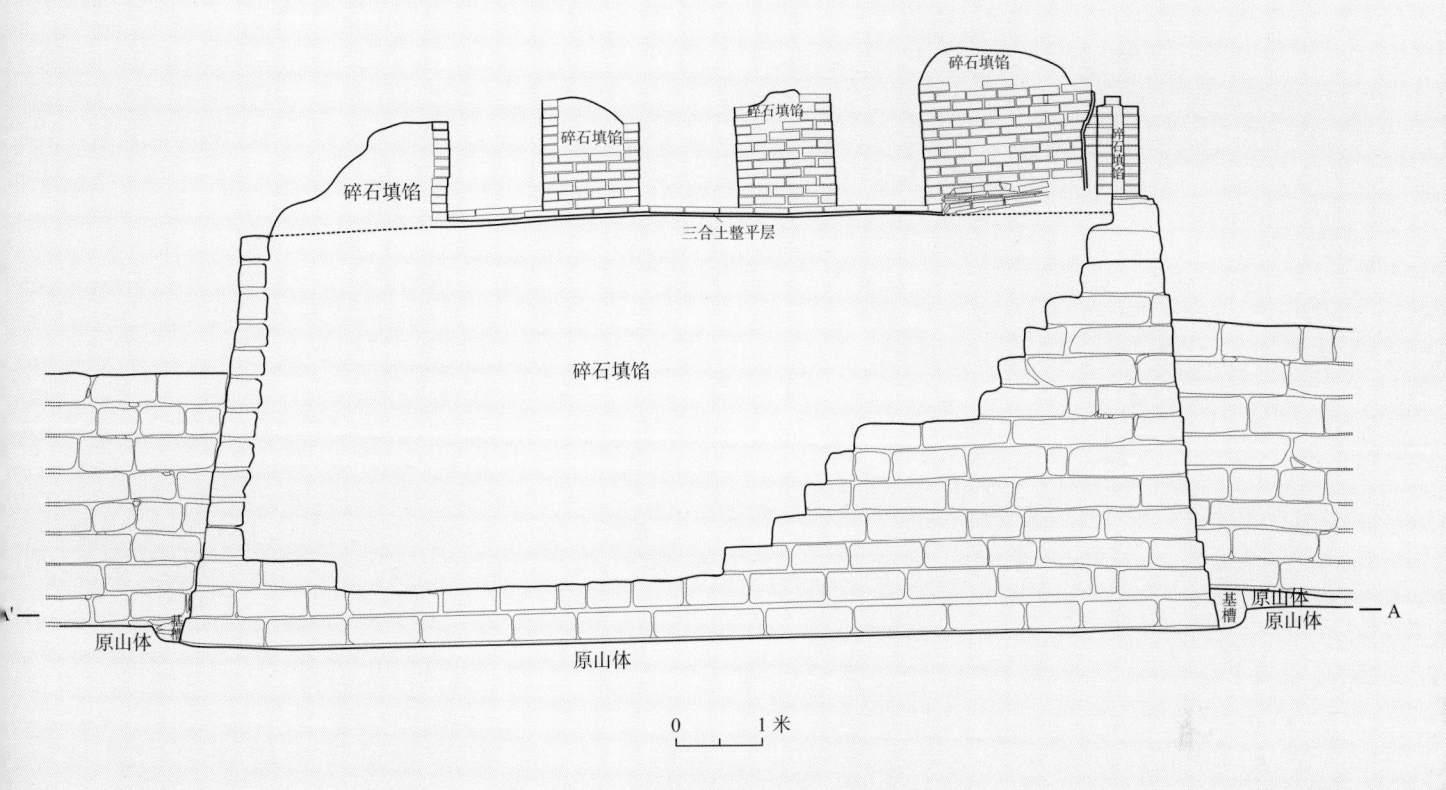

图五　延庆 3 号敌台（2022YDD3）北侧正视图

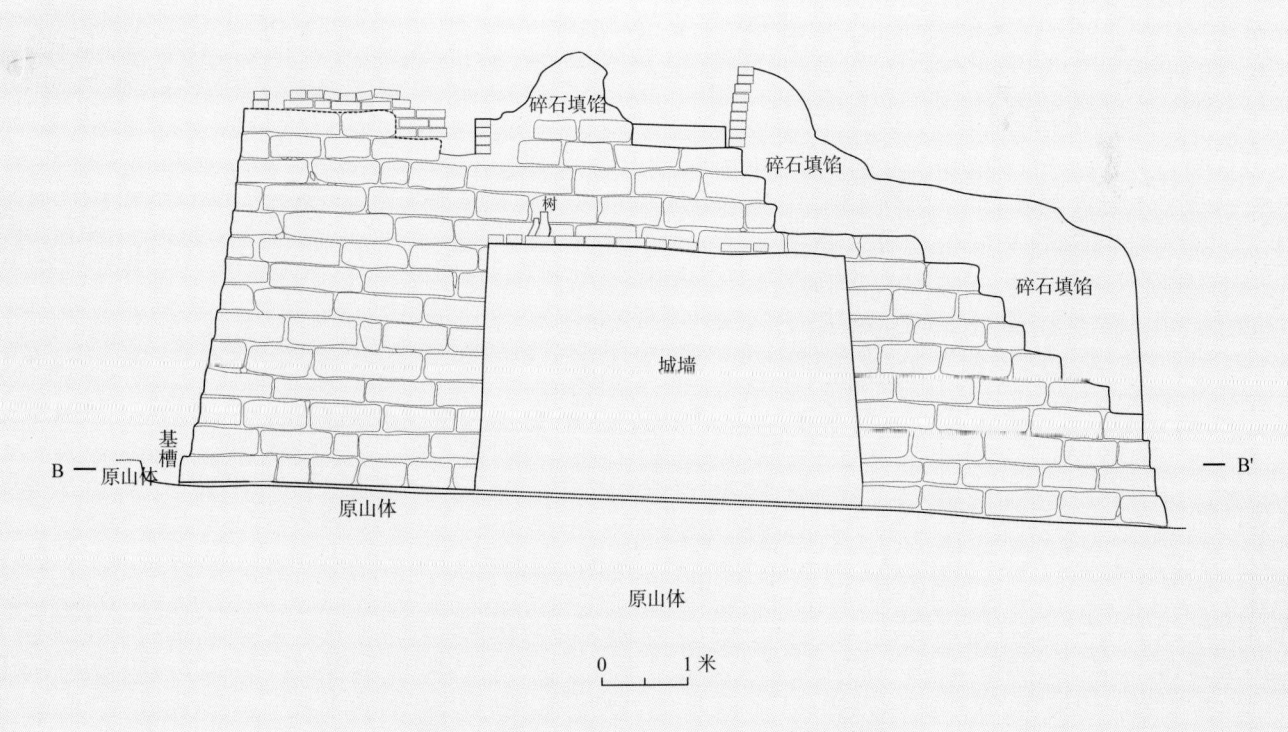

图六　延庆 3 号敌台（2022YDD3）东侧正视图

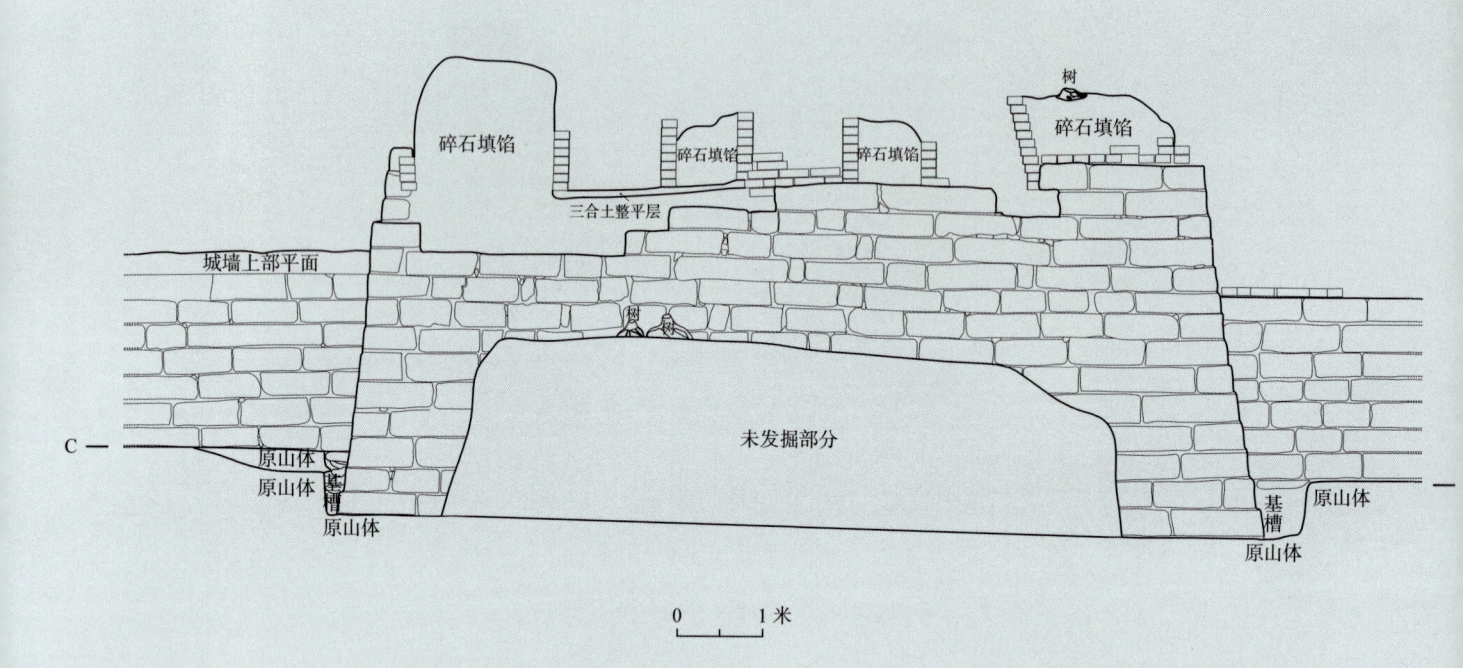

图七　延庆3号敌台（2022YDD3）南侧正视图

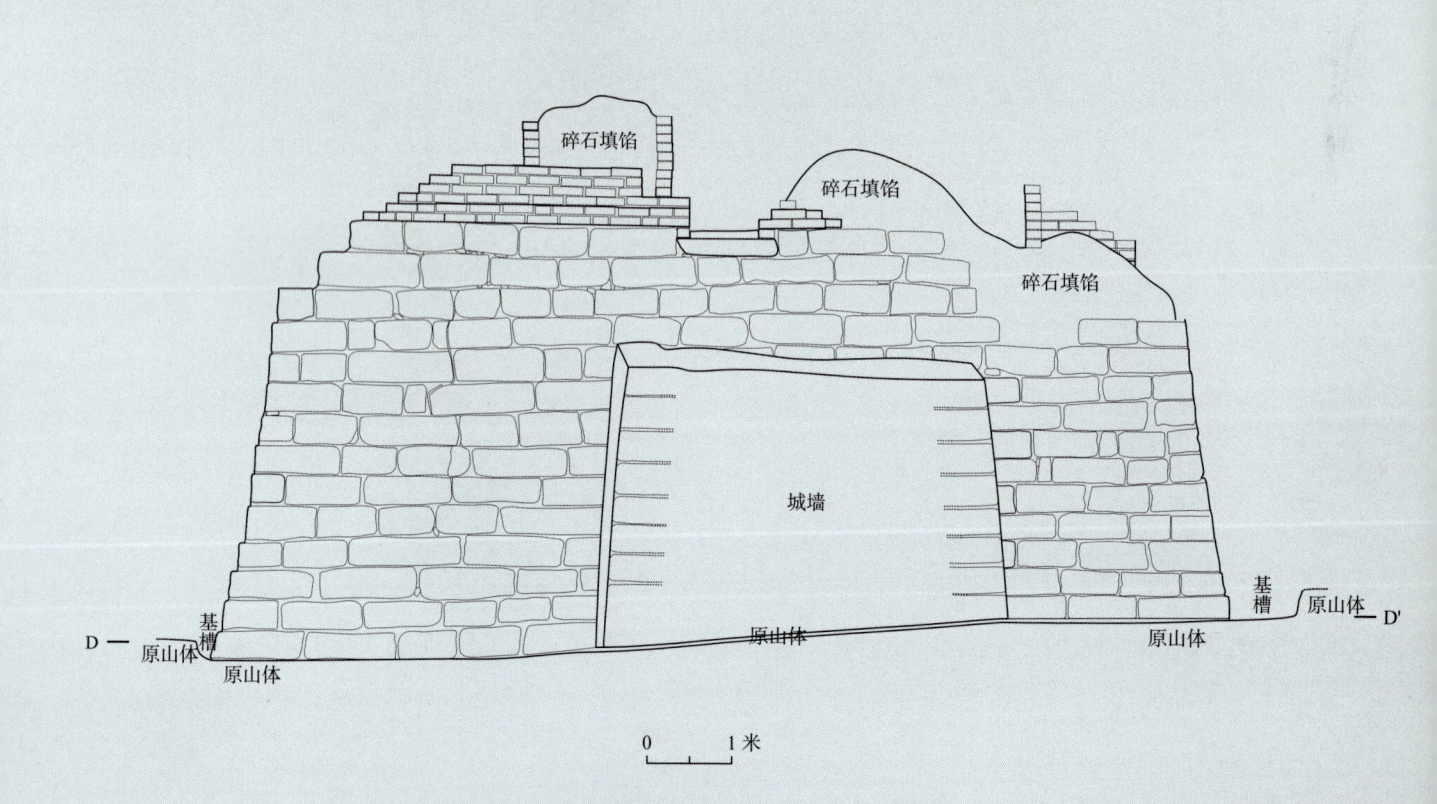

图八　延庆3号敌台（2022YDD3）西侧正视图

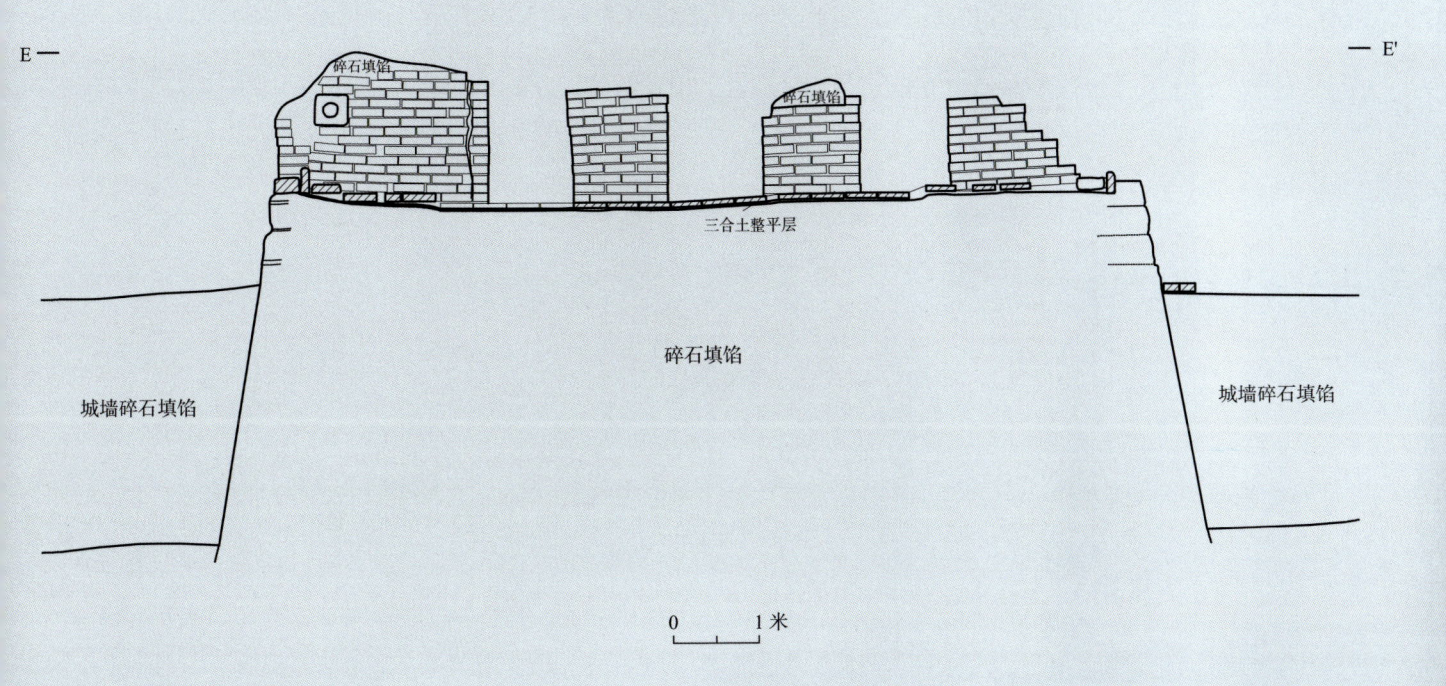

图九　延庆 3 号敌台（2022YDD3）横剖面图

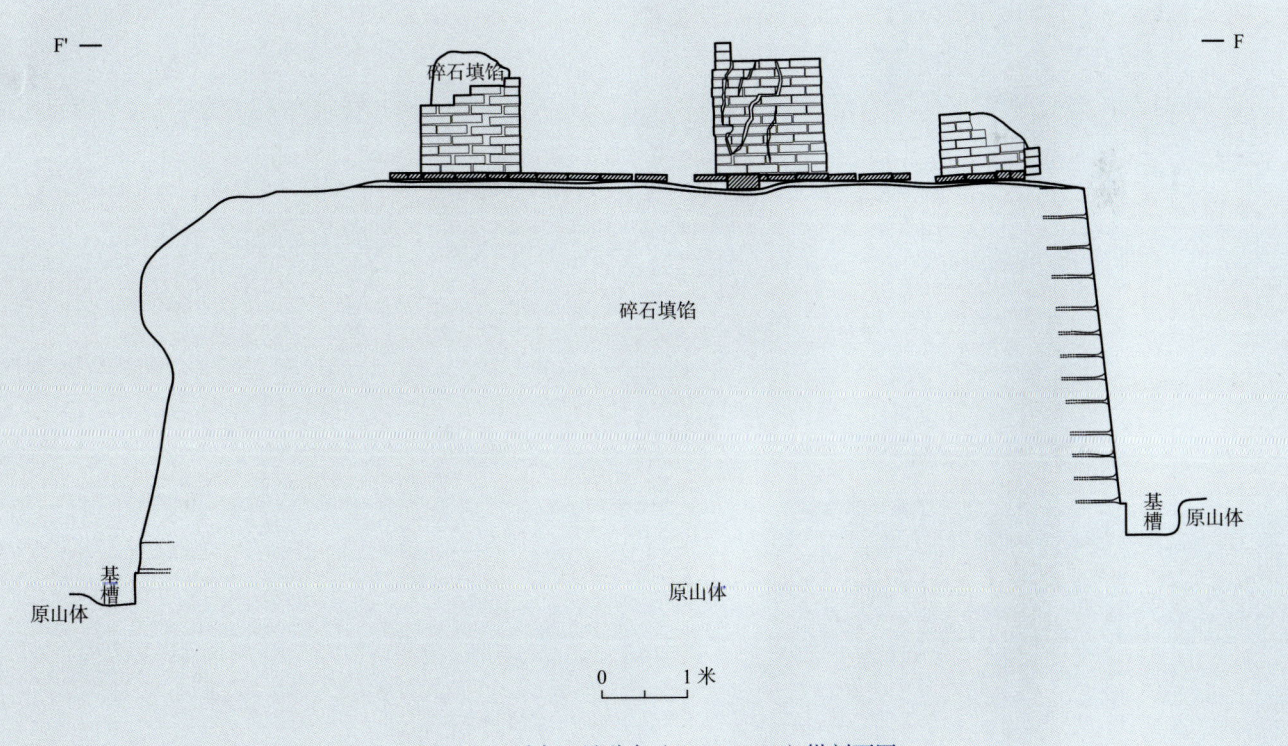

图一〇　延庆 3 号敌台（2022YDD3）纵剖面图

延庆大庄科长城 3、4 号敌台及边墙遗址考古发掘报告　169

图一一 延庆3号敌台（2022YDD3）发掘前（俯视）

图一二　延庆3号敌台（2022YDD3）发掘后（俯视）

图一三　延庆3号敌台（2022YDD3）发掘后（北—南）

图一四　延庆3号敌台（2022YDD3）发掘后（东北—西南）

图一五　延庆3号敌台（2022YDD3）发掘后（东—西）

图一六　延庆3号敌台（2022YDD3）发掘后（东南—西北）

图一七　延庆3号敌台（2022YDD3）发掘后（南—北）

图一八　延庆3号敌台（2022YDD3）发掘后（西南—东北）

图一九　延庆3号敌台（2022YDD3）发掘后（西—东）

图二〇　延庆 3 号敌台（2022YDD3）发掘后（西北—东南）

图二一　延庆 3 号敌台（2022YDD3）基础、基槽

图二二　延庆3号敌台（2022YDD3）基础放脚

图二三　延庆3号敌台（2022YDD3）内地面

图二四　延庆3号敌台（2022YDD3）内砖铺地面

图二五　延庆3号敌台（2022YDD3）内北立面垮塌墙体

图二六　延庆3号敌台（2022YDD3）东门过门石

图二七　延庆3号敌台（2022YDD3）西门过门石

内两侧对称凿有海窝，东门槛海窝直径0.06—0.09、深0.02米，海窝间距0.76米；西门过门石长1.55、宽0.29、高0.25米，海窝直径0.06—0.09、深0.02米，海窝间距0.76米（图二七）。

中厅平面呈长方形，东西长5.32、南北宽2.28、残高1.46米，四周墙壁采用平砖错缝叠砌，砖之间用白灰粘接（图二八）。中厅顶部已坍塌，结构不详。坍塌堆积中出土大量板瓦残片，并未发现筒瓦。中厅南、北两侧与筒拱间的隔墙上各设3个南北向过洞。过洞宽1.06—1.08、进深1.13—1.24、残高1.36米，间距1.12米。南、北筒拱形制相同，但均已坍塌，平面呈长方形，东西长8.72、南北宽1.2米，墙壁采用平砖错缝叠砌，砖之间用白灰粘接，砖墙残高0.12—1.8米。3个箭窗南北进深1.16、东西阔1.04、间距1.06米。

敌台用砖分为四种，均为素面。长条形砖长38、宽18、厚9—10厘米，部分壁砖的长侧面戳印"右车营"字样。地面方砖长38、宽36、厚6厘米。水槽砖长37、宽18.5、厚9厘米，水槽砖正面中部设一条"U"字形凹槽，凹槽宽8、深5厘米。劈水砖长38、宽36、厚5—9厘米。

火炕，位于南墙中间箭窗内侧下方，系近现代设施（图二九）。

图二八 延庆 3 号敌台（2022YDD3）内砖墙

延庆大庄科长城 3、4 号敌台及边墙遗址考古发掘报告

图二九　延庆 3 号敌台（2022YDD3）内近代火炕

2. 延庆 4 号敌台

延庆 4 号敌台（2022YDD4）位居半山腰上，西侧紧邻峭壁，东侧据守山脊垭口。整体呈覆斗状，方向 77°。东西两侧与长城墙体相连。敌台系空心敌台，回廊中心室样式，平面呈矩形，剖面呈梯形，上小底大，底阔东西长 11.77—12.04、南北宽 11.95—12.36 米，残高 8.77 米。敌台损毁严重，残存部分由石台基和中空部分两部分组成（图三〇—图五五）。

台基　条石砌筑，平面呈矩形，底阔东西长 11.85、南北宽 12.04 米，顶部东西长 11.53、南北宽 11.32 米，残高 4.82—5.62 米。

敌台建于自然山体之上，由于敌台选址于半山腰上，西侧又紧邻峭壁，整体地势呈西高东低的斜坡状，为了获取更大的营建空间，营建敌台前对西部山体进行开凿（图五六），开凿深度约 6 米。之后对山体进行修治并开挖基槽，地势较低处则采用碎石铺垫，使之平整。敌台东北角、西南角及西北角均发现开挖山体留下的较为整齐的基槽边线（图五七、图五八），基槽东西长 12.78、南北宽 12.05、深 0.32 米，敌台东部基槽内（东北角、东南角）采用不规则的毛石、碎石铺垫找平。

敌台东北角、东南角因地势较低，采用不规整、较大的毛石铺垫于修整后的山体之上，使之平整，碎石之间用素土填实并未用白灰粘接。在底部基槽内砌一周放脚条石。放脚条石层之上用条石砌筑敌台基座的四壁，自敌台底部放脚条石至基座顶部共 13 层条石，下部第一层条石向内收分 0.06 米，上下两层条石采用错缝叠砌，基座四角相邻的上、下条石一横、一顺，压茬现象明显，条石间用白灰粘接，条石间较大的缝隙用碎石片填缝。条石的外露面、砌筑面均经过錾刻，使其平整、美观，内藏面则进行简单的修整，没有錾刻痕迹。基座内部用石片和土填馅。所用条石规格长 0.3—1.26、宽 0.3—0.46、厚 0.3—0.4 米。

中空部分　回廊中心室样式，平面呈矩形，底部东西长 11.22—11.41、南北宽 11.36—11.72 米，残高 3.57 米。整体保存较差，墙体内部填馅采用片石和土混筑。地面采用方砖错缝平铺。墙壁砖缝均用白灰勾缝，荞麦棱式样。

中空部分内地面铺于敌台填馅之上，填馅上部铺一层三合土找平层，厚 0.5—0.8 米，找平层上部铺一层面砖，敌台内部向上砌至第三层墙砖，砖墙的高度和顶层包边条石处于同一水平面，在条石上砌两层腰檐砖，向条石外部延伸 0.06 米。

中空部分系回廊中心室样式，中间为中厅，南北两侧各设一个东—西向筒拱。中空部分南北外立面坍塌严重，东西立面尚有部分残存，墙体采用平砖错缝叠砌，各有 18 层壁砖，砖之间用白灰粘接，砖墙宽度为 0.1 米。东、西外立面各设有 1 座台门、2 个箭窗，门居中；南、北立面各设 3 个箭窗。西墙北箭窗保存相对完整，箭窗宽 0.7、高 0.8 米，拱券式，伏一券式砖，券顶厚 0.28 米。城墙与券顶结合处，壁砖砍削成斜边便于和券顶结合。台门道东西进深 2、南北阔 1.46、高 2.7 米，底部呈长方形（图五九、图六〇）。门洞底部设有过门石，采用一整块石材雕凿而成，东西长 0.92、南北宽 0.36 米，过门石中部设凸起的门槛，高 0.12 米，南北两边均设一圆形海窝，海窝直径 0.06、深 0.02、间距 0.96 米（图六一、图六二）。台门两侧各设对称门闩孔石，石制、方形、圆孔（图六三、图六四）。门顶为拱形顶，共 3 层券砖，券顶砌法为错缝叠砌，每层券顶顶部正中一块券砖为长方形砖加工成的楔形砖，券顶厚 0.6 米，城墙与券顶结合处，壁砖削成斜边便于和券顶结合。西台门内北侧可见敌台西立面与中空部分墙壁有"两张皮"现象，内外墙体之间在结构上并未拉接，且西立面内侧砖缝可见荞麦棱勾缝。由此可知营建时，敌台内外两部

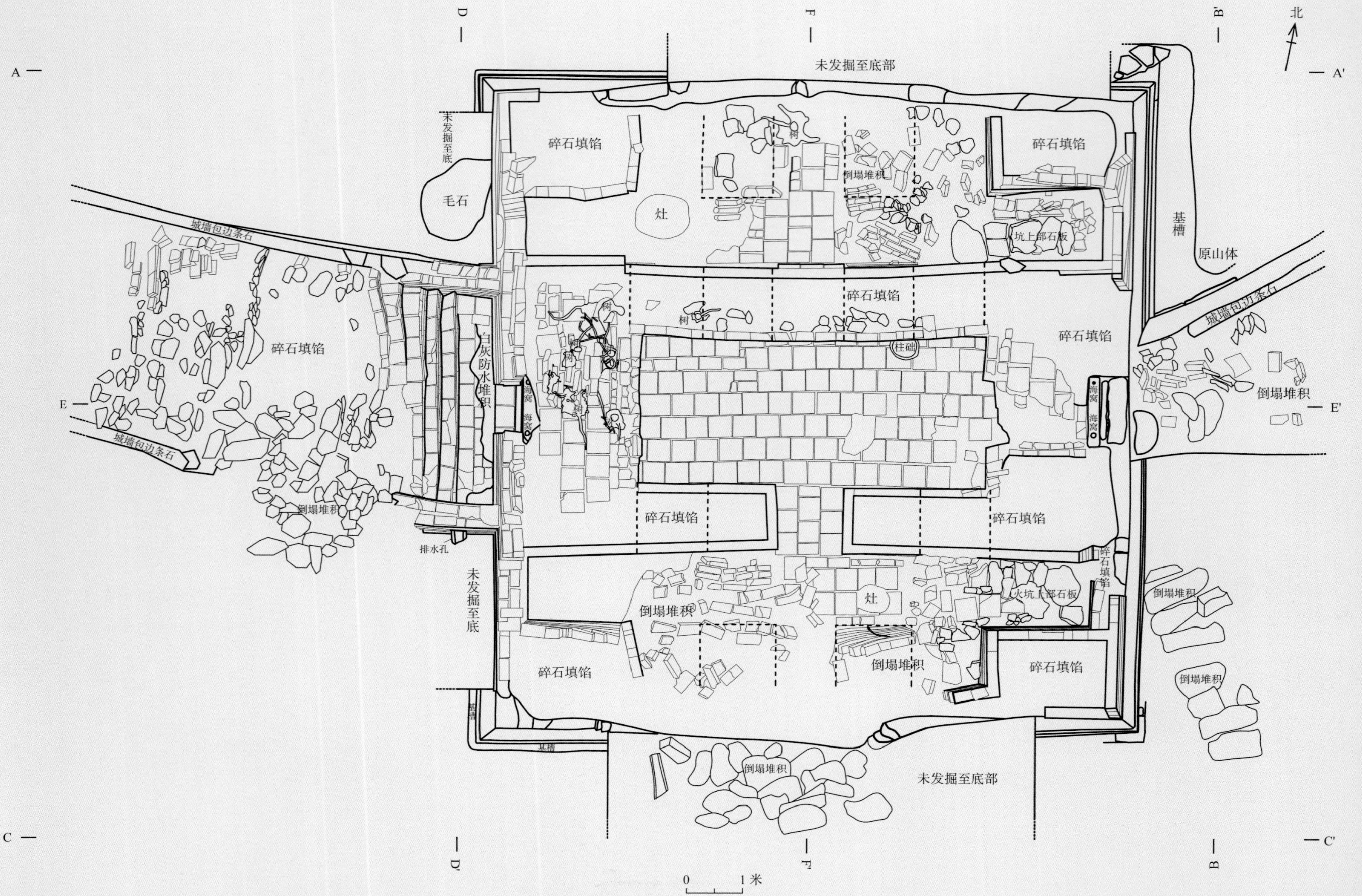

图三〇 延庆4号敌台（2022YDD4）平面图

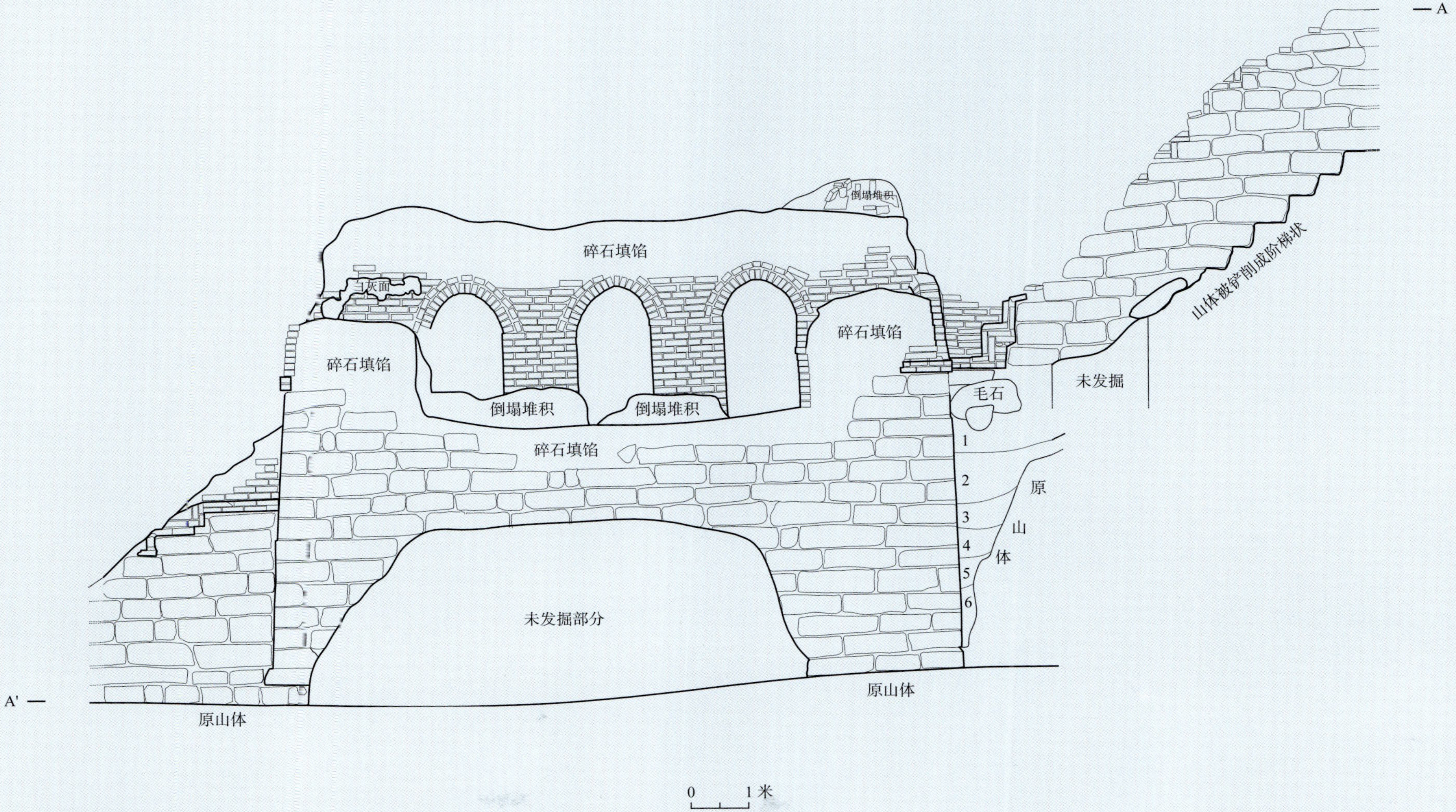

图三一 延庆 4 号敌台（2022YDD4）北侧正视图

延庆大庄科长城 3、4 号敌台及边墙遗址考古发掘报告

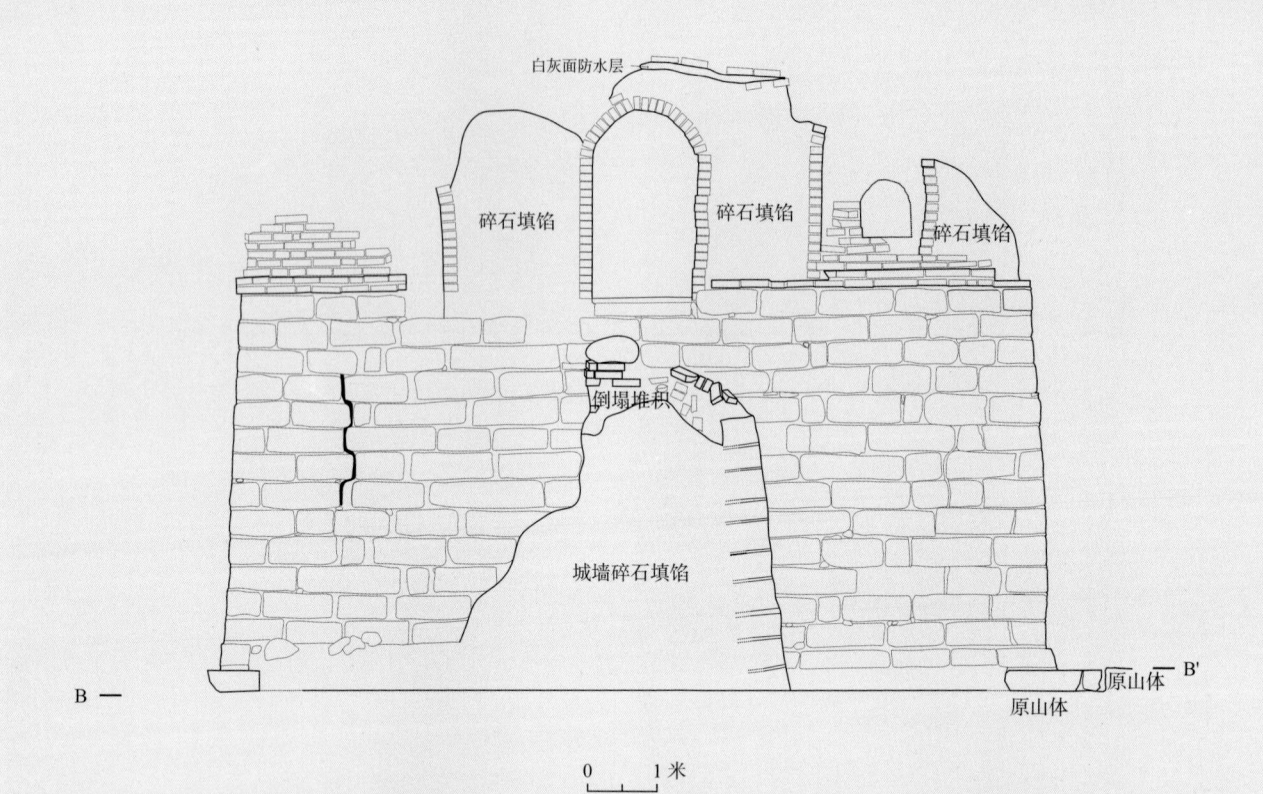

图三二　延庆4号敌台（2022YDD4）东侧正视图

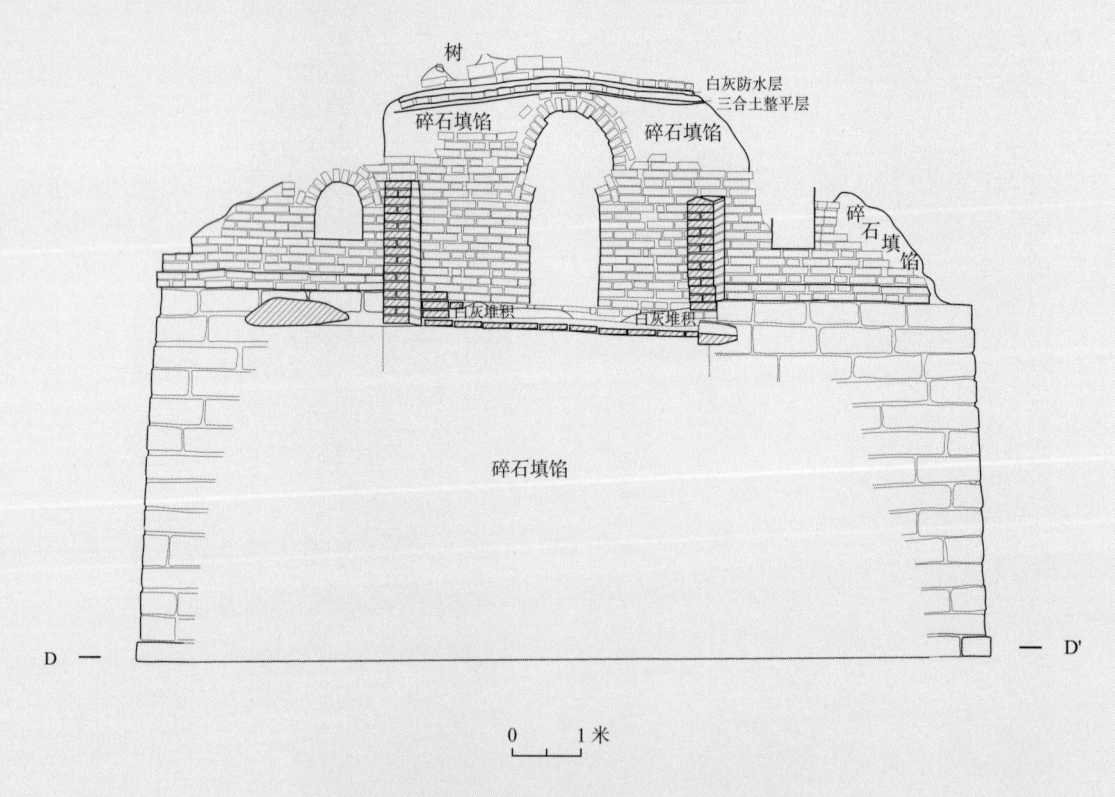

图三三　延庆4号敌台（2022YDD4）西侧正视图

图三四 延庆4号敌台（2022YDD4）南侧正视图

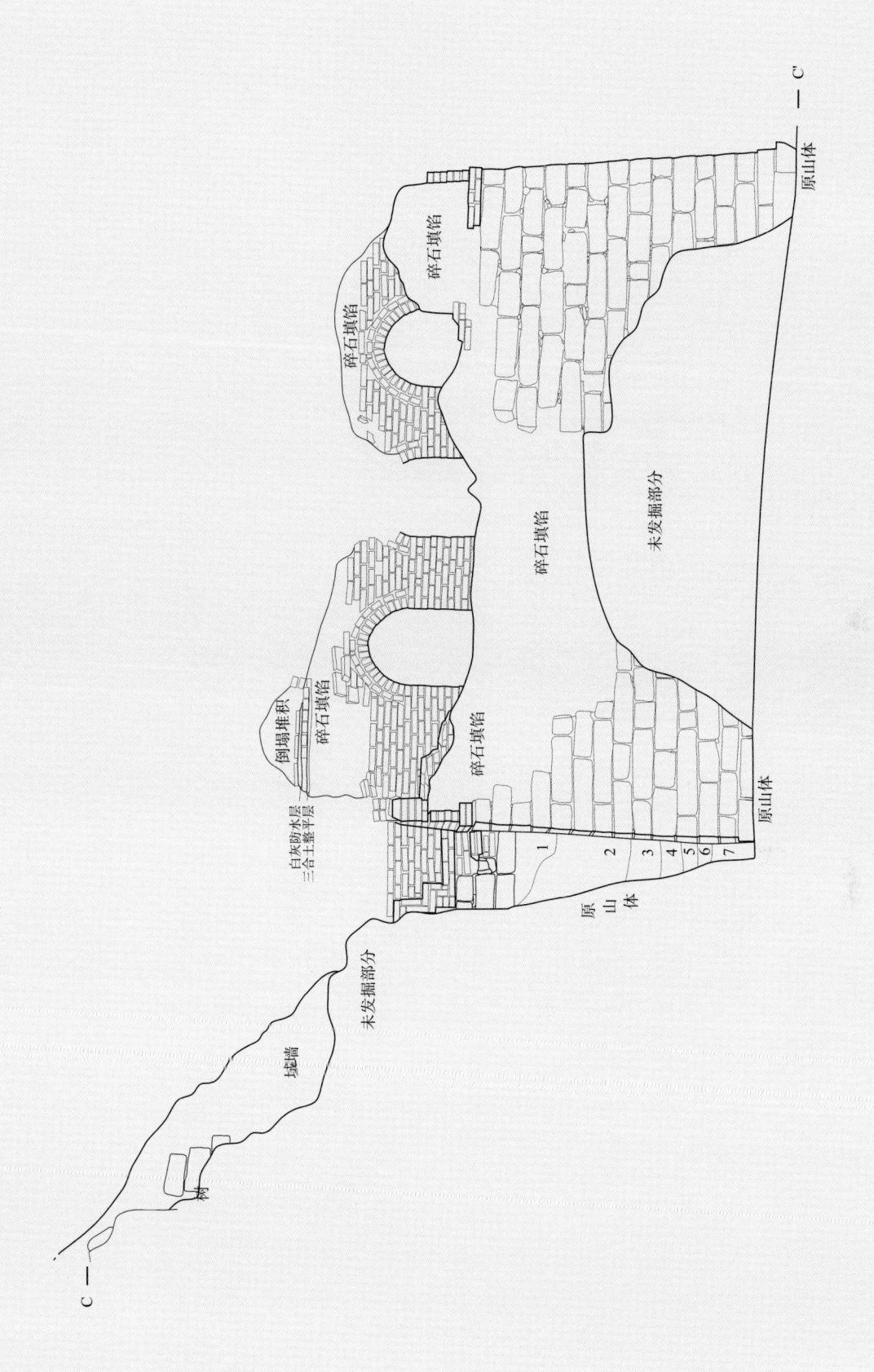

延庆大庄科长城3、4号敌台及边墙遗址考古发掘报告

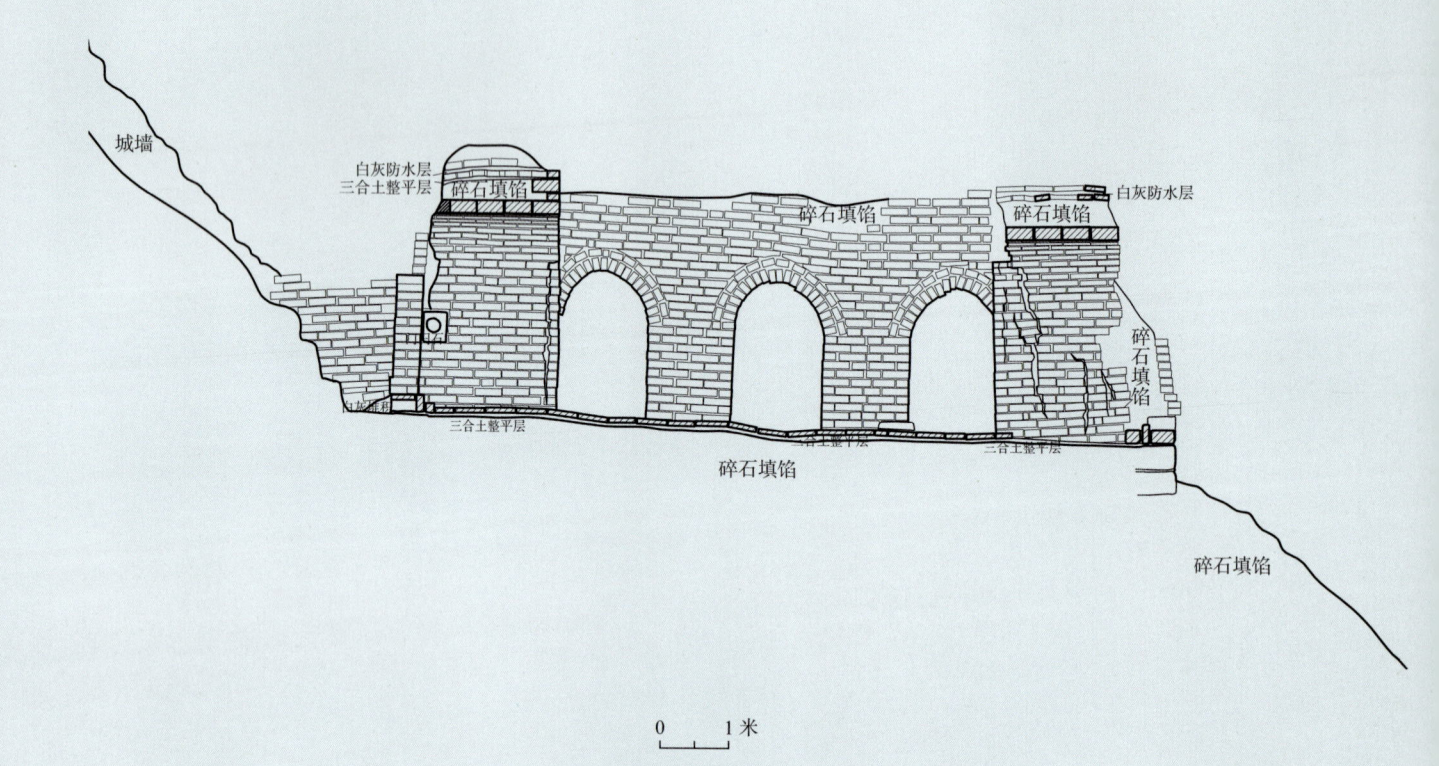

图三五　延庆4号敌台（2022YDD4）横剖面图

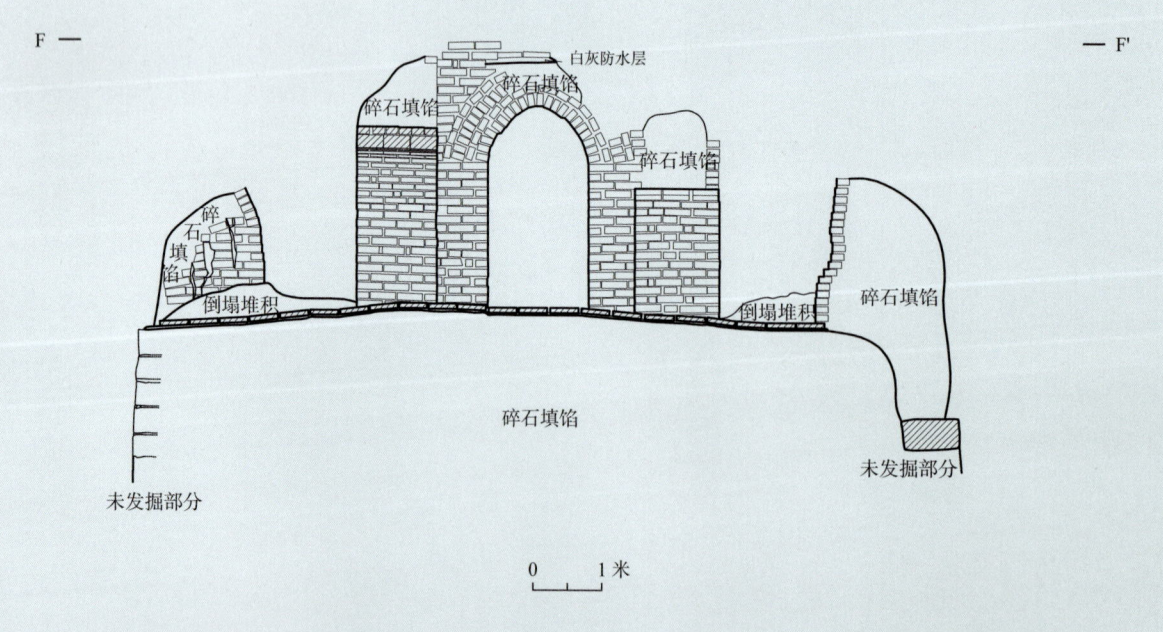

图三六　延庆4号敌台（2022YDD4）纵剖面图

图三七　延庆4号敌台（2022YDD4）发掘前（俯视）

图三八　延庆4号敌台（2022YDD4）发掘前（东—西）

图三九　延庆4号敌台（2022YDD4）发掘后（俯视）

图四〇　延庆4号敌台（2022YDD4）发掘后（北—南）

图四一　延庆4号敌台（2022YDD4）发掘后（东北—西南）

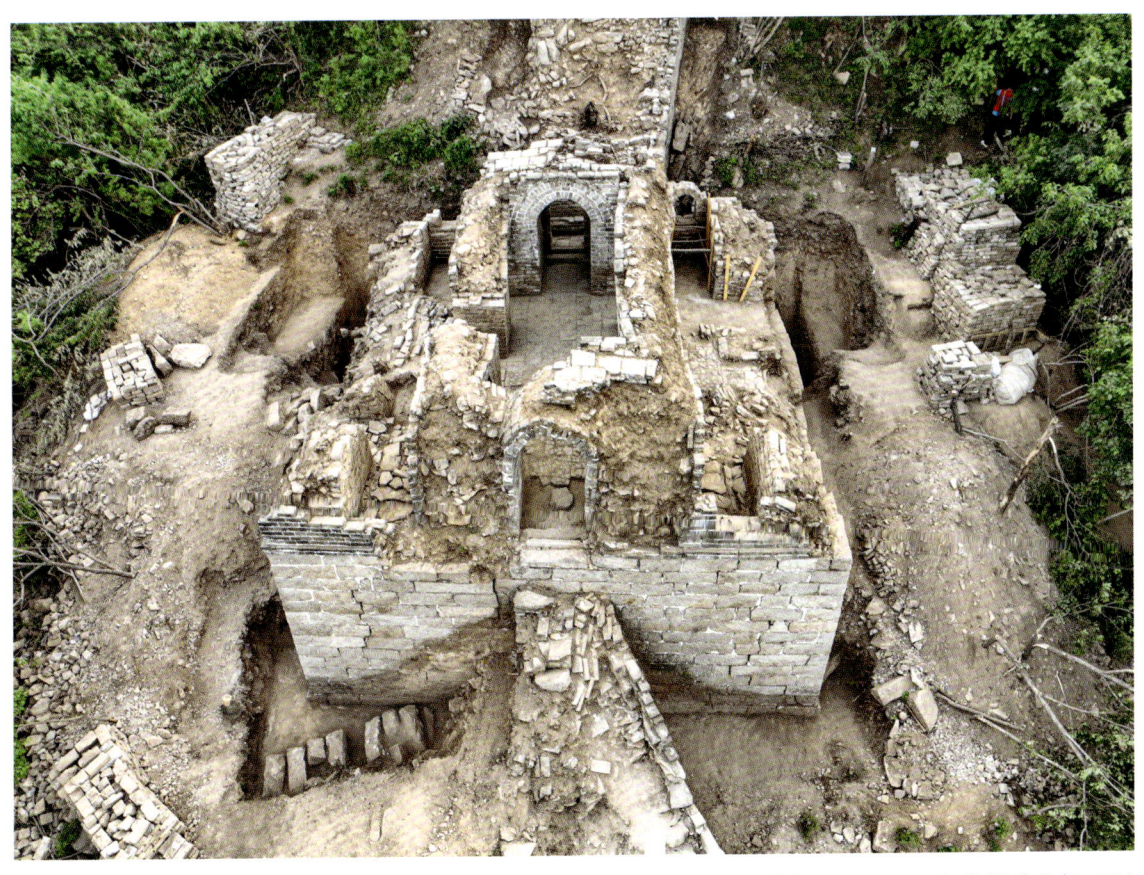

图四二　延庆4号敌台（2022YDD4）发掘后（东—西）

图四三　延庆4号敌台（2022YDD4）发掘后（东南—西北）

图四四　延庆4号敌台（2022YDD4）发掘后（南—北）

图四五　延庆 4 号敌台（2022YDD4）发掘后（西—东）

图四六　延庆 4 号敌台（2022YDD4）西北侧地层堆积

图四七　延庆 4 号敌台（2022YDD4）西门外北侧

图四八　延庆 4 号敌台（2022YDD4）西门外南侧

图四九　延庆 4 号敌台（2022YDD4）西门外侧墙体

图五〇 延庆4号敌台（2022YDD4）中室堆积剖面

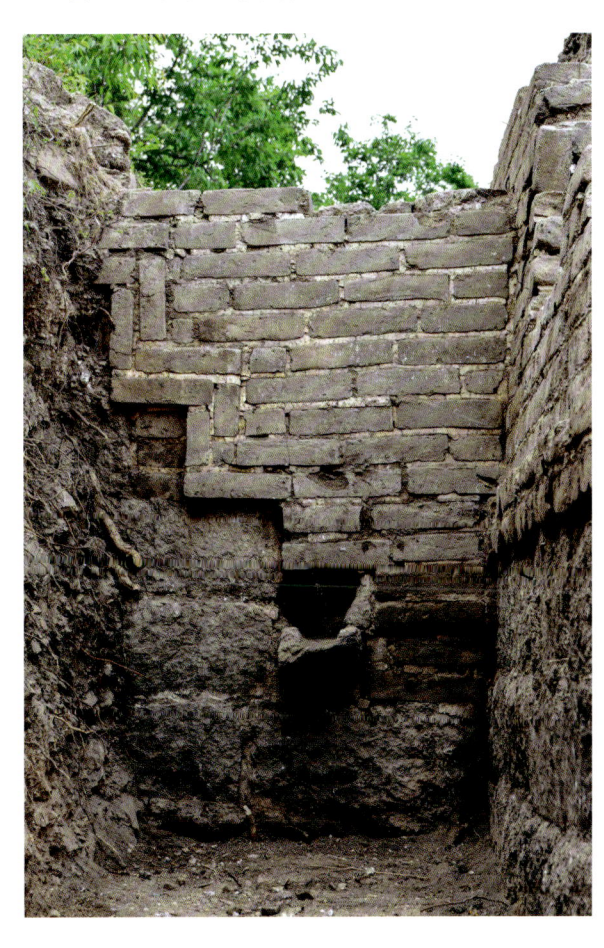

图五一 延庆4号敌台（2022YDD4）西侧墙体排水嘴

图五二　延庆4号敌台（2022YDD4）北侧拱券堆积剖面

图五三　延庆4号敌台（2022YDD4）南侧拱券堆积

图五四　延庆4号敌台（2022YDD4）南侧垮塌堆积

图五五　延庆4号敌台（2022YDD4）出土箭头

图五六　延庆4号敌台（2022YDD4）铲削山体痕迹

图五七　延庆4号敌台（2022YDD4）西南角基槽

图五八　延庆4号敌台（2022YDD4）西北角基槽

图五九　延庆4号敌台（2022YDD4）西门内侧

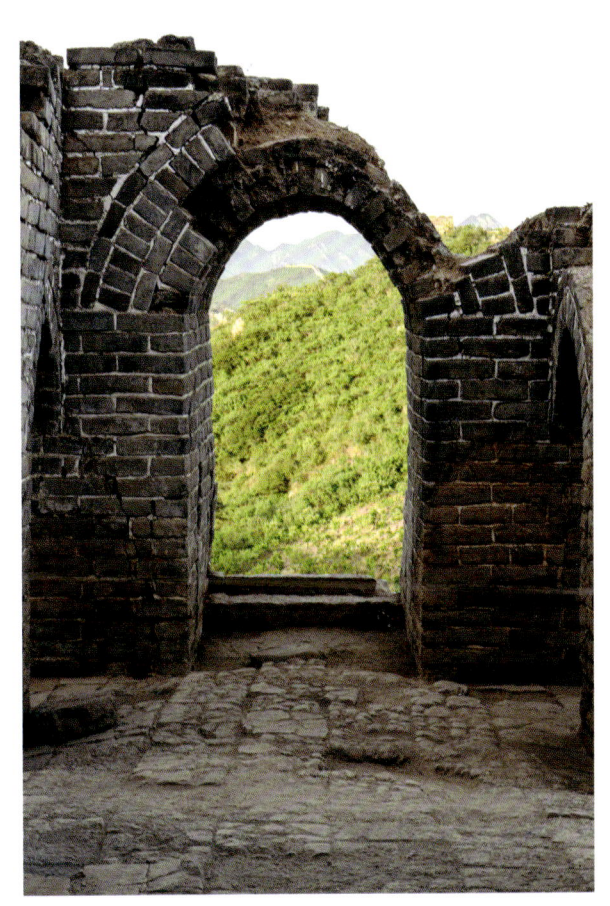

图六〇　延庆4号敌台（2022YDD4）东门内侧

图六一　延庆4号敌台（2022YDD4）西门门槛

图六二　延庆4号敌台（2022YDD4）东门过门石

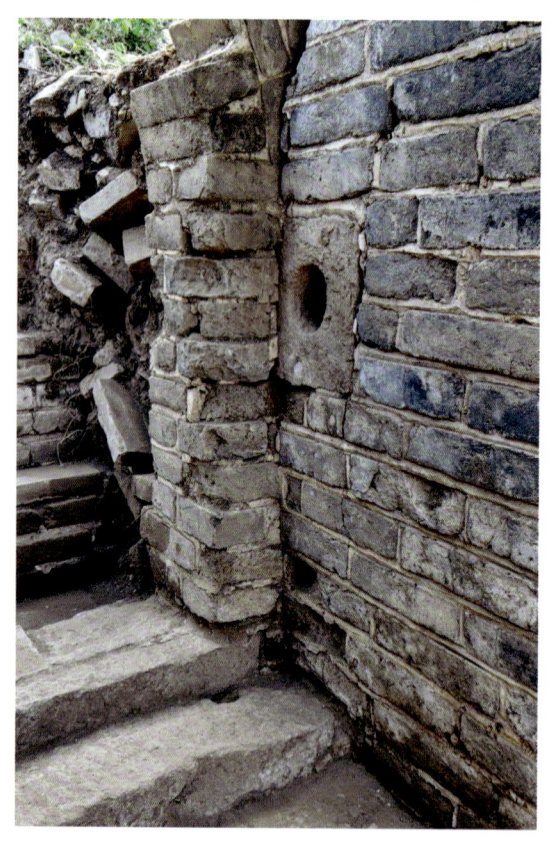

图六三　延庆4号敌台（2022YDD4）西门北侧门闩孔石

图六四　延庆4号敌台（2022YDD4）西门南侧门闩孔石

分墙体系分开施工，而非一体施工。

中厅平面呈长方形，东西长 6.3、南北宽 2.8、残高 3.64 米，四壁采用平砖错缝叠砌，砖之间用白灰粘接，中厅北部墙体距地面 2.94 米处有 3 个缺口，缺口间距 1.04—1.08 米。中厅顶部已坍塌，结构不详。坍塌堆积中出土大量板瓦残片，并未发现筒瓦。中厅地面采用方砖错缝平铺。中厅南、北两侧与筒拱间的隔墙上各设 3 个南北向过洞。为拱券式，一伏一券式，过洞宽 1.2—1.28、进深 1.2、高 2、间距 1.22 米，东、西过洞分别依东西部墙体起券，东西平砌平砖 12 层，错缝叠砌，砖之间用白灰粘接。拱形顶，两伏两券式，每层券顶顶部正中一块券砖为长方形砖加工成的楔形砖，券顶厚 0.28—0.32 米。城墙与券顶结合处，壁砖砍削成斜边便于和券顶结合（图六五、图六六）。南、北筒拱形制相同，但均已坍塌，平面呈长方形，东西长 10—10.26、南北宽 1.06—1.12 米，采用平砖错缝叠砌，砖之间用白灰粘接，砖墙残高 0.12—1.8 米。3 个箭窗南北进深 1.5、东西阔 1.2、间距 1.2 米（图六七、图六八）。地面方砖铺墁，未见衬砖（图六九）。

敌台顶部西侧残存部分地面及倒塌的垛口墙堆积，具体建筑形制未知（图七〇）。

火炕，共两座，一座位于东墙北侧箭窗内侧下方，一座位于东墙南侧箭窗内侧下方，均属近现代设施（图七一）。

图六五　延庆 4 号敌台（2022YDD4）中室东北角过洞　　图六六　延庆 4 号敌台（2022YDD4）中室东南角过洞

图六七　延庆 4 号敌台（2022YDD4）西墙北侧箭窗内侧

图六八　延庆 4 号敌台（2022YDD4）西墙南侧箭窗内侧

图六九 延庆4号敌台（2022YDD4）中室地面

图七〇 延庆4号敌台（2022YDD4）顶部堆积

图七一　延庆4号敌台（2022YDD4）内近代火炕

敌台用砖分为四种，均为素面。长条形砖长38、宽18、厚9—10厘米，部分壁砖的长侧面戳印"右车营"字样；方形铺地砖规格长38、宽36、厚6厘米；水槽砖长37、宽18.5、厚9厘米，水槽砖正面中部设一条"U"字形凹槽，凹槽宽8、深5厘米；劈水砖长38、宽36、厚5—90厘米。

（二）长城墙体

1. 延庆2—3号敌台间长城墙体

延庆2—3号敌台间长城墙体（Q1）的发掘部分东西长4米，方向77º，东高西低。城墙剖面呈梯形，底宽4.65、顶宽4.49米。

基础部分　长城墙体依山而建，基础部分未发现修整山体的现象，只是将低处用碎石和土进行了简单的铺垫以找平。

墙身　在铺垫找平后的山体上采用条石叠压错缝砌筑墙体南、北二壁，相邻条石间用白灰粘接，条石间较大的缝隙用碎石片填缝。南壁共砌筑条石4—5层，墙体现存总高1.41—1.95米；北壁砌筑条石9层，墙体现存总高3.07米；条石依自西向东渐高的山势，砌成阶梯状。条石外露面经过錾刻，内藏面仅进行简单的修整，未錾刻。所用条石规格为：长0.3—1.26、宽0.3—0.46、厚0.3—0.4米。

墙身内填馅采用石片、素土混筑，填馅层的上部条石的顶部平齐，填馅碎石的上部用石片修整成阶梯状。其上铺一层三合土找平，再平铺长条形衬砖，依山势，台阶高低不一。

2. 延庆3—4号敌台间长城墙体

延庆3—4号敌台间长城墙体（Q2）的发掘部分东西长12米，方向90º。城墙剖面呈梯形，底宽4.3—4.56、顶宽4.3—4.44米。城墙由基槽、墙身、垛口墙组成（图七二—图七五）。

基槽　长城墙体建于自然山体之上，修建前对山体进行修治，并开挖基槽。北侧基槽宽0.05—0.1、深0.28米，南侧基槽宽0.6、深0.08米。

墙身　基槽内南、北侧各砌一排条石，条石之上用条石砌南、北墙体壁面，自城墙底部基槽之上计，南壁共砌6层条石，墙体现存总高1.76米；北壁共砌9层条石，墙体现存总高2.03米。南北立面的高差反映出墙体面北防御的特点。相邻条石间用白灰粘接，条石间较大的缝隙用碎石片填缝。条石依自东向西渐高的山势，砌成阶梯状。条石长0.3—1.26、宽0.3—0.46、厚0.3—0.4米。条石外露面经过錾刻，内藏面则仅进行简单的修整，没有錾刻痕迹。

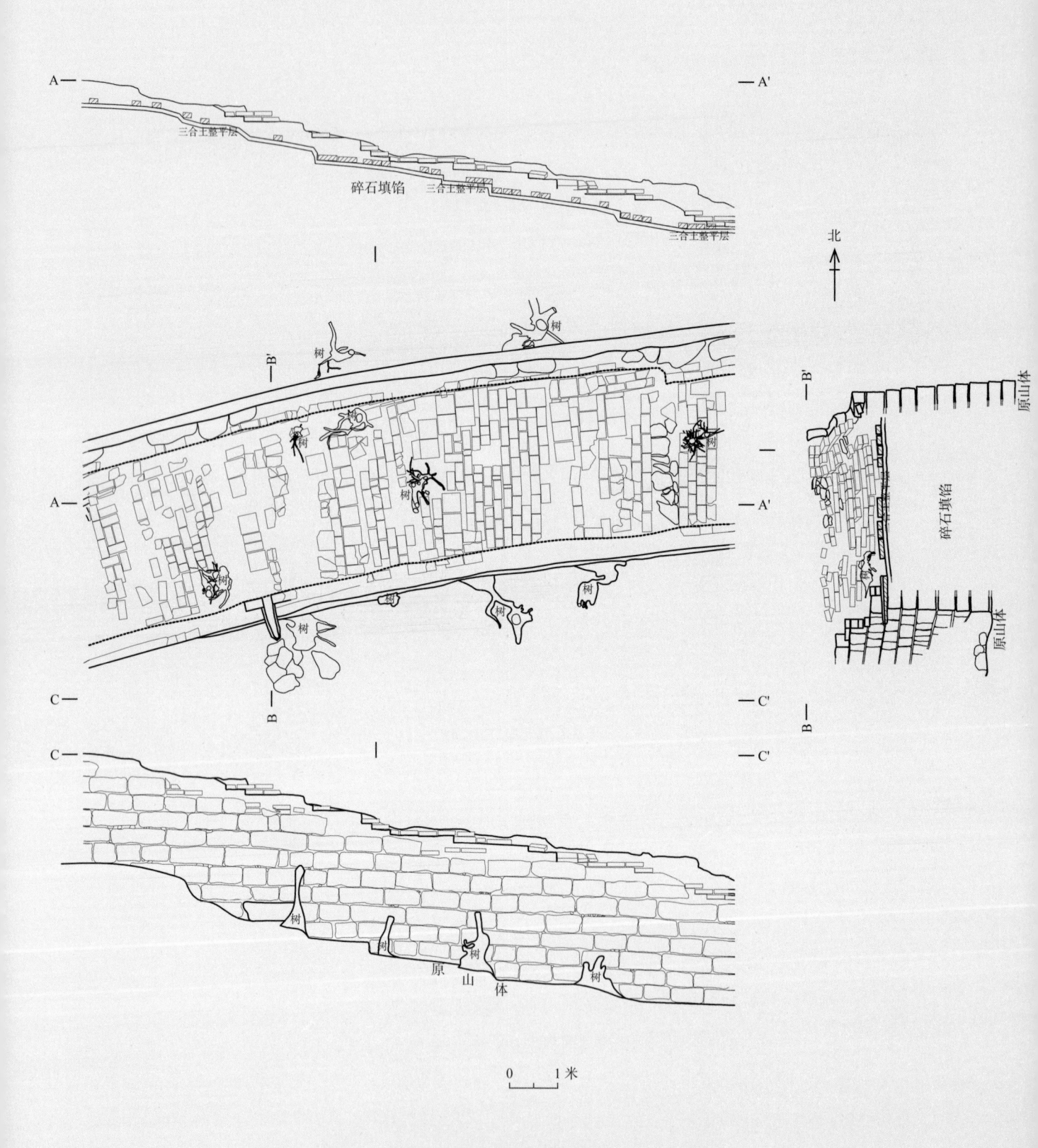

图七二 延庆3—4号敌台间长城墙体（Q2）平、剖面图

图七三 延庆3—4号敌台间长城墙体（Q2）发掘后（俯视）

图七四 延庆3—4号敌台间长城墙体（Q2）发掘后（外侧）

图七五　延庆3—4号敌台间长城墙体（Q2）发掘后（内侧）

墙身内填馅采用石片、素土混筑，填馅层上部条石的顶部平齐，填馅碎石的上部用石片修整成阶梯状。其上铺一层三合土找平，再平铺长条形衬砖，依山势，台阶高低不一，台阶上部平铺一层正方形面砖。依据方砖最宽0.38米，长条形砖最宽0.1米的规格，台阶台面最小进深为0.26米左右，砖之间用白灰粘接。

该段城墙所用城砖规格可分为四种。长条形衬砖长0.38、宽0.18、厚0.09—0.1米；方形铺地砖长0.38、宽0.36、厚0.06米；水槽砖长0.37、宽0.185、厚0.09米，水槽砖较长较宽的一面中部设一道"U"字形凹槽，凹槽宽0.08、深0.05米；劈水砖长0.38、宽0.36、厚0.05—0.9米。

3. 延庆4号敌台西侧长城墙体

延庆4号敌台西侧长城墙体（Q3）的发掘部分东西长8米，方向77°，西高东低。城墙剖面呈梯形，底宽4.53—4.96米，顶残宽3.97—4.36米。

基础部分　Q3依山而建，坡度较大，墙体在营建时对自然岩石山体进行修整，将山体岩石凿成阶梯状，以获取建筑平面，使建筑达到更加坚固、美观的效果（图七六）。

墙身　山体石上采用条石砌筑墙体南、北二壁，墙身北壁残高0.91米，南壁残高2.32

图七六 延庆4号敌台西侧长城墙体（Q3）基础

米。条石间用白灰粘接，较大的缝隙用碎石片填缝。依自东向西渐高的山势，条石自东向西砌成阶梯状。条石长0.3—1.26、宽0.3—0.46、厚0.3—0.4米。条石外露面经过錾刻，内藏面则仅进行简单的修整，没有錾刻痕迹。

墙身内填馅采用石片、素土混筑，因墙体较陡，坍塌严重，墙体顶部结构、垛口墙均已缺失，形制、做法不详。

（三）登城便门

1. 1号便门

1号便门（B1）平面呈"L"形，方向138°。由抱框、门道、东西向台阶三部分组成（图七七—图八一）。

抱框东西阔0.7、进深0.38、残高1.28米。便门底部平铺条石作为过门石，过门石采用两块条石齐缝平铺，一块东西长0.5、南北宽0.3米，另一块东西长0.36、南北宽0.3米

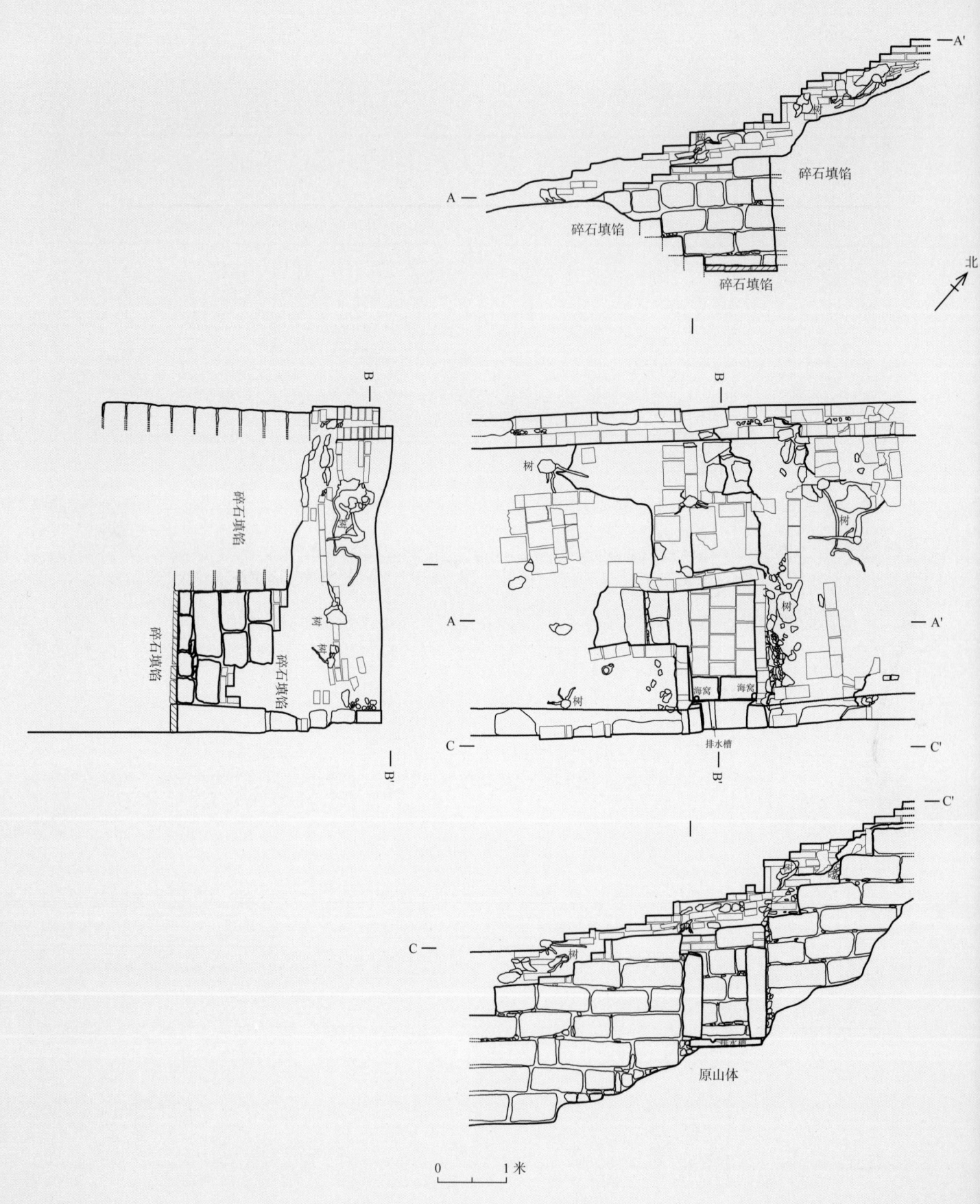

图七七 1号便门（B1）平、剖面图

图七八　1号便门（B1）发掘前（俯视）

图七九　1号便门（B1）发掘后（俯视）

图八〇　1号便门（B1）发掘后（正投影）

图八一　1号便门（B1）发掘后（外侧）

图八二 1号便门（B1）过门石

（图八二）。过门石表面东部有一条南北向的凹槽，凹槽宽0.05—0.08、深0.03—0.04米。过门石表面的东、西部均凿有一圆形海窝，海窝直径0.06、深0.02米，间距为0.82米，据此推测该便门曾安装有对开门扇。过门石两侧各直立一条石作为门柱，条石之间用白灰粘接。便门顶部已坍塌，形制未知。

门道平面呈"L"形，南北进深2.05、东西进深1.94、宽0.92、残高1.67米，底部平铺一层方砖，东、北墙体下部用四层条石错缝叠砌，条石上部残存两层错缝叠砌的青砖，条石之间、砖之间用白灰粘接，白灰勾缝。

门道内设三级台阶，台面宽0.72—0.76、进深0.26—0.3、高0.24—0.28米。台阶为条石砌成，台阶的南、北部墙壁尚存有一排错缝叠砌的壁砖。

便门用砖均为素面，规格分为两种：长条形方砖残长0.38、宽0.18、厚0.09—0.1米；铺地砖长0.38、宽0.36、厚0.06米。

2. 2号便门

2号便门（B2）平面呈"L"形，方向204°。由抱框、门道、东西向的台阶三部分组成（图八三—图八七）。

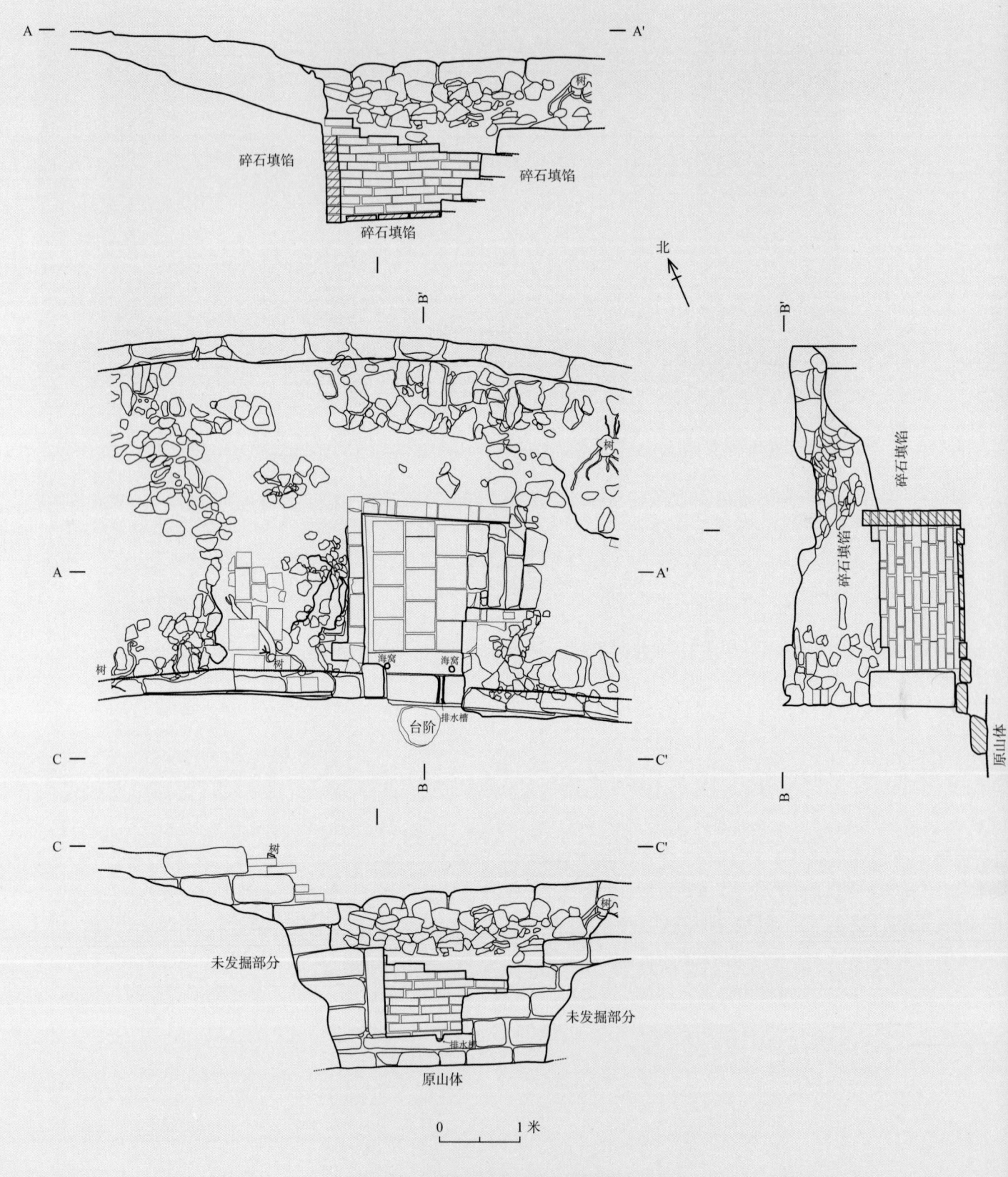

图八三　2号便门（B2）平、剖面图

图八四　2号便门（B2）发掘前（俯视）

图八五　2号便门（B2）发掘后（俯视）及东侧近代房址全景

图八六　2号便门（B2）发掘后（俯视局部）

抱框东西阔0.94、进深0.34、残高1.04米，底部平铺一块条石作为过门石，过门石东西长1.16、南北宽0.26米（图八八）。过门石表面东部有一条南北向的凹槽，凹槽宽0.04—0.1、深0.05—0.08米。过门石表面的东、西部均凿有一圆形海窝，海窝直径0.06、深0.02米，海窝间的间距为0.8米，据此推测该便门曾安装有对开门扇。过门石两侧各直

图八七　2号便门（B2）门外侧

图八八　2号便门（B2）过门石

立一条石作为门柱，条石之间用白灰粘接。便门顶部已坍塌，形制未知。门外设一踏步石，自然石，长0.44—0.5、厚0.2米，顶部平整，过门石高于踏步石0.18米。

门道平面呈"L"形，南北进深1.84、东西进深2.31、宽1.16、残高1.06米，底部错缝平铺一层方砖，门道东、西、北部墙体采用平砖错缝叠砌，砖之间用白灰粘接，白灰勾缝。

门道内设四级台阶，台面宽1、进深0.2—0.24、高0.14—0.28米。台阶为条石砌成，台阶的南、北部墙壁尚存有一排错缝叠砌的壁砖。

便门用砖均为素面，规格分为两种：长条形方砖残长0.38、宽0.18、厚0.09—0.1米；铺地砖长0.38、宽0.36、厚0.06米。

3. 3号便门

3号便门（B3）平面呈"L"形，方向138º。由抱框、门道、东西向的台阶三部分组成（图八九—图九三）。

抱框东西宽0.76、进深0.32、残高1.48米，底部平铺一块条石作为过门石，过门石东西长0.92、南北宽0.36米（图九四）。过门石表面西部有一道南北向的凹槽，凹槽宽0.05、深0.04米。过门石表面的东、西部均凿有一圆形海窝，海窝直径0.06、深0.02米，海窝间的间距为0.8米，据此推测该便门曾安装有对开门扇。过门石两侧各直立一条石作为门柱，条石之间用白灰粘接。门柱之上残存拱券结构，一伏一券式，据此推测券脸为砖砌拱券，券顶厚0.26米，券砖之间用白灰粘接。门外设一踏步石，系不规则毛石，石面长1.2、宽0.65、高0.4米，下部用碎石支垫，上部较平整，过门石高于踏步石0.2米。

门道平面呈"L"形，南北进深2.28、东西进深2.2、宽1、残高1.86米，底部平铺一层方砖。门道西、北部墙体采用平砖错缝叠砌，砖之间用白灰粘接，白灰勾缝（图九五）。

门道内设三级台阶，台面宽1米，进深0.28—0.32、高0.26—032米。第一、二级台阶为荼石砌成，第三级台阶用青砖齐缝侧立砌成，台阶的南、北部均有一排错缝叠砌的壁砖。

便门用砖均为素面，规格分为两种：长条形方砖残长0.38、宽0.18、厚0.09—0.1米；铺地砖长0.38、宽0.36、厚0.06米。

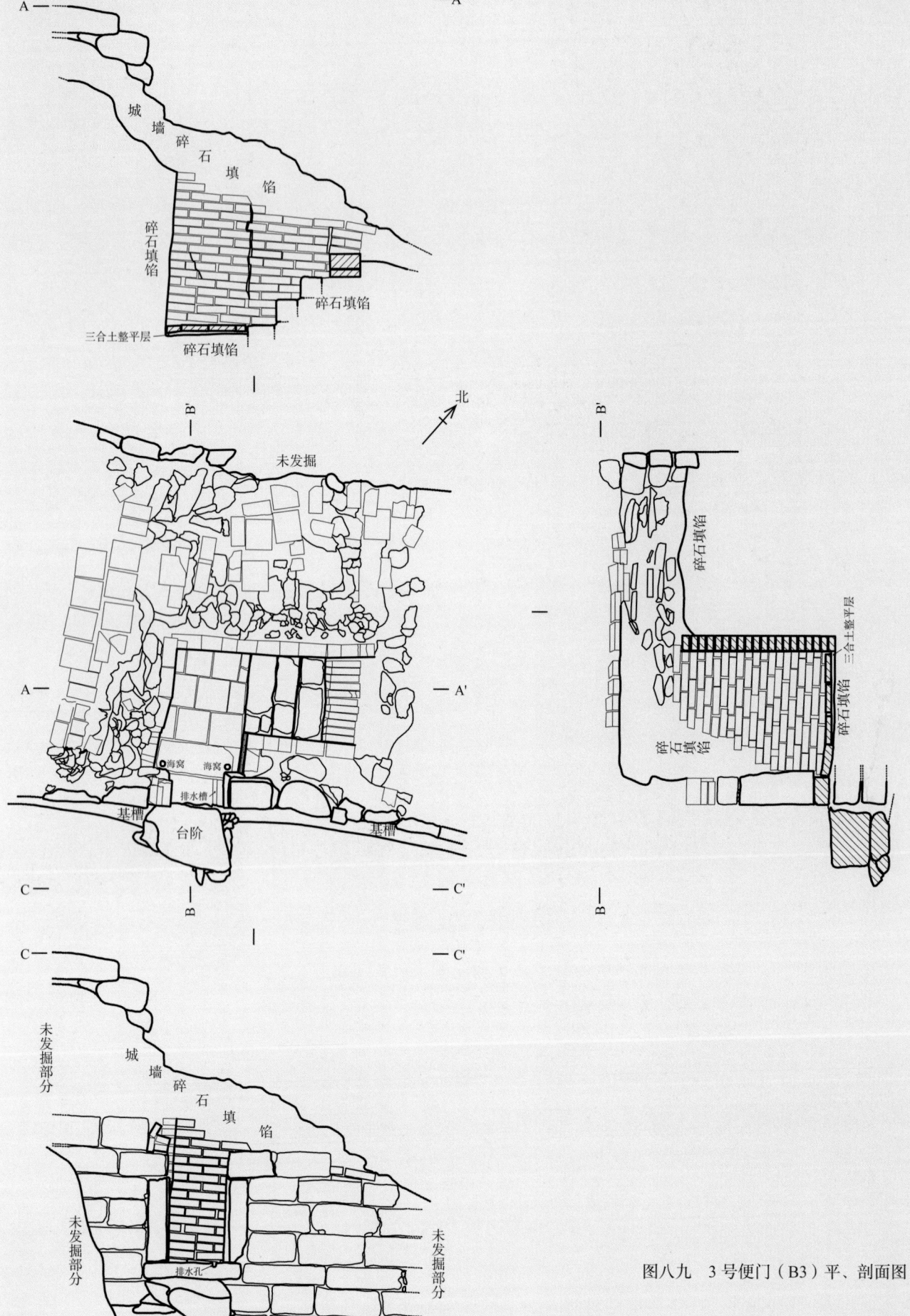

图八九　3号便门（B3）平、剖面图

图九〇　3号便门（B3）发掘前（俯视）

图九一　3号便门（B3）发掘前（门外侧）

图九二 3号便门（B3）发掘后（俯视局部）

图九三 3号便门（B3）发掘后（门外侧）

图九四　3号便门（B3）过门石

图九五　3号便门（B3）门道（北—南）

三、出土遗物

（一）建筑构件

陶兽　1件。D3∶1，残，泥质灰陶，双目突起，嘴微张。残高13.4、宽9.1厘米（图九六，11；图九七，1）。

劈水砖　1件。D4∶14，模制，平面呈近方形，截面多边形，劈水坡度为13°。长37.6、宽30.4、厚6—10.2厘米（图九八，1；图九七，2）。

水槽砖　2件。模制，平面呈长方形，中部为"U"槽。D4∶15，长37.2、宽18.4、厚8.2、槽宽7.2、深3.9厘米（图九八，2；图九七，3）。D4∶16，残长26、宽18.8、厚9.2、槽宽8、深4.4厘米（图九八，3）。

（二）武器

弹丸　18件。其中铁质16件，大小、质量相近；石质2件。圆球状。标本D3∶2，铁质，范铸，器身腐朽严重，直径3.7厘米（图九六，1；图九九，1）。标本D4∶2，青石质，直径3.9厘米（图九六，2；图九九，2）。标本D4∶1，石质，錾刻磨制，器身较重，疑似为铁矿石，直径5.9厘米（图九六，3；图九九，3）。

铁剑柄　2件。铁质，范铸，器身腐朽严重，长条状，扁平，剑首呈三角形，中间饰近圆形穿孔。D4∶5，首宽3.4、孔径0.4、柄宽1.8、厚0.3、长13.3厘米（图九六，6；图九九，4）。D4∶6，首宽2.5、孔径0.4、柄宽1.5、厚0.4、长11.6厘米（图九六，7；图九九，5）。

铁箭头　1件。D4∶7，铁质，腐朽严重，首部呈三角形，剑身呈长条形，长16.5厘米（图九六，8；图九九，6）。

石雷　2件。残，青石质，敞口，圆唇，弧腹，圜底。D4∶12，内壁凿刻一条引线凹槽，口径11.6、腹径14.4、高20.2厘米（图九八，4；图九九，7）。D4∶13，口径10.4、腹径14、高21.8厘米（图九八，5；图九九，8）。

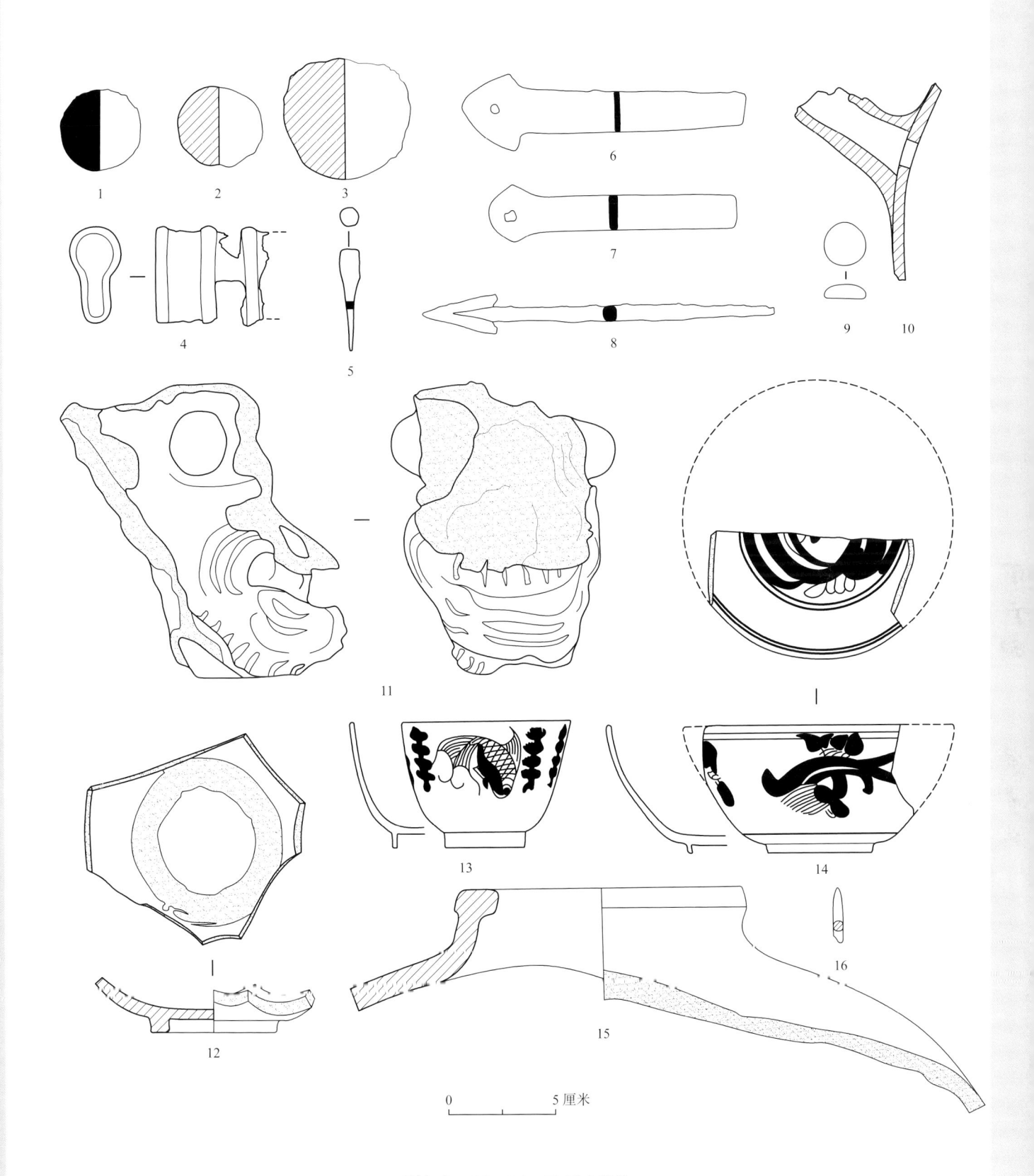

图九六 D3、D4、F1 出土器物

1—3. 弹丸（D3：2、D4：2、D4：1） 4. 铁锁（D4：3） 5. 铁钉（D4：4） 6、7. 铁剑柄（D4：5、D4：6） 8. 铁箭头（D4：7）
9. 围棋子（D3：3） 10. 陶壶（D3：4） 11. 陶兽（D3：1） 12. 黑釉瓷碗（D4：8） 13. 瓷杯（F1：1） 14. 青花瓷碗（D4：11）
15. 陶罐（D4：10） 16. 簪头（D4：9）

延庆大庄科长城 3、4 号敌台及边墙遗址考古发掘报告

1. 陶兽（D3∶1）　　　　　　　　　　2. 劈水砖（D4∶14）

3. 水槽砖（D4∶15）　　　　　　　　4. "右车营秋防工尾止"分界碑（B3∶1）

图九七　D3、D4、B3出土建筑构件、石碑

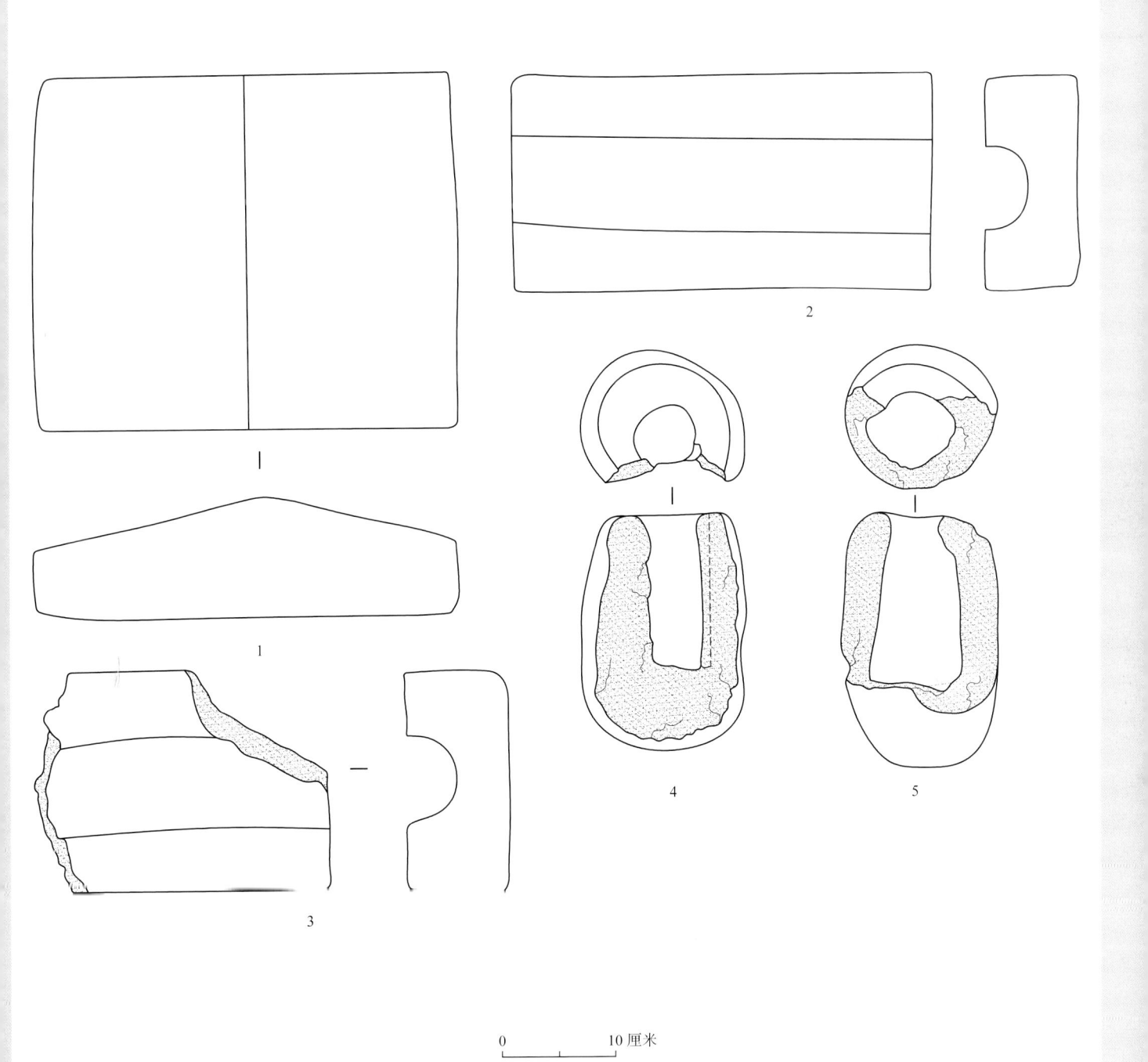

图九八　D4 出土器物

1. 劈水砖（D4：14）　2、3. 水槽砖（D4：15、D4：16）　4、5. 石雷（D4：12、D4：13）

1. 弹丸（D3∶2） 　　2. 弹丸（D4∶2） 　　3. 弹丸（D4∶1）

4. 铁剑柄（D4∶5）

5. 铁剑柄（D4∶6）

6. 铁箭头（D4∶7）

7. 石雷（D4∶12） 　　8. 石雷（D4∶13）

图九九　D3、D4出土武器

（三）生活用品

铁锁　1件。D4：3，残，平面呈长方形，截面呈球拍状。残长5.2、宽4.3、厚2.3厘米（图九六，4；图一〇〇，1）。

铁钉　1件。D4：4，整体呈锥形，钉帽呈圆柱形。长4.6厘米（图九六，5；图一〇〇，2）。

围棋子　1件。D3：3，瓷质，圆形，饼状。直径2、厚0.6厘米（图九六，9；图一〇〇，3）。

陶壶　1件。D3：4，残，夹砂灰陶，仅存流部，圆形，上翘。残宽0.6、残高8.9厘米（图九六，10；图一〇〇，4）。

瓷碗　1件。D4：8，轮制，弧腹，圈足，器身内壁施黑釉，内底饰圆形涩圈。残高2.5、底径5.9厘米（图九六，12；图一〇一，1）。

瓷杯　1件。F1：1，残，轮制，敞口，圆唇，弧腹，圈足，器身外壁用红绿彩绘制鱼纹、水草纹。口径7.8、底径3.7、高5.7厘米（图九六，13；图一〇一，2）。

青花瓷碗　1件。D4：11，残，轮制，敞口，圆唇，弧腹，圈足，器身外壁及内底绘制螭龙纹。口径12.7、底径4.8、高5.8厘米（图九六，14；图一〇一，3）。

陶罐　1件。D4：10，残，轮制，仅存口部及肩部，直口，短颈，溜肩，鼓腹。口径13.7、残高10.2厘米（图九六，15；图一〇一，4）。

簪头　1件。D4：9，残，模制，料质，天蓝色，器身呈圆柱状，首部尖锐。残长2.5厘米（图九六，16；图一〇一，5）。

（四）其他

石碑　1件。B3：1，青石质，竖式方碑，保存一般，表面有部分缺失，不可复原，字迹清晰。长39.5、宽29、厚5—10厘米，碑文阴刻双勾楷书："右车营秋⌐防工尾止⌐"。竖写2行，行4字，共8字，四周缠枝卷草纹边框（图九七，4）。

1. 铁锁（D4：3）

2. 铁钉（D4：4）

3. 围棋子（D3：3）　　　　4. 陶壶（D3：4）

图一〇〇　D3、D4 出土生活用品

1. 黑釉瓷碗（D4∶8）

2. 瓷杯（F1∶1）

3. 青花瓷碗（D4∶11）

4. 陶罐（D4∶10）

5. 簪头（D4∶9）

图一〇一　D4、F1出土生活用品

延庆大庄科长城3、4号敌台及边墙遗址考古发掘报告

四、结论与收获

（一）长城建筑营建时间与建造者

明代时，延庆大庄科长城 3、4 号敌台及边墙属昌镇黄花路黄花镇军事辖区内的石城峪、枣园寨[1]辖区范围。这里也是黄花路辖区的最西部区域，再往西则属居庸路管辖。

本区域长城肇建于永乐年间[2]，时仅为石城峪口、枣园寨口的关口防御建筑。敌台、墙体营建较晚。依《四镇三关志》记载"边城五十五里，嘉靖三十年建。空心敌台二十九座，隆庆三年至万历元年节次建"[3]，但从现存长城建筑、结合出土碑刻记载却与之形成较大的差异。

延庆 3、4 号敌台及附近长城墙体上均出土有"右车营"款戳印文字砖（图一〇二）。昌镇"车营"设立于万历二年（1574）[4]。"右车营"属昌平镇守总兵管辖，该营设参将一员[5]统领。此外，在附近的延庆 11—13 号敌台间长城墙体上，尚可见"右""安""安"（反书）、"诸"字款模印阳文砖，上述文字砖均系烧制城砖的部队番号，其中"右"当为"右部"的简称，"诸"推测为诸城守御千户所的简称，至于"安"则有待进一步深入研究。

本次出土"右车营秋防工尾止"施工分界石碑一通，在此之前，2018 年延庆区文物管理所于龙泉峪村征集一通"右车营春班工尾"施工分界石碑（现藏于延庆区博物馆），石碑为青石质，长 36、宽 35、厚 6.5 厘米（图一〇三），保存完整。由此可见，右车营不仅参与了城砖的烧制，同时也参与了长城墙体的营建工作。

延庆 3、4 号空心敌台属 Ca 型敌台，营建时间当在万历初年[6]。本次发掘长城墙体均叠压在空心敌台上，其营建时间晚于敌台。具体营建时间，可从碑刻上寻找蛛丝马迹。

1953 年，北京 503 地质队在香屯村后洼勘探时发现一通《天启三年分修长城城工题名碑》（图一〇四）。石碑为青石质，长 45.5、宽 56、厚 9 厘米。1985 年文物普查时，从香屯村王有信家征集[7]回延庆区文物管理所。录文如下：

钦差分守黄花镇等处地方驻扎西星口堡参将都指挥徐镇邻。
钦差守备黄花镇地方付都指挥佥都指挥黑坨行事指挥佥事赵文魁。

图一〇二 北京市延庆区 2019（黄花路）延庆 2 号敌台—西水峪西北 283 号敌台间长城墙体垛口墙上"右车营"款文字砖

图一〇三　龙泉峪村"右车营春班工尾"石碑拓片

图一〇四　大庄科乡香屯村王有信家《天启三年分修长城城工题名碑》拓片

主兵黄花镇秋防把总赵应时将下修工匠夫四百七十五名，修完西星口迤西，接山东春防右车营工尾起，三等边墙一十五丈八尺八寸四分，底阔一丈四尺，收顶一丈四尺，墙垛口一丈五尺，遵照施行，如法修筑，合式。竖石。十月十四日迄修完讫。

计开：

督工中军官一员：陈志。

督工把总官一员：赵应时。

督工头目官一名：张仓。

管工头目二名：王印、周禄。

管工百户一名：张真。

边匠、石匠、泥匠三名：常友、刘驴儿、杨宽。

天启三年十月十四日吉立。

2014年，龙泉峪长城保护修缮时出土一方《天启五年昌镇右车营修敌台边墙城工题名碑》（图一〇五）。石碑为青石质，长68—69、宽48、厚13—18厘米，现藏于延庆区博物馆。录文如下：

天启五年秋防。

昌镇标下右车营秋班修工官军一千八百□□员名，分修黄□□□□西星口□西□□潭南□顶，创建十号空心敌台一座，上□望房三间，□修三等边墙一段，计长四十六丈七尺三寸□□□□便门一座，□本□七月初五日□工起，□九月二十九日止，遵□原议，□□□□□修完□。

钦差总督蓟辽保定等处军务兼理粮饷经略御□□□□□□□都察院□□都御史吴。

钦差整饬□□等处边备兼巡抚顺天等府地方都察院右□□□□□□。

钦差整饬昌平等处□备兼管屯田驿传山东提刑按察司副使……

钦差镇守居庸昌平等处地方总兵官前军都督府……

钦差分守黄花镇等处地方驻扎渤海所副总兵都指挥佥事……

钦依昌镇标下□营统领中营以都指挥体统行事指挥佥事赵□□。

钦差统领□□标下右车营官游击将军事都司□□□都指挥□□贾□□。

计开：

……

天启五年九月　吉日立。

上述两方石碑中均提到"右车营"这一番号，与长城上的铭文砖、施工分界石碑一致，可知该段长城墙体修建于天启初年。

图一〇五　大庄科龙泉峪长城修缮工地出土《天启五年昌镇右车营修敌台边墙城工题名碑》拓片

（二）长城建筑的建筑形制与营建特点

本次发掘明确了大庄科3、4号敌台均为空心敌台，骑墙而建，建筑形制基本一致。敌台台基（基座）采用条石垒砌，共13层，条石的外露面经过錾刻，使之平整，但内藏面仅进行简单的修整没有錾刻痕迹。台基（基座）之上砖砌敌台的中空部分。

中空部分为"回廊式"结构，中间为一长方形大厅，南北两侧各设一拱券式回廊。中室东西立面各设1门2箭窗，门居中；南、北立面各设3个箭窗。台门距离地面的高度经过设计，3号敌台位居山顶垭口这一"冲要"之地，因此东西台门距离地面较高，不易攀登。4号敌台东侧面对垭口，因而台门设置较高，西侧背对垭口，且靠近山体，故台门位置较低。中室顶部坍塌，从坍塌堆积上考察，原先顶部应为木梁架结构，铺有木板。敌台顶部坍塌严重，从现存遗迹上考察，敌台顶部、中室之上应建有铺房，屋顶覆瓦，且全部为板瓦而未使用筒瓦。顶部四周应建有垛口墙。

长城墙体则为"石脚砖顶"结构，墙身采用条石垒砌，层数不等，顶部铺1—2层衬砖，表面铺方砖，墙体顶部内外边缘均修建有垛口墙——双面垛口墙。墙体内外存在明显高差，外侧迎敌面远高于内侧背敌面，体现出向北防御的特点。

3座登城便门均为"沉降式"，门外置一自然石块作为踏步，抱框部分损毁严重，仅存门柱和过门石部分，过门石上开凿有排水所用的凹槽，两侧有门轴海窝，门道、踏步均为砖砌。便门的位置选择经过精心设置，2号便门为3号敌台而设，3号便门为4号敌台设置，均系为登台守城的军士设置；1号便门位于2、3号敌台间长城墙体中部，距离敌台较远，且该段长城墙体较长，因此，设门于墙体中部，便于士兵登临墙体据守。

工程做法方面。两座敌台修建于自然山体之上，修建前对自然山体进行修治，并开挖基槽，这是首次明确发现的营建空心敌台开凿基槽的实例。基槽内铺放脚石，其上营建敌台的基座（台基）。4号敌台因西侧紧邻峭壁，为获得较大且平整的营建平面，明人对山体进行了开凿。这是首次发现的营建敌台前，开凿自然山体构建敌台基础的实例。敌台内墙体和外立面存在"两张皮"现象，彼此间并未实现结构上的"拉结"而是"硬连接"在一起，从墙体勾缝上判断，系两次营建而成，即先修建敌台外立面墙体，后营建台内结构。

长城墙体的基础做法种类丰富。4号敌台西侧的山体陡峭，墙体坡度很大，营建时将山脊开凿成台阶状，以获取平面。3、4号敌台间长城墙体，2、3号敌台间长城墙体西段则开挖有基槽，这是首次明确发现营建长城墙体开凿基槽的实例。2、3号敌台间长城墙体东段则采用铲削、铺垫结合的方式处理基础平面。

（三）植物对长城建筑的影响

该段长城顶部及两侧5米范围内曾长满各种草本、木本植被，经北京建筑大学潘剑彬教授鉴定，植物族属共36种。通过对3段长城墙体顶面及墙角内外两侧的发掘情况来看，处于顶面中部的植被根系均"平铺"在墙体墁砖上，并未向下生长。但生长在垛口墙和墙体顶部结合处的植被根系则深扎入长城墙体，对墙体安全构成直接威胁。生长在墙根处的植被，由于墙身坚硬条石的阻挡，根系向另一侧生长，对墙体安全威胁较少。

敌台内部、顶部的植被根系充分"利用"了敌台各个部位建筑间的缝隙深入生长，对敌台的安全构成了严重威胁，这在3号敌台内堡体现得尤为明显。

（四）长城废弃、倒塌及再利用过程

长城的营建、使用和废弃是一个动态的过程。在此之前，学界更多地关注于长城的营建和使用，废弃倒塌的过程则长期被忽视。通过本次考古发掘，观察坍塌物堆积形态和构成，大致可以复原出 4 号敌台废弃和倒塌的时序。

4 号敌台西侧紧邻高耸的峭壁且山坡坡度较大，因此，敌台废弃后因缺少必要的维护，同时长期受到降雨和来自山坡上的泥水、泥石流冲击而逐渐被掩埋，至考古发掘时，深埋约 7 米，以至将台基（基座）部分全部掩埋，形成了 7 层堆积，其中，第 3 层中包含大量砖瓦碎块，表明第 3 层的时代是敌台垮塌的时间，垮塌后再次逐渐被掩埋。

4 号敌台内现存 2 座火炕，火炕采用修建敌台的青砖修建，系拆除部分铺地方砖和墙体条砖后营建，修建质量粗糙。与之类似的还有 3 号敌台内的火炕，3 号敌台内现存 1 座火炕，特点与 4 号敌台相似。均属敌台废弃后，后人利用所致。

4 号敌台的南、北立面台基条石向外鼓胀、垮塌，中空部分的南北侧外墙则整体垮塌在敌台内部，之后南、北侧拱券顶部再次垮塌。因敌台开凿有基槽，形成稳定的地基，故台基条石的垮塌与地基沉降无关，系顶部排水不畅，造成填馅鼓胀，条石内侧形成空鼓、外闪后垮塌。从堆积上考察，首先南、北外立面先向内侧垮塌，之后顶部拱券再次垮塌。坍塌物将敌台内的火炕掩埋，说明其垮塌时间不久。3 号敌台北立面的垮塌与之相似。敌台顶部铺房系一次性垮塌，铺房顶部的瓦片均匀分布在中室内。

2 号登城便门旁边的长城墙体顶部发现房址一座，该房址采用倒塌后的长城城砖——"二手砖"砌筑，房屋结构简单、粗糙，且占据城墙顶部大部分面积，基本阻断了 2、3 号敌台间的联系。房址内出土有不早于清末时期的瓷片，因此推断，该房址系长城废弃后营建使用。

上述遗迹现象表明，随着明长城军事功能的逐渐消退，长城逐渐荒废、损毁、掩埋但并未彻底废弃，时人特别是为当地人所利用、改造。

综上所述，本次长城考古发掘对北京明代长城的建筑形制、工程做法、病害分析等方面提供了全面、科学、系统的依据，为长城保护方案的制定打下了科学的基础。为今后的长城研究、保护工作提供了成功的案例。

领队：尚珩

发掘：尚珩、张志伟

绘图：张志伟

拓片：李春宇

摄影：尚珩、张志伟

执笔：尚珩、卜彦博、张志伟

注释

[1] 河北省文物研究所：《明蓟镇长城1981—1987年考古报告·第十卷·白马关、亓连口》，文物出版社，2013年，第500页；国家文物局：《中国文物地图集·北京分册》（下），科学出版社，2008年，第410页；程金龙：《妫川碑石录》，北京美术摄影出版社，2014年，第295页。

[2] （明）刘效祖撰，彭勇、崔继来校注：《四镇三关志校注·卷二·形胜考·昌镇形胜·乘障》，中州古籍出版社，2018年，第78页。

[3] （明）刘效祖撰，彭勇、崔继来校注：《四镇三关志校注·卷二·形胜考·昌镇形胜·乘障》，中州古籍出版社，2018年，第78页。

[4] （明）刘效祖撰，彭勇、崔继来校注：《四镇三关志校注·卷二·形胜考·昌镇形胜·乘障》，中州古籍出版社，2018年，第79页。

[5] （明）刘效祖撰，彭勇、崔继来校注：《四镇三关志校注·卷七·制疏考·蓟镇制疏·题奏二·总督侍郎杨兆为台车工完讨军火器具疏略 万历三年》，中州古籍出版社，2018年，第406、407页。

[6] （清）傅云龙著，傅训成点校：《傅云龙集·籑喜廬文初集·卷六·顺天府前代兵制考》，浙江古籍出版社，2018年，第282页。

[7] 张依萌：《明长城砖砌空心敌台类型与分期研究——以"蓟州镇"、"真保镇"为中心》，《故宫博物院院刊》2019年第2期。

附录

大庄科长城遗址浮选结果及分析

北京市考古研究院　尹达　尚珩

一、研 究 现 状

北京西北部的延庆地区在明代一直是拱卫京师安全的军事战略要地。面对北方少数民族的频频侵扰，延庆地区建立了强大的军事防御设施，最前线最重要的就是长城。前人对明长城的研究多从军事聚落[1]、保护和利用[2]、军制军饷[3]、边粮军食供给与管理[4]、军人群体生境[5]等角度来讨论。由于缺乏相关的考古学证据，对明代军粮比较直接的研究多依赖于文献记载[6]以及零星的墓葬随葬谷物的发现[7]。

2021年3—6月，依据《国家文物局关于2021年北京市长城险情段落抢险项目及研究性修缮项目计划的批复》（文物保函[2021]140号）文件要求。经北京市文物局、国家文物局批准［考执字（2022）第（386）号］，北京市考古研究院对北京延庆大庄科长城3、4号敌台及边墙进行考古发掘工作。值此难得机会，北京市考古研究院植物考古实验室对发掘区域开展了浮选土样的采集，期望在此寻找有关明长城驻军军粮构成和饮食方式的相关实物证据，了解驻军的生活环境和条件。

（一）浮选和实验室工作

延庆3号敌台（编码：110229352101170003）和延庆4号敌台（编码：110229352101170004）位于北京市延庆区大庄科乡香屯村东北山脊上，向东与怀柔西水峪、黄花城长城相连，向西与延庆八达岭长城相接。2022年5月17日至发掘结束，为配合北京延庆大庄科长城3、4号敌台及边墙的发掘、修缮及研究工作，在此采集了3、4号敌台内的原始堆积土样147升，整合相同单位后获得土壤样品35份，其中3号敌台2份，4号敌台33份。所有样品在发掘驻地使用小水桶浮选法进行浮选，选用80目（0.2mm）的标准分样筛进行筛取，阴干后的样品由北京市考古研究院植物考古实验室进行鉴定。统计分析采用绝对数量统计法和出土概率统计法[8]。遗址出土植物遗存的绝对数量结果在一定程度上复原了该植物在当时生境条件下的利用情况，考虑到在埋藏环境和遗存获得方法和过程中不可避免地产生误差，出土概率是以出土该植物种类的样品在采集到的总样品中所占的比例，与绝对数量统计结果的综合分析是尽可能规避统计学上误差的有效方法。

（二）测年结果

延庆区博物馆和延庆区文物管理所藏的两方石碑中均提到的"右车营"这一番号，与长城现存的铭文砖、施工分界石碑一致，可知该段长城墙体修建于天启初年[9]。为核定大庄科长城遗址的年代，我们选取遗址样品编号为2022YDXYDD4F18和2022YDXYDD4F27浮选出土的粟和黍进行测年。测年工作由Beta实验室完成，具体结果见表一。根据测年结果判断，大庄科长城遗址的绝对年代大致为明代中晚期，印证了石碑纪年，同时也说明本次发掘区域的堆积遗存确属明代。

表一　大庄科长城遗址 ^{14}C测年结果

样品编号	遗存	^{14}C年代（a B.P.）	树轮校正后年代（a B.P.）INTCAL20	树轮校正后年代（a B.P.）INTCAL20
2022YDXYDD4F18	粟	320±30	1484-1664（95.4% prob.）	1515-1590（56% prob.）
2022YDXYDD4F27	黍	320±30	1484-1664（95.4% prob.）	1515-1590（56% prob.）

二、鉴定结果

考虑到大庄科长城遗址性质的特殊性，局限地从出土植物遗存的分类与量化结果来讨论传统的植物考古学问题似乎有所不妥，尽管如此，遗址浮选样品的数量和浮选效果仍较为理想，结合出土植物遗存的种类及组合，其结果在一定程度上反映出明长城驻军的军粮构成以及植物利用情况。

经鉴定，大庄科长城遗址浮选获得的炭化植物种子合计126粒。农作物有粟（*Setaria italica*）、黍（*Panicum miliaceum*）、水稻（*Oryza sativa*）、红小豆（*Vigna angularis*）和大麻（*Cannabis sativa L.*）5种，共计63粒（表二）。粟（图一，1）发现54粒，绝对数量百分比和出土概率都最高，分别为85.7%和34.3%。黍（图一，2）发现6粒，出土概率位居第二为14.3%。水稻（图一，3）仅发现1粒，呈长椭圆形，背腹扁平，表面粗糙。水稻粒长为 3.075 毫米，粒宽为 1.728 毫米，粒厚为 1.041 毫米。红小豆（图一，4）发现有 1 粒，长和宽分别为 4.844 毫米和 3.041 毫米。大麻（图一，5）发现 1 粒，仅存外壳。

表二 大庄科长城遗址出土农作物统计表

种属	绝对数量（粒）	绝对数量百分比（n=35）	出土概率（n=35）	合计（粒）
粟（Setaria italica）	54	85.7%	34.3%	
黍（Panicum miliaceum）	6	9.5%	14.3%	
水稻（Oryza sativa）	1	1.6%	2.9%	63
红小豆（Vigna angularis）	1	1.6%	2.9%	
大麻（Cannabis sativa L.）	1	1.6%	2.9%	

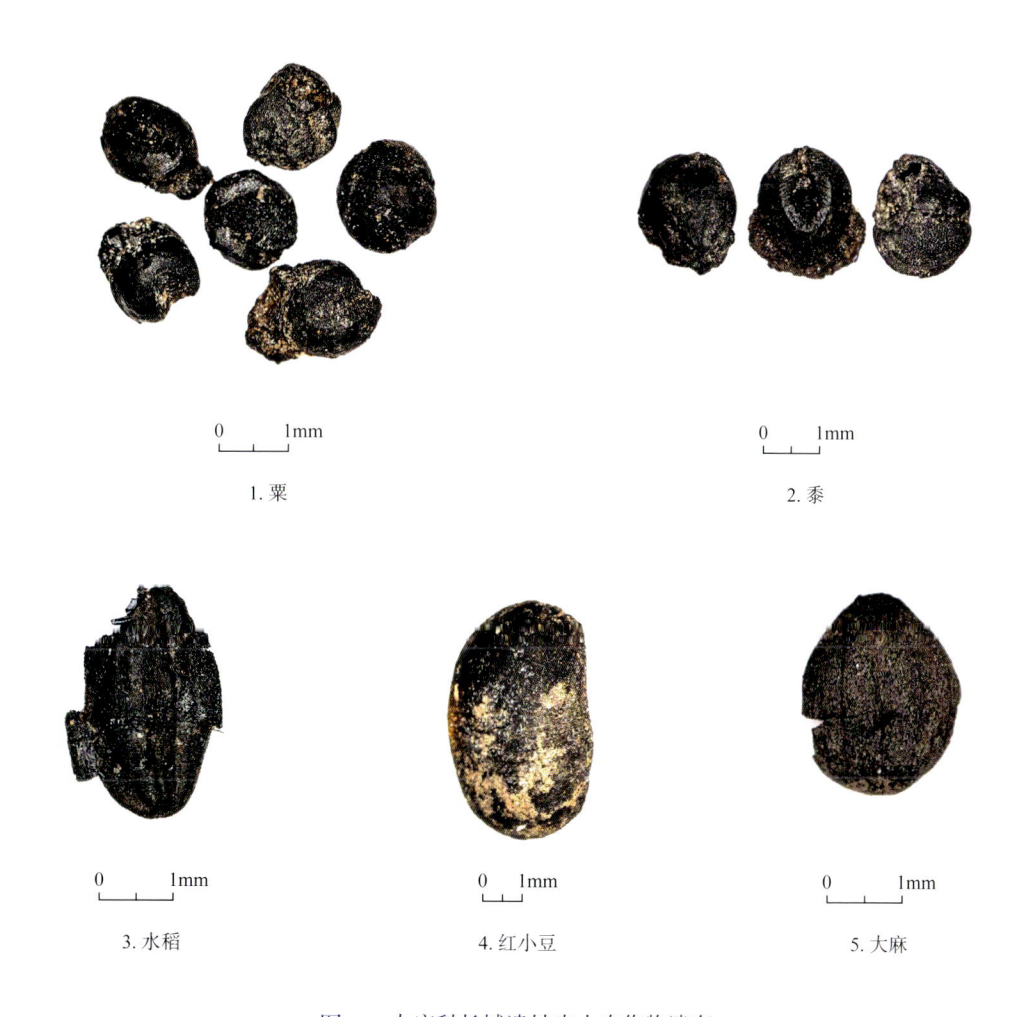

1. 粟　　2. 黍

3. 水稻　　4. 红小豆　　5. 大麻

图一　大庄科长城遗址出土农作物遗存

浮选获得非农作物遗存63粒（表三），分别为狗尾草（*Setaria viridis*）、马唐（*Digitaria sanguinalis*）、野大豆（*Glycine sojo*）、藜（*Chenopodium album*）、虫实属（*Corispermum L.*）、紫穗槐（*Amorpha fruticosa L.*）、草木樨（*Melilotus officinalis*）、牡荆（*Vitex negundo*）、苍耳（*Xanthium strumarium*）、花椒（*Zanthoxylum bungeanum Maxim.*）、桃（*Prunus persica*）、杏（*Prunus armeniaca L.*）、枣（*Ziziphus jujuba*）和朴树（*Celtis sinensis Pers.*），未知炭化植物种子8粒，多残破。狗尾草是绝对数量最多的杂草，出土概率为20%。紫穗槐是豆科落叶灌木，发现2粒，其中1粒完整粒长为3.993毫米、粒宽为2.593毫米、粒厚为2.395毫米。浮选出1枚完整桃核，核长为16.13毫米、宽为14.12毫米，厚为10.54毫米。1粒枣核，一端残，核长为6.905毫米、宽为3.769毫米。另有花椒1粒，直径为3.422毫米（图二）。

表三　大庄科长城遗址出土非农作物统计表

科	种属	合计（粒）
禾本科（Poaceae）	狗尾草（*Setaria viridis*）	23
	马唐（*Digitaria sanguinalis*）	1
豆科（Fabaceae）	野大豆（*Glycine soja*）	1
	紫穗槐（*Amorpha fruticosa*）	2
	草木樨（*Melilotus officinalis*）	3
苋科（Amaranthaceae）	藜（*Chenopodium album*）	1
	虫实属（*Corispermum*）	1
菊科（Asteraceae）	苍耳（*Xanthium strumarium*）	2
马鞭草科（Verbenaceae）	牡荆（*Vitex negundo*）	11
芸香科（Rutaceae）	花椒（*Zanthoxylum bungeanum*）	1
蔷薇科（Rosaceae）	桃（*Prunus persica*）	2
	杏（*Prunus armeniaca*）	2
鼠李科（Rhamnaceae）	枣（*Ziziphus jujuba*）	1
榆科（Ulmaceae）	朴树（*Celtis sinensis*）	4
	未知（Unknown）	8
合计（Total）		63

1. 狗尾草　　2. 马唐　　3. 虫实属

4. 藜　　5. 花椒　　6. 牡荆

7. 紫穗槐　　8. 草木樨　　9. 朴树

10. 桃　　11. 杏　　12. 枣

图二　大庄科长城遗址出土非农作物遗存

三、分析与讨论

（一）农业状况与特点

农业人口和耕地面积的增长为明代农业经济的飞跃提供了重要的物质条件。明初为尽快恢复北京地区的农业生产，采取了两项重农措施，一是鼓励农民开垦荒地，蠲免租税；二是通过大量移民，增加农业劳动力，进行垦荒屯田[10]。经过移民和军民屯种等措施，北京地区的农业人口迅速增长，物质资源得以恢复和积累。文献记载，即便是在北直隶地区农业较落后的州府，也能做到自足[11]，除漕粮和开中纳粟供给京师和北部驻军外，本地区未发生大规模南粮北调的情形[12]。根据《隆庆志》的记载，延庆当地农作物品种非常丰富多样，有粟、黍（有五色，可酿酒）、麦、秋、稻、梁、小黍、稷（有五色）、黑豆（有黄黑白三种）、黄豆、绿豆、豇豆（有四色）、小豆（有红白黑三种）扁豆（有大小刀三种）、豌豆[有白黑两种、荞麦（有甜苦两种）]，油料作物有胡麻和荏子[13]。明代中后期，通过中西方交流，还引进了玉米、马铃薯、甘薯等作物，粮食和经济作物的种类非常丰富，使得农产品更具商业化，并在改善中国传统饮食和营养结构上更具有革命性的意义[14]。

图三显示的是大庄科长城遗址浮选获得的四种农作物量化统计结果。虽然作物品种没有文献记载所述丰富多样，仍能看出以旱作农作物为主的农业特点。以粟和黍的发现最多，出土概率最高，水稻、红小豆、大麻各发现1粒。小麦在华北平原粮食种植结构中占据着重要的地位，其播种面积、产量以及在粮食种植结构中的比重变化均对明代粮食安全和社会稳定产生重要影响[15]。北京地区自汉唐以来，逐渐形成了粟麦并重的种植格局[16]，辽金时期，小麦的种植已非常广泛，但仍未超越传统粟作[17]。至明代，小麦的地位逐步上升，在不少地区已超越粟在粮食作物中占据首要地位。北直隶是明代冬小麦重要产区，根据嘉靖《隆庆志》卷三《食货·财赋》的记载，自永乐二十年（1422）至嘉靖二十一年（1542）间，夏麦地的耕地比重基本维持在30%。明代在赋税征收中原定征收的实物称为"本色"，如米麦豆等，改征其他实物称为折色。明代税收和田赋的缴纳以夏秋两个收成季候分为夏税和秋粮，分别以冬小麦和粟为本色米，其余均为折色。遗憾的是本次浮选未能发现小麦遗存，最可能的原因归于对麦类作物粉食习惯的转变，已很难在遗址中找到炭化麦的籽粒残存。可以说，粟和麦这两种旱地作物在本地区的农业生产中是最重要最核心的。

纵观历史，北京地区稻作农业的发展依赖于有限的水源和水利设施的建设，导致水稻在种植结构中的占比持续波动，也间接说明稻作是辅助作物不占主导的地位。根据大庄科遗址仅存1粒水稻的尺寸大小和饱满程度来看应为未成熟稻，遗址周边并没有大面积适宜耕种稻田的区域，大概率还是作为军粮外运而来，而延庆本地在明代确实有种稻的记载。

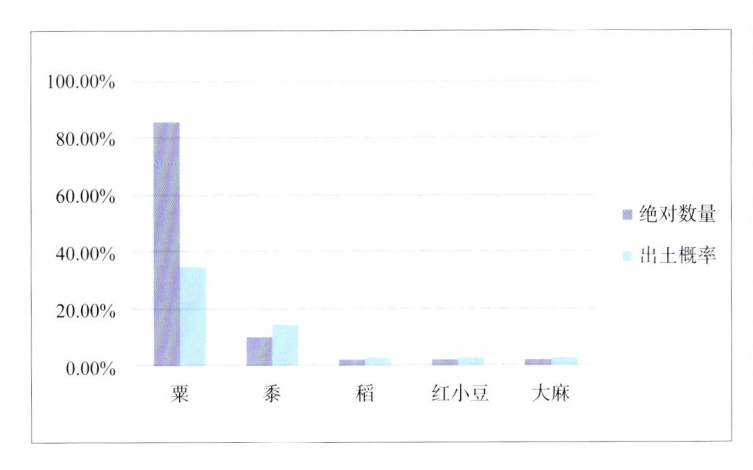

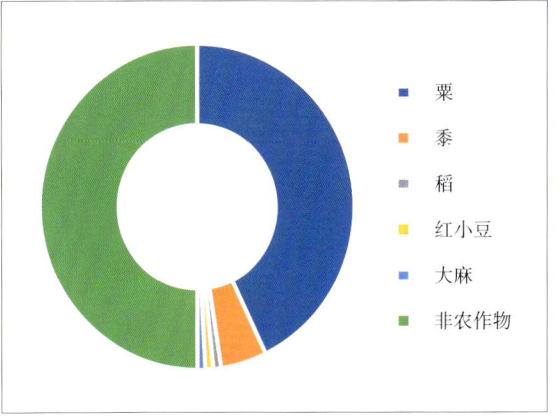

图三　大庄科长城遗址出土植物遗存量化统计

徐贞明在《潞水客谈》中论述了畿辅地区的农田水利情况，他建议在北京及其周边兴修水利，开辟稻田，并提出了明确的改革方案[18]，却因明廷集团政权及黑暗腐败未产生应有的效果。

（二）军粮构成及食用

明代边患严重，边军数量庞大，固定的边饷来源有军屯、民运、开中和年例（京运）[19]。明中期后屯粮渐坏，民运、商运，甚至京运也逐年增加，改变了明代边境粮食供给结构与方式。若不考虑南北农作物种植结构的差异和军粮调配的机动性，北京地区明代军队主粮的构成应多以本地区传统农作物为主。不同于经济作物，传统粮食作物如粟、麦、稻、豆等多被用以饱腹和上缴赋税，较少情况会用以市场交易。有研究认为唐宋以后，经济重心逐渐南移，麦稻各占军粮的半壁江山，粟米地位下降，不再是军粮的主料，明代军粮的品种增多，制作也达到较高水平[20]。

从浮选的结果来看，延庆大庄科长城遗址浮选出土的粟、黍、稻和豆应该都是明驻军的军粮来源。囿于材料，几种主要农作物充当军粮的具体比例难以还原，但根据文献的记载，小麦和水稻这两种高产作物应该是军粮的首选。《武备志·卷九十七·战二·赍粮》中描述了米、麦、炒面作为原料供给远途作战士兵军粮的制备方法："米一石，取无壳者，净淘炊熟，下浆水中任水曝干，淘去尘，又蒸曝之，经十遍可得二斗，每食取一大合，先以熟水浸之，待湿彻，然后煮食之，一人可五十日。""取小麦面作蒸饼一枚，浸醋一升或斗，曝干，以醋尽为度，食每梧桐子大煮之，人可食五十日。"其中加入的梧桐子（*Firmiana platanifolia*）药食同源，可以直接生吃，也可以洗干净炒熟吃。能够起到顺其和胃、健脾消食、润肺解毒、止血等多种功效，用治伤食、胃痛。现代医学认为服用梧桐子还能促进血小板的生成，能止血降压。"米麨一升，一人可食一日。"这里的米麨应为炒过的米粉或面粉，也有用豆粉，类似于今日的炒面，可以加椒盐等调味，和水搅拌匀乎之后食用。

有关调味品的制法和食用方式有记述："盐三升，以水和入锅中，炭火烧之，即坚小不消，一人食可五十日又宜夏月将行。""豉三斗捣如膏，加盐五升，捻作饼子曝干，每食如枣核大，以代酱菜，人可食五十日。"豆豉是中国传统特色发酵豆制品调味料，以豆类为主要原料，最早的记载见于汉代。为了佐餐，军队还用"粗布一尺，以一升酽醋浸曝干，以醋尽为度，每食以方寸煮之，可食五十日"。这里的酽醋应该是颜色味道浓厚的一类酱汁，可做汤或调味。

牛、马、驴作为军士们的肉食选择，牛和马一头可供五十人食一日，驴可供三十人食一日[21]。多数情况下肉食的供给很有限，一般作为劳军分发下置。如遇饥难状况，"戎装用皮者亦可煮食救饥""山行即采松皮，每十斤与米五合煮之"。在行军途中解渴，便将"油麻取三十粒含之立止，亦可将乌梅干酪行"。

以上是《武备志》赍粮这一部分记述的军粮的制作和食用情况。"赍"有携带、怀有、赠送等意思，指旅行的人携带衣食等物，"赍粮"可以理解为军旅的将士随身携带的食物。不难看出军士们的主食具有耐存储保存、易制作携带的鲜明特征，在提供必要盐分摄入的同时，尽可能地满足食材和口味的多样化与机动性。

军粮还影响到延庆本地的饮食文化。最具代表性的就是延庆地区代表性的美食"火勺"和"搅傀儡"。火勺这种烧饼形式的干粮是由外来屯兵士卒带来的，已入选北京市第五批市级非物质文化遗产代表性项目，为延庆区"十大特色文化遗产"之一。火勺是火烘烤而成，外焦里嫩，方便携带，具有浓郁的麦香味，内瓤加入椒盐和油，口感丰富，营养美味，可夹肉夹菜，是延庆风味名小吃之一。我们在4号敌台浮选出1粒花椒（图二，5），很可能就是将士们制作饼食的时候混入用以增加口味。搅傀儡类似山陕蒙冀等北方地区的特色美食"搅团"或"擦擦"。傀儡的制作方法很简单，用蒸熟的豆角、土豆、蔬菜等食材加上面粉，放在一起用麻油加葱姜蒜等调料炒熟即可。这种做法减少了主粮的比重，保证了淀粉的摄入，比传统军食干粮更可口，还顶饱。为什么取名傀儡，可能还有别的含义。延续至今，军粮这种快捷、便携、多元的饮食习惯也深刻影响到现代的饮食文化。如烧烤、烩菜、"部队锅"、锅盔、手抓肉等这种速食快捷的餐饮文化也顺应了快节奏的现代生活，因而被民众广泛接受。2023年1月7日至24日，延庆区在9个乡镇的10个重点民宿聚集村举行丰富多彩的非遗体验活动。延庆还首次推出了"延庆非遗宴"，延庆火勺、贺氏酱猪脸、永宁豆腐、三司村柏木熏肉、延庆傀儡、传统饸饹、古法海棠汁、杏仁菜粥、黄芩茶、妫川白酒等颇具延庆地方特色的美食被端上游客餐桌[22]，其中不少美食与军旅有关。

（三）大庄科长城驻军环境

从遗址发现的遗物来看，既有镞、铁箭头、弹丸、剑柄、石雷等军事武器和用具，也有陶壶、瓷碗、瓷杯、陶罐、围棋子等餐食具和生活娱乐物品，说明大庄科长城遗址不仅仅具有抵御外敌的防御功能，同时也是军士们长期驻扎和生活的场所。根据图四的非农作物遗存的出土情况，可以大致勾勒出与长城驻军关系最密切的野外生存环境、植物资源利用情况以及区域植被状况。不难看出，浮选获得的农作物和非农作物比重基本五五持平（见图三），说明不同于一般居址，长城遗址的"户外"属性更加显著，人群游动性更强。发现的非农作物以禾本科的狗尾草和马鞭草科的牡荆为最多，还有野大豆、草木樨和紫穗槐的少量豆科，以及藜和虫实。这几类都是常见于路边、山地的旱地杂草，也是北京山区普遍生存的植物种类。

我国是世界上果树种植资源最丰富的国家之一。北京的汉代路县故城遗址中就发现有汉代的桃、李、杏、枣、桑等。桃是中国最古老的栽培果树种之一，桃除了鲜食，还能制成桃干、桃脯、桃酱。桃仁、桃花、桃胶等均可入药，有活血化瘀、益气之效。杏原产于我国，是早期栽培的珍贵果树之一，具有抗旱、耐寒、耐贫瘠的优点。汉代以来，杏树栽培有了很大的发展，不仅有食用杏，在我国东北、内蒙古和华北等寒冷地区还培育出耐严寒的仁用杏[23]，随之的利用和加工也是多种多样。枣树适生范围广，寿命长，价值高，有"木本粮食"之称。朴树和大多数水果一样也可以提供糖分和维生素，朴树籽还可以用来榨油。

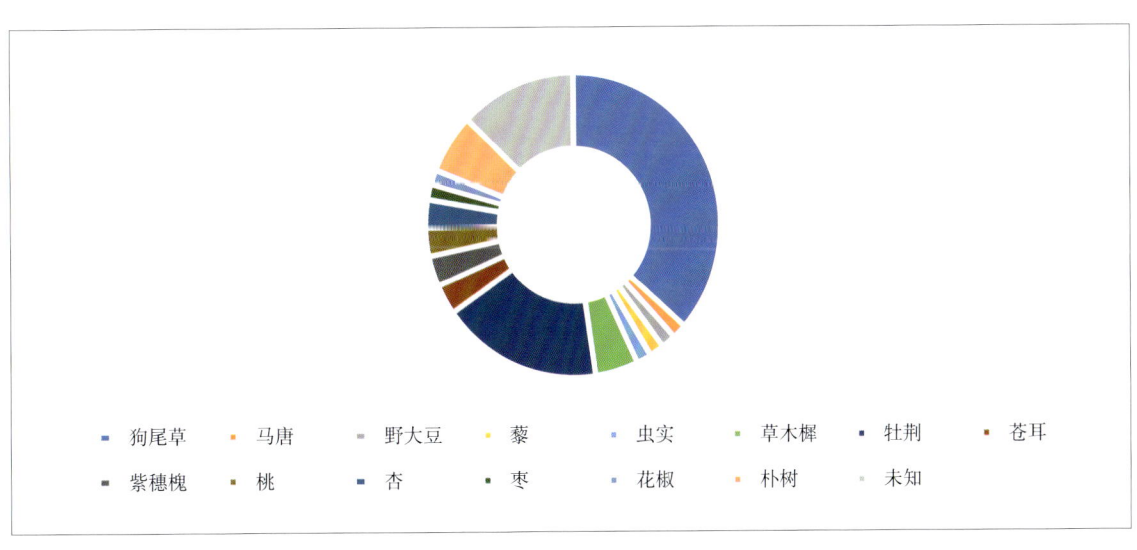

图四　大庄科长城遗址出土非农作物遗存绝对数量百分比

由于军事防御以及保护皇陵区域的需要，明朝北京西北部和北部地区的森林状况是比较好的[24]。在政策上，明代非常重视经济作物的种植，多倾向鼓励耕植桑、枣、棉花，亦可免赋税[25]。《本草纲目》中已记载果树（包含野生、药用或草本）种类达到上百种，说明在明代果树的分类和记录已经非常翔实。《隆庆志》中描述延庆本地产有桃、杏、李、梨、枣、榛、栗、柰、胡桃、樱桃、来禽、平波、沙果、葡萄等多种果物。水果营养丰富，富含多种维生素、矿物质、微量元素和膳食纤维，食用后清心降火，生津润燥。桃果肉味道香甜，营养丰富，铁的含量较丰富，是缺铁性贫血患者的理想食疗佳果。杏口感酸甜生津，含有丰富的维生素 E 以及不饱和脂肪酸，具有止咳平喘、降低胆固醇、润肠通便等功效。鲜枣中的维生素 C 含量丰富，是其他水果的几十倍甚至数百倍，含有的维生素 P 具有降胆固醇、保肝护肝等功效。必须说明的是，水果不同于干粮，鲜果难保存易腐烂，难以在行军途中长期携带，不是作为驻军常备饮食的必需选择。遗址浮选发现的桃、杏、枣大概率是军士采摘驻地附近的果树结果食用后的遗弃，说明长城遗址附近存在一定面积的果树资源，驻军在有限的活动范围内仍可采摘多种水果作为副食。

四、结　　语

2022 年在大庄科长城遗址的浮选是首次在明长城遗址开展的植物考古学研究。基于材料的独特性和考古背景的特殊性，以植物考古的理论和方法讨论长城驻军遗址的军事、生产和生活，为研究北京地区明代长城驻军的军粮结构、饮食习惯和生存境况等相关问题提供了非常重要的一手资料。

根据明代北京地区周边农业生产的实际状况，结合文献记载有关军粮的内容，可以认为浮选发现的粟、黍、稻和红小豆都是明代大庄科长城段驻军的军粮选择。小麦和水稻大规模的种植供给了明军军粮的大部分支出，助力了军粮的结构性调整。考虑到京师驻军多依赖于本地屯军所获，以及水稻种植在本地区的局限，大庄科长城遗址的军粮可能还是以小麦和粟等旱地作物为主。桃、杏、枣、花椒的发现展现出食物的多样性和可口度，采集果树等植物资源用以食用也应是驻军饮食不可缺少的一部分。值得一提的是，军粮的便易性、多元性和机动性潜移默化地影响到普通居民的日常餐饮，萌生出独具地方特色的饮食文化。

大庄科长城遗址的植物考古工作是助力长城遗址考古发掘、研究和展示的一次积极尝试。从植物考古学角度探讨军粮结构的变化和动因，军队饮食的特点和影响，为复原北京地区明长城沿线驻军的军旅生活提供了较为详细的材料，为长城遗址的修缮、保护和研究提供了科学的依据，为更深入的研究奠定了较好的基础。

注释

[1] 李严、尚筱玥、周雅琴：《明长城军事聚落地理景观模式》，《风景园林》2023年第30卷第2期，第97—104页；王佳音：《北京延庆地区明代军事体系及城堡遗存（上）》，《中国文化遗产》2018年第6期；陈喆、董明晋、戴俭：《北京地区长城沿线戍边城堡形态特征与保护策略探析》，《建筑学报》2008年第3期；李严、张玉坤、李哲：《长城并非线性——卫所制度下明长城军事聚落的层次体系研究》，《新建筑》2011年第3期。

[2] 王艺博、熊炜、马赫等：《大庄科长城研究性保护全周期数字化记录实践研究——基于档案学理论与文物数字化技术》，《北京建筑大学学报》2022年第5期；王珊珊：《北京延庆地区明长城城堡的保护与利用》，北京工业大学硕士专业学位论文，2017年。

[3] 杨顺波：《明代军制与军饷》，云南师范大学硕士学位论文，2005年；韦祖松：《明代边饷结构与南北转运制度》，《盐业史研究》2005年第2期。

[4] 王栋：《明代辽东军食供给体系研究》，复旦大学硕士学位论文，2014年；杨艳秋：《明代初期北边边粮供应制度探析》，《中州学刊》1999年第1期；田冰：《明成化至正德时期北方边粮供应的变化及其影响》，《郑州大学学报（哲学社会科学版）》2007年第5期；韦占彬：《明代边军仓储管理论略》，《河北师范大学学报（哲学社会科学版）》2007年第4期。

[5] 张金奎：《明代山西行都司卫所、军额、军饷考实》，《大同职业技术学院学报》2000年第3期；栾凡：《明后期辽东军人群体的生存状态研究——以粮饷为中心》，《东北史地》2012年第3期；张金奎：《明代卫所月粮制度浅论》，《明史研究论丛》（第七辑），紫禁城出版社，2007年；郭红：《明代卫所移民与地域文化的变迁》，《中国历史地理论丛》2018年第18卷第2辑。

[6] 刘佩：《明代军粮概论》，《农业考古》2021年第6期。

[7] 白瑶瑶：《试论明代谷仓罐及谷物随葬现象》，《农业考古》2017年第6期。

[8] 赵志军：《植物考古学：理论、方法和实践》，科学出版社，2010年，第50、51页。

[9] 尚珩、张志伟：《北京延庆大庄科长城3、4号敌台及边墙遗址考古发掘报告》，待出版。

[10] 李增高：《明代北京地区的农业》，《古今农业》2001年第2期。

[11] 万历《沧州志》卷3《田赋志》；嘉靖《河间府志》卷7《风土志》。

[12] 张岗：《明代北直隶地区的农业经济》，《河北学刊》1989年第1期。

[13] 嘉靖《隆庆志》卷之三《食货》。

[14] 曾梓琳：《浅析明代农业问题》，《今古文创》2022年第8期。

[15] 李秋芳：《明代华北平原小麦种植及其在粮食种植结构中的地位》，《兰州学刊》2014年第5期。

[16] 尹达、孙勐、王瑶等：《植食资源的获取与利用——以东古城街地点H7、H6出土植物遗存为例》，《北京文物与考古》（第9辑），北京出版社，2022年。

[17] 尹达、戚征：《北京大兴站上村金代村落遗址浮选结果与分析》，《北京文博文丛》，北京市文物局青年人才专项培养专刊，2023年。

[18] 李增高、李朝盈：《明代徐贞明与京畿地区的水利及稻作史话》，《北京农学院学报》2000年第4期。

[19] 韦占彬：《明代边军仓储管理论略》，《河北师范大学学报（哲学社会科学版）》2007年第4期。

[20] 刘佩：《明代军粮概论》，《农业考古》2021年第6期。

[21] （明）茅元仪：《武备志卷·卷九十七·战二·赍粮》，明天启元年（1621）刻清初莲溪草堂修补本，第300页。

[22] 曹晶瑞：《春节期间延庆首推"非遗宴"十大特色村庄将举办非遗体验活动》，《新京报》2023年1月7日。

[23] 彭世奖：《中国作物栽培简史》，中国农业出版社，2012年，第138页。

[24] 孙东虎：《北京近千年生态环境变迁研究》，北京燕山出版社，2007年，第146页。

[25] 尚珩、张志伟：《北京延庆大庄科长城3、4号敌台及边墙遗址考古发掘报告》，待出版。

昌平南口城、
上关城墩台遗址
考古发掘报告

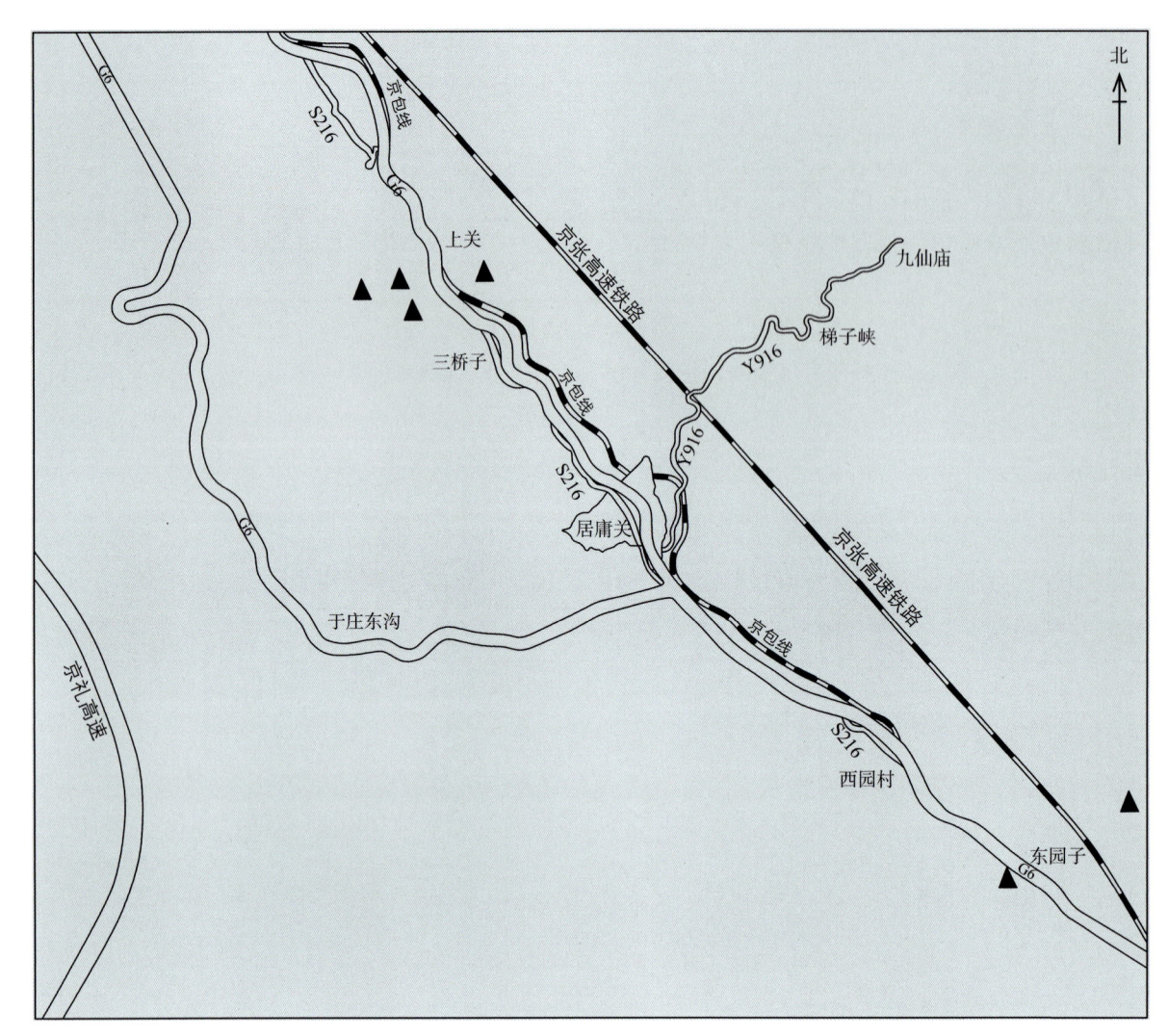

图一　昌平南口城、上关城发掘区位置示意图

南口城东、西山烽火台位于北京市昌平区南口村北,军都陉(关沟)南口山谷两侧的山顶上,属南口城防御体系的一部分;上关城1、2号烽火台2、3号敌台位于上关村南,上关关城东西两侧山脊上,属上关城防御体系的一部分。两者共同组成了军都陉(关沟)防御体系(图一)。

为了配合北京昌平南口城东、西山烽火台和上关城1、2号烽火台2、3号敌台保护项目,进一步明确长城建筑的基本形制和营造特点,为科学编制方案提供依据。经北京市文物局、国家文物局批准[考执字(2022)第(755)号],北京市考古研究院对北京昌平南口城东、西山烽火台和上关城1、2号烽火台2、3号敌台进行考古发掘工作。

本次发掘于2022年6月13日开始,至28日结束。发掘采用整体发掘与局部探沟发掘结合的方法。敌台顶部采取整体发掘。敌台底部四周开1.5米宽的探沟,以摸清敌台放脚和地基做法。本次发掘面积200平方米,现将发掘情况报告如下。

一、地层堆积

本次发掘的地层堆积分为敌台、烽火台底部四周堆积和顶部堆积，堆积多为倒塌堆积和风积。下面以上关城 2 号烽火台（2022CSF2）四周及顶部堆积为例进行描述：

2022CSF2 底部四周共有 2 层堆积：①层为浅灰土，土质较软，结构疏松，内含少量白灰颗粒、碎石，大量植物腐叶，该层分布于敌台四周，自西向东渐低呈坡状堆积；②层为灰土，土质较软，结构疏松，内含大量碎石块、白灰颗粒，该层分布于台基四周，自西向东渐低呈坡状堆积。堆积成因上①层为风积，②层为倒塌堆积。

2022CSF2 顶部共有 3 层堆积：①层为浅灰土，土质较软，结构疏松，内含少量白灰颗粒、碎石，大量植物腐叶，该层分布于石台基整个顶部，自四周向中部渐低呈凹镜状堆积；②层为灰土，土质较软，结构疏松，内含大量碎石块、白灰颗粒，该层分布于石台基整个顶部，自四周向中部渐低呈凹镜状堆积；③层为深灰土，土质较软，结构疏松，内含大量碎石块、少量白灰颗粒、大量板瓦残片，该层分布于石台基顶部沉降式石室内，自中部向四周渐低呈凸镜状堆积。堆积成因上①层为风积，②、③层为倒塌堆积。

二、长城建筑遗址

（一）上关城敌台、烽火台形制与结构

1. 上关城 1 号烽火台

上关城 1 号烽火台（2022CSF1）位于上关城西、南城墙交会处的山脊之上，实心敌台，方向 0º，整体呈覆斗状，平面呈长方形，剖面呈梯形，上小底大。敌台底阔南北长 8.16、东西宽 6.04 米，残高 4.26 米（图二一图一七）。烽火台东西与城墙相连（图一七），其中东侧城墙为砖石砌筑，西侧城墙为毛石垒砌。现存烽火台由台身、垛口墙两部分组成。

台身　呈覆"斗"状，平面呈长方形，底部南北通长 8.16、东西通宽 6.04 米，顶部南北通长 6.48、东西通宽 4.54—4.94 米，残高 2.34—3.8 米。

该台建于自然山体之上，依山势而建，整体西高东低。敌台北侧基础（地基部分）采用毛石进行简单的铺垫，以找平。地基平面之上采用毛石砌一周放脚石（图一八），其中四角采用较大的毛石，较低的地方用毛石砌数层且逐渐向上内收。

放脚石层之上，台身部分向内收分 0.16—0.4 米。台身采用毛石砌筑四壁，四角采用较大的毛石修砌，四壁则采用大小不等的毛石垒砌，白灰粘接、勾缝。北立面东部壁面上有一长方形架孔，宽 28、高 16 厘米，架孔距底部 2.1 米（图一九）。所用毛石经过简单修整，使其平

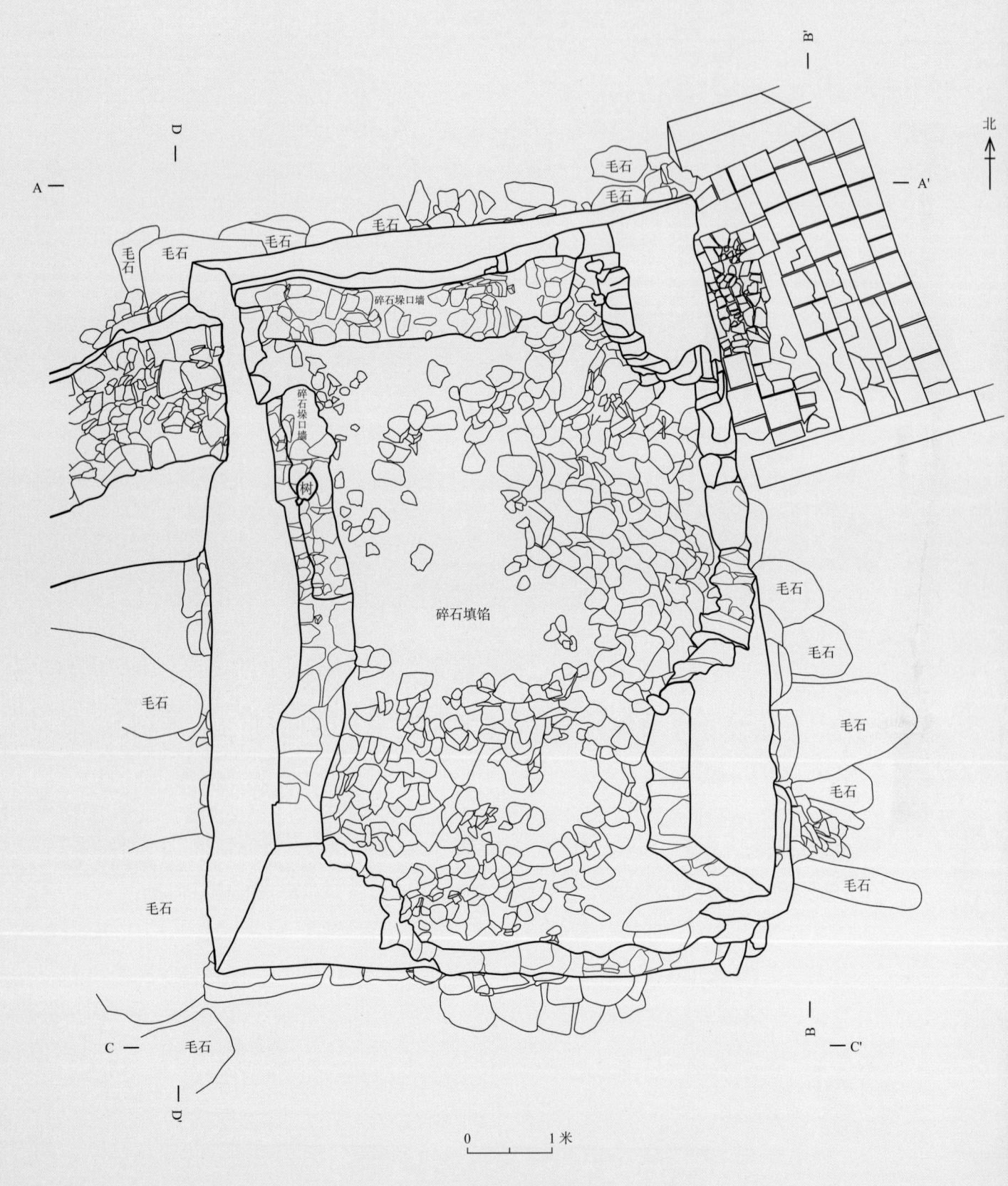

图二 上关城1号烽火台（2022CSF1）平面图

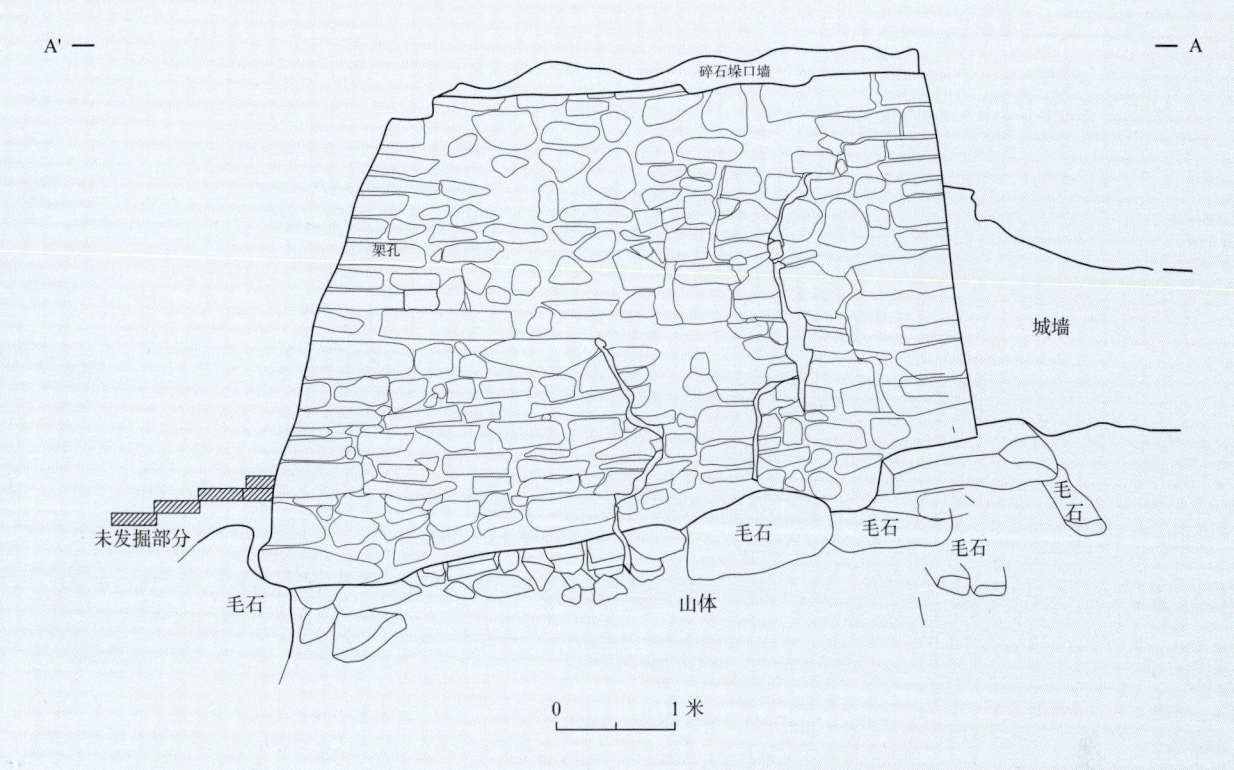

图三　上关城 1 号烽火台（2022CSF1）北侧正视图

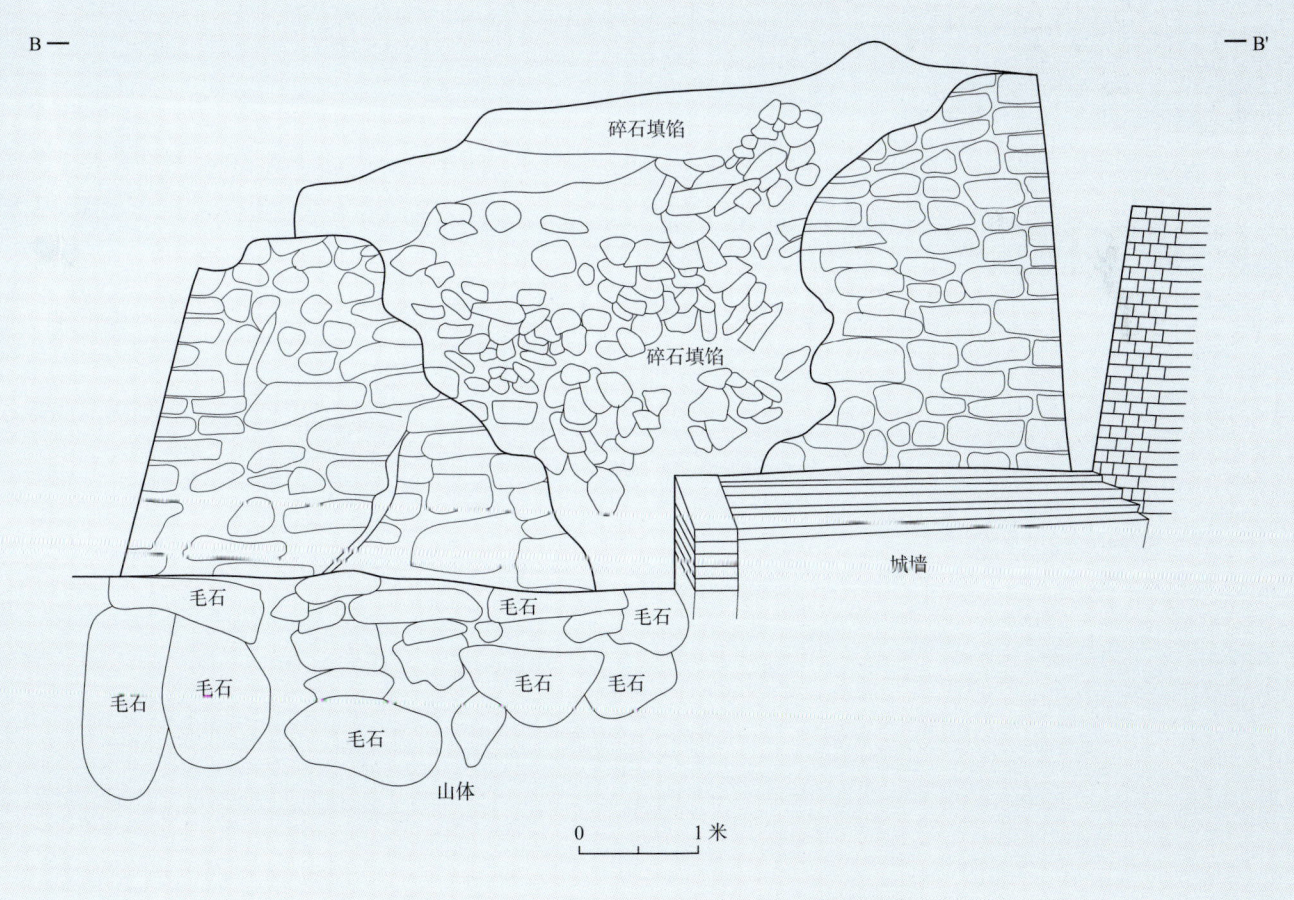

图四　上关城 1 号烽火台（2022CSF1）东侧正视图

昌平南口城、上关城墩台遗址考古发掘报告

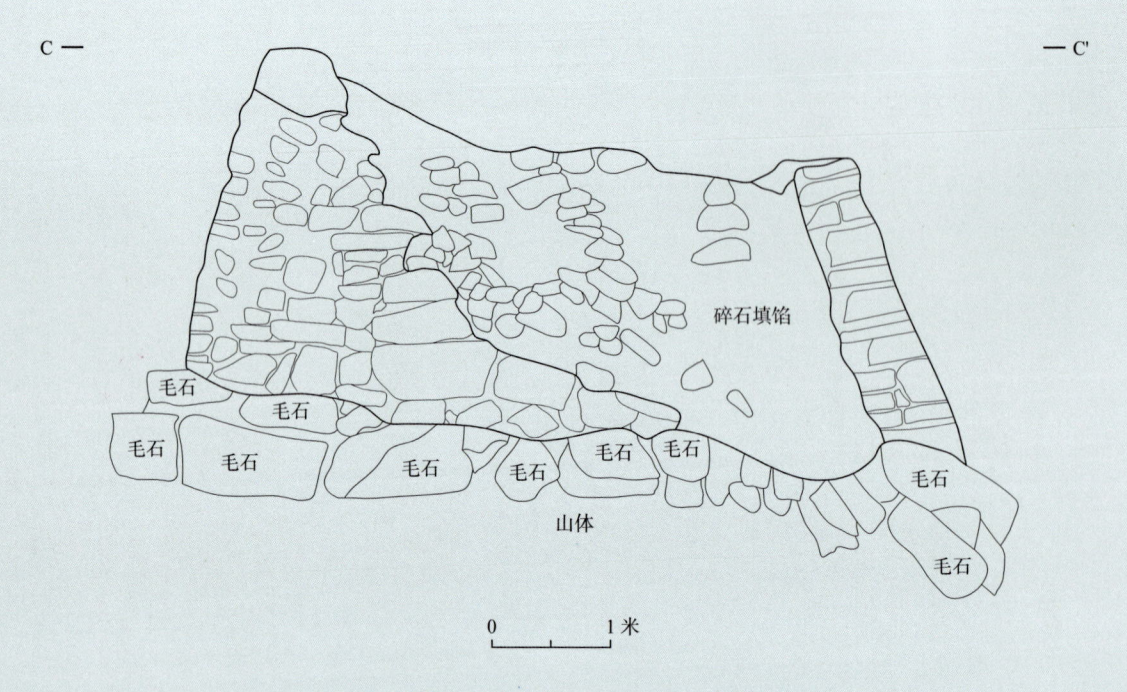

图五　上关城 1 号烽火台（2022CSF1）南侧正视图

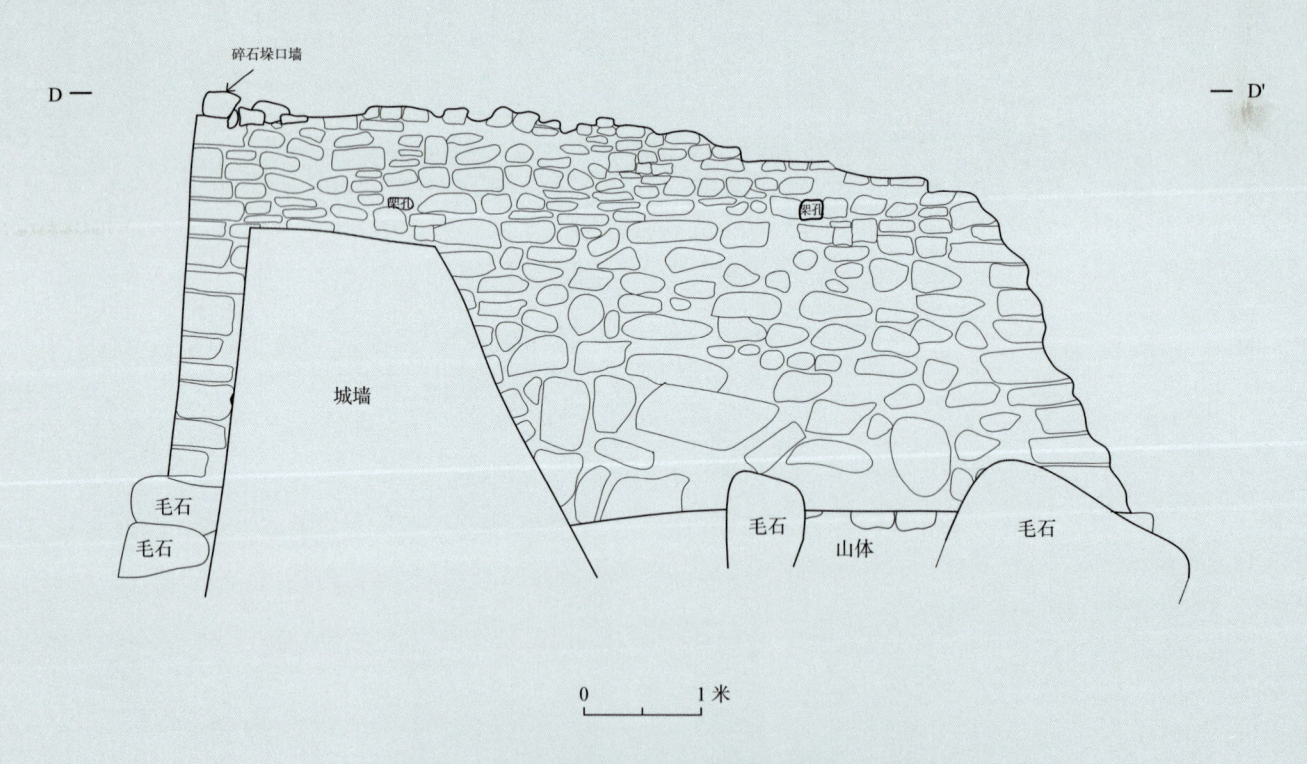

图六　上关城 1 号烽火台（2022CSF1）西侧正视图

图七　上关城 1 号烽火台（2022CSF1）发掘前（俯视）

图八　上关城1号烽火台（2022CSF1）发掘前（北—南）

图九　上关城1号烽火台（2022CSF1）发掘前（南—北）

图一〇　上关城1号烽火台（2022CSF1）发掘前（东—西）

图一一　上关城1号烽火台（2022CSF1）发掘前（西北—东南）

图一二 上关城1号烽火台（2022CSF1）发掘后（俯视）

图一三　上关城1号烽火台（2022CSF1）发掘后（东北—西南）

图一四　上关城1号烽火台（2022CSF1）发掘后（东南—西北）

图一五　上关城1号烽火台（2022CSF1）发掘后（西立面）

图一六　上关城1号烽火台（2022CSF1）发掘后（西北—东南）

图一七　上关城 1 号烽火台（2022CSF1）发掘后（敌台和墙体结合处）

图一八　上关城 1 号烽火台（2022CSF1）发掘后（北侧放脚）

图一九　上关城 1 号烽火台（2022CSF1）发掘后（壁面上的支架孔）

昌平南口城、上关城墩台遗址考古发掘报告

图二〇 上关城1号烽火台（2022CSF1）发掘后（顶部垛口墙）

整。毛石规格长54—144、宽54—68、厚64—154厘米。台身内填馅采用石片和土混筑。

台身顶部破坏严重，未见房屋建筑痕迹，但四周的倒塌堆积中出土大量板瓦残片，但并未发现筒瓦，推测敌台顶部应建有铺房，铺房顶部用板瓦覆盖。

垛口墙 位于台身顶部四周边缘，自顶部向内收0.08—0.2米。垛口墙采用碎石垒砌，碎石之间用白灰粘接。整体保存较差，北侧垛口墙东西残长3.78、宽0.6—0.72、残高0.38米，西侧垛口墙南北残长2.46、宽0.4—0.58、残高0.2米（图二〇）。

2. 上关城2号烽火台

上关城2号烽火台（2022CSF2）位于2022CSF1西南方山顶上，居高临下，俯控四野。烽火台整体呈覆"斗"状，方向77º，平面呈梯形，剖面呈梯形，上小底大，底阔东西长11.2—11.44、南北宽7.26—9.14米，东部较宽。高5.68—8.54米。现存烽火台由台身、垛口墙和铺房三部分组成（图二一—图三五）。

台身 呈覆"斗"状，平面呈长方形，底部东西通长11.2—11.44、南北通宽7.26—9.14米，顶部东西通长9.7、南北通宽5.9—6.5米，东部较宽。垛口墙内部东西长8.16、南北宽4.28—4.78米（东部较宽），总高5.76—8.24米。

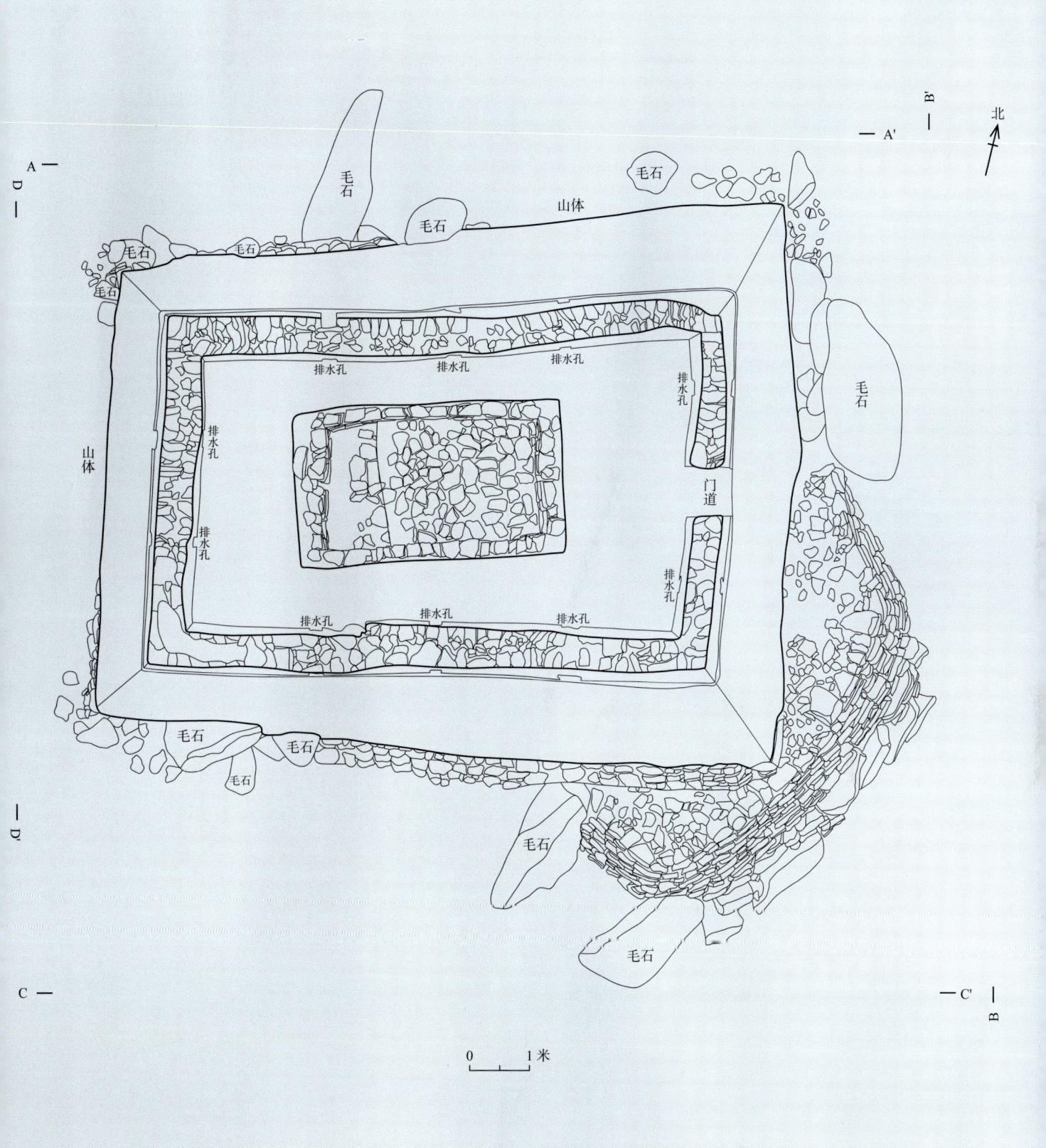

图二一 上关城 2 号烽火台（2022CSF2）平面图

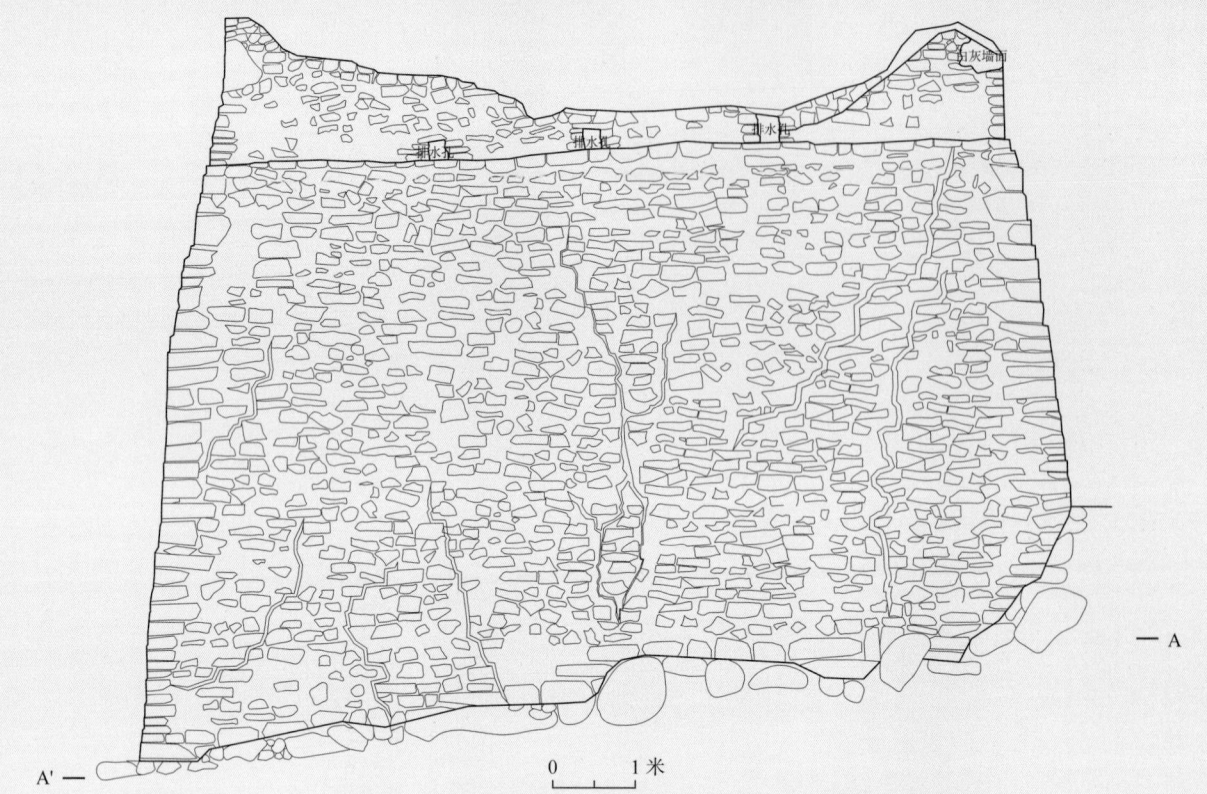

图二二 上关城 2 号烽火台（2022CSF2）北侧正视图

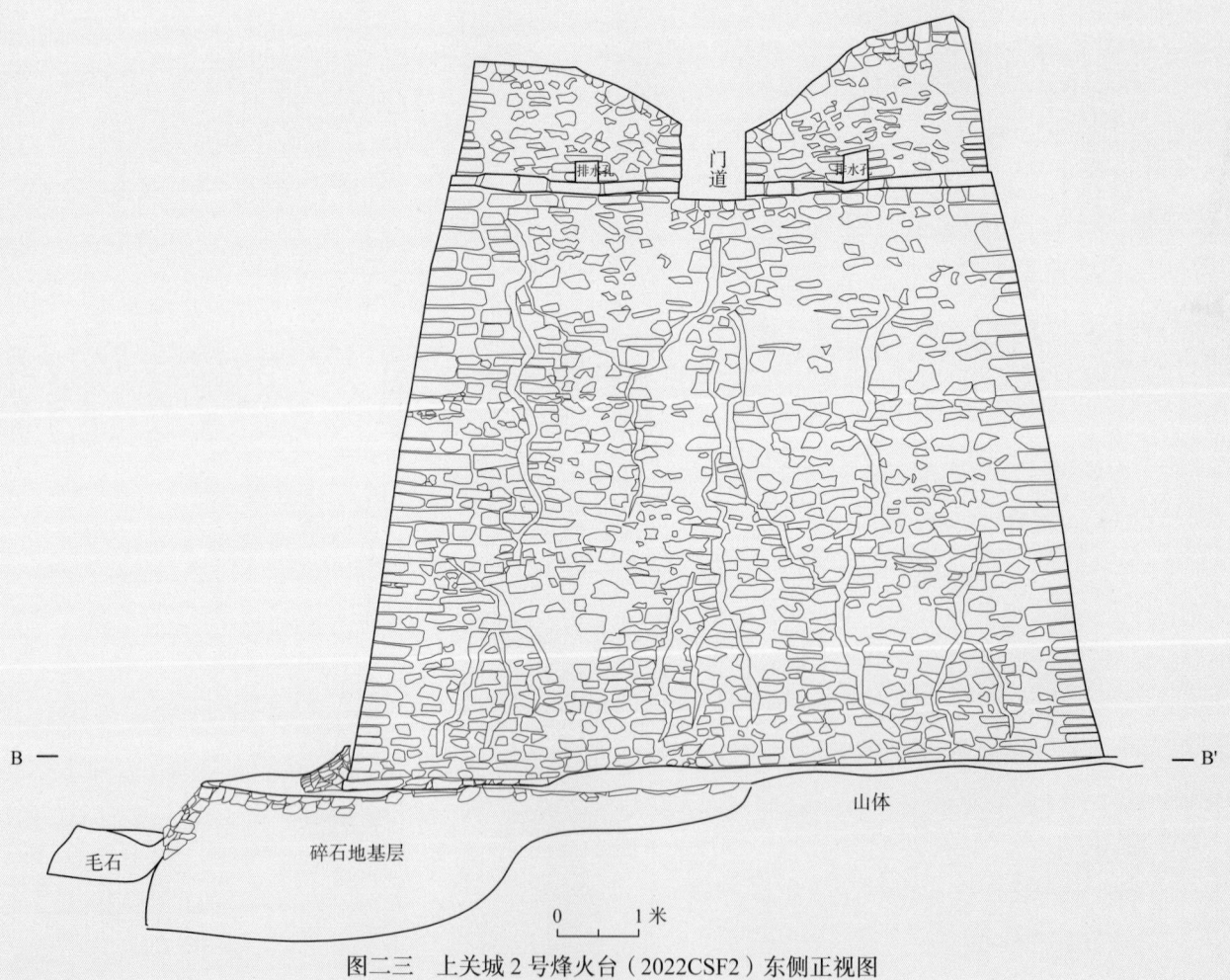

图二三 上关城 2 号烽火台（2022CSF2）东侧正视图

266　北京长城考古（一）

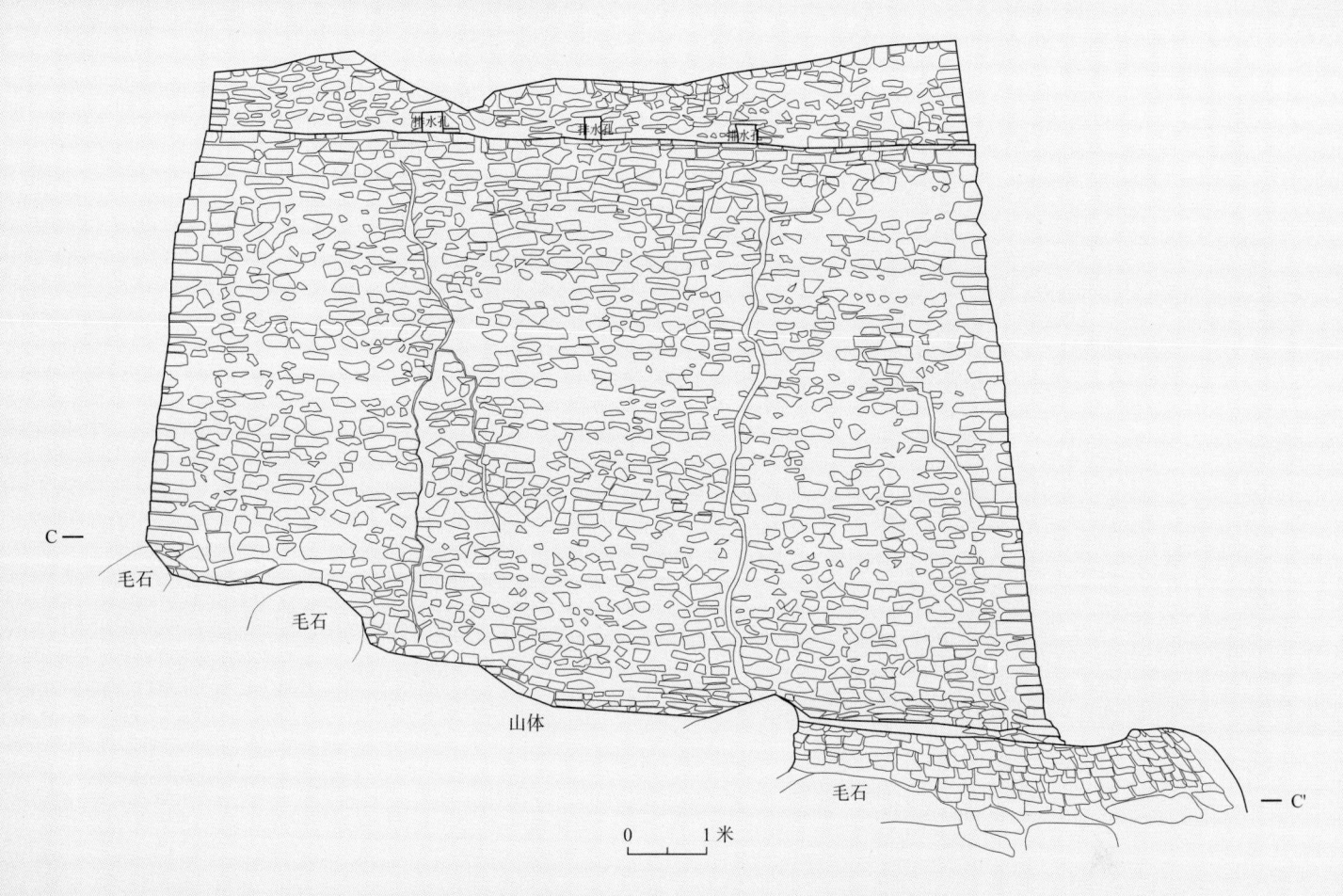

图二四 上关城 2 号烽火台（2022CSF2）南侧正视图

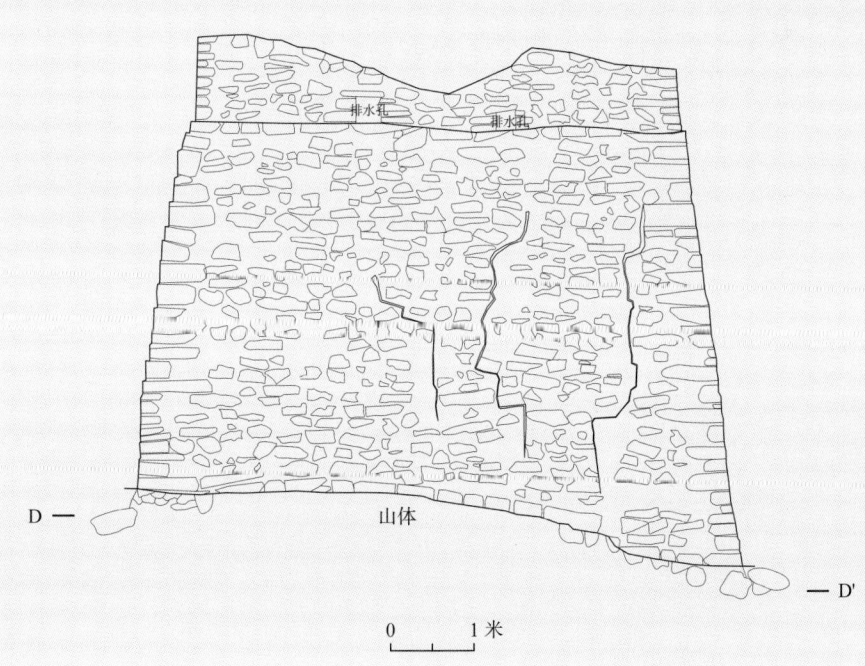

图二五 上关城 2 号烽火台（2022CSF2）西侧正视图

昌平南口城、上关城墩台遗址考古发掘报告

图二六　上关城 2 号烽火台（2022CSF2）发掘前（顶部）

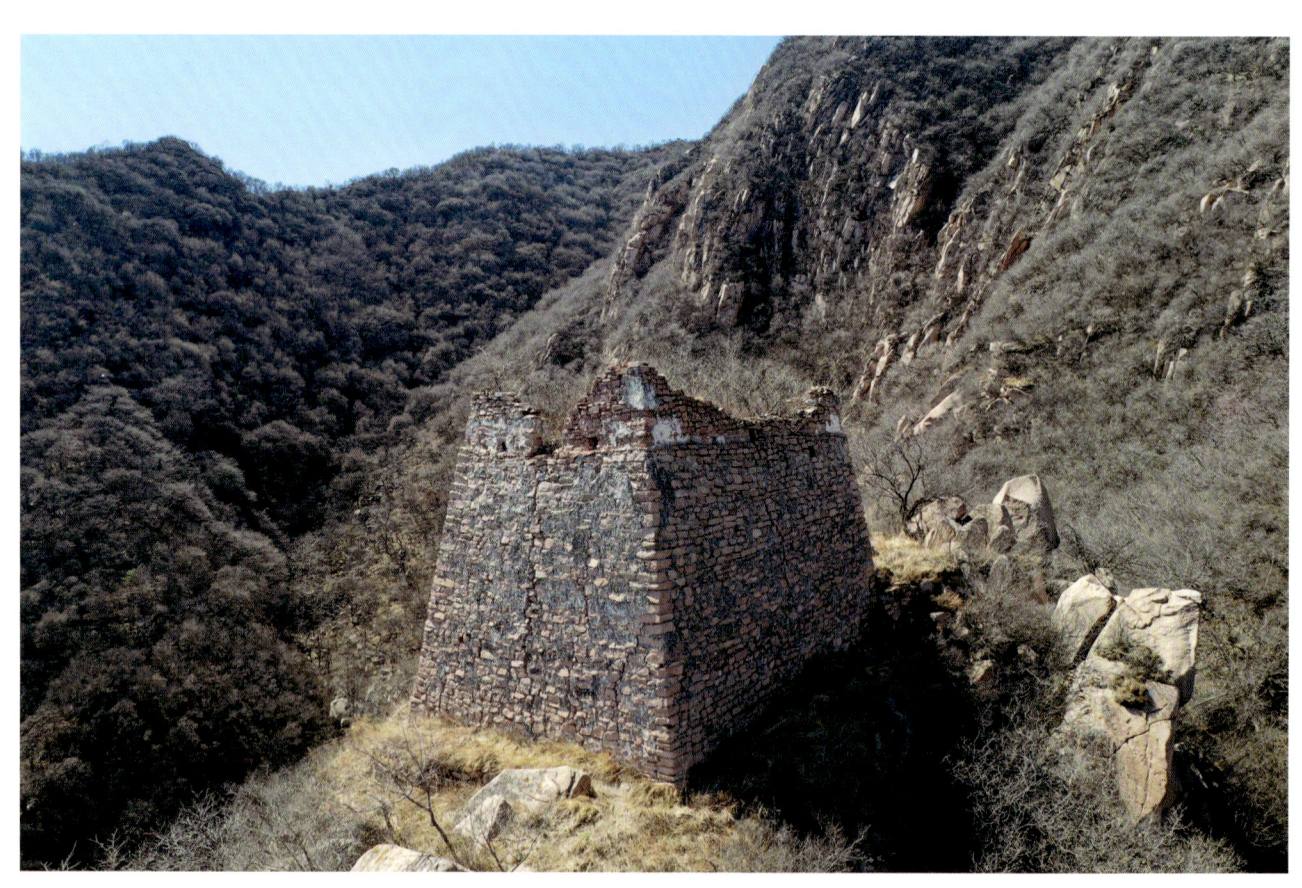

图二七　上关城 2 号烽火台（2022CSF2）发掘前（东北—西南）

图二八　上关城 2 号烽火台（2022CSF2）发掘前（东南—西北）

图二九　上关城 2 号烽火台（2022CSF2）发掘前（西南—东北）

图三〇 上关城 2 号烽火台（2022CSF2）发掘前（西北—东南）

图三一 上关城 2 号烽火台（2022CSF2）发掘后（顶部俯视）

图三二　上关城 2 号烽火台（2022CSF2）发掘后（东北—西南）

图三三　上关城 2 号烽火台（2022CSF2）发掘后（东南—西北）

图三四　上关城 2 号烽火台（2022CSF2）发掘后（西南—东北）

图三五　上关城 2 号烽火台（2022CSF2）发掘后（西北—东南）

该台建于自然山体之上，营建前对山体进行修治。因东南角地势最低，故采用毛石和石片垒砌数层放脚，向上逐渐内收，砌至与东北角修整后的山体处于同一平面。台身底部砌一周放脚石（图三六），多为毛石，台身下部四角采用较大的毛石垒砌，四个立面采用碎石、石片砌筑，白灰粘接，碎石间较大的缝隙用碎石片填缝。所用碎石经过简单修整，使其平整。所用毛石长0.74—3、宽0.48—1.3、厚0.58—1.26米。台基内部用石片和少量土填馅。东立面南部有一长方形孔，孔宽0.24米，高0.19米，架孔距底部2.38米（图三七）。

垛口墙　建于台顶四周，自边缘向内收0.04—0.1米处用碎石垒砌垛口墙，垛口墙东西长9.58、南北宽5.8—6.42米（东部较宽），底宽0.34—0.56米，残高0.3—1.7米。墙体用碎石及石片砌筑，白灰粘接。垛口墙内侧墙面局部残留有白灰面（图三八）。

东侧垛口墙中部设门，门道宽0.76、残高0.86米（图三九）。南、北侧垛口墙底部均设三个排水孔，方形，宽18—27、高24—34厘米，排水孔间距1.6—1.8米（图四〇、图四一）。东、西侧垛口墙底部均设两个排水孔，方形，宽26—30、高24—32厘米，西侧排水孔间距1.46米，东侧排水孔间距3米。

铺房　位于台顶中央，沉降式，平面呈长方形，土圹东西长4.48、南北宽2.56米，屋内地面低于台顶地面0.68—0.96米（图四二）。屋内四壁用毛石、碎石错缝叠砌墙体，东西长3.42、南北宽1.86、残高0.7米，墙体宽0.24—0.32米。底部平铺一层片石。铺房内堆积大量板瓦残片，但未发现筒瓦。

3. 上关城2号敌台

上关城2号敌台（2022CSD2）位于上关城东墙上，整体呈覆斗状，方向39º，平面呈长方形，剖面呈梯形。上小底大。敌台底部东西长10.62、南北宽8.54米，残高1.44—5.92米。现存敌台由台身、垛口墙组成（图四三—图五六）。

图三六　上关城2号烽火台（2022CSF2）发掘后（放脚）

图三七　上关城 2 号烽火台（2022CSF2）发掘前（椽孔）

图三八　上关城 2 号烽火台（2022CSF2）发掘后（顶部垛口墙白灰面）

图三九　上关城 2 号烽火台（2022CSF2）发掘后（台门）

图四〇　上关城 2 号烽火台（2022CSF2）发掘后（顶部垛口墙和排水口）

图四一　上关城 2 号烽火台（2022CSF2）发掘后（顶部排水口）

图四二　上关城 2 号烽火台（2022CSF2）发掘后（铺房）

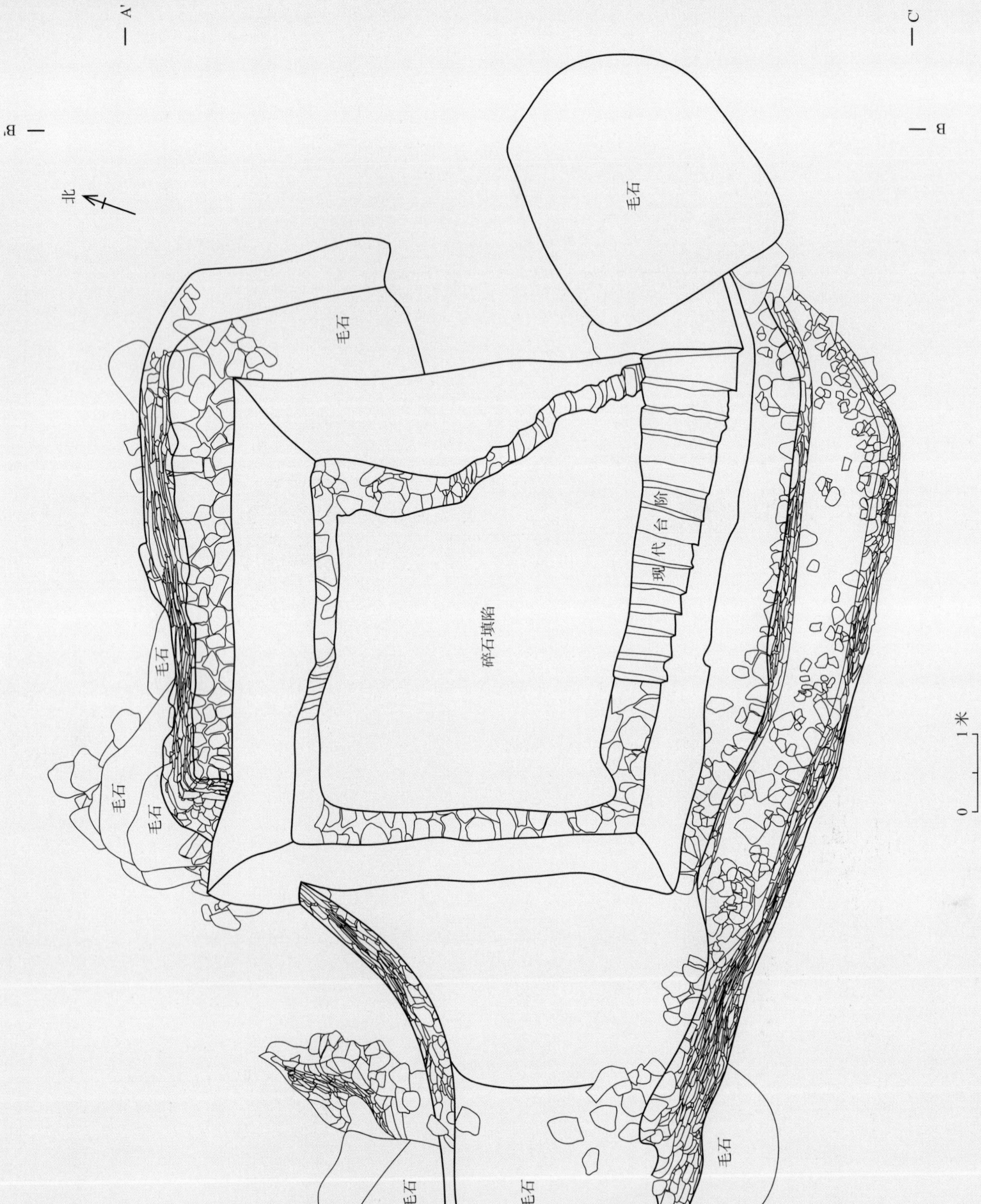

图四三 上关城 2 号敌台（2022CSD2）平面图

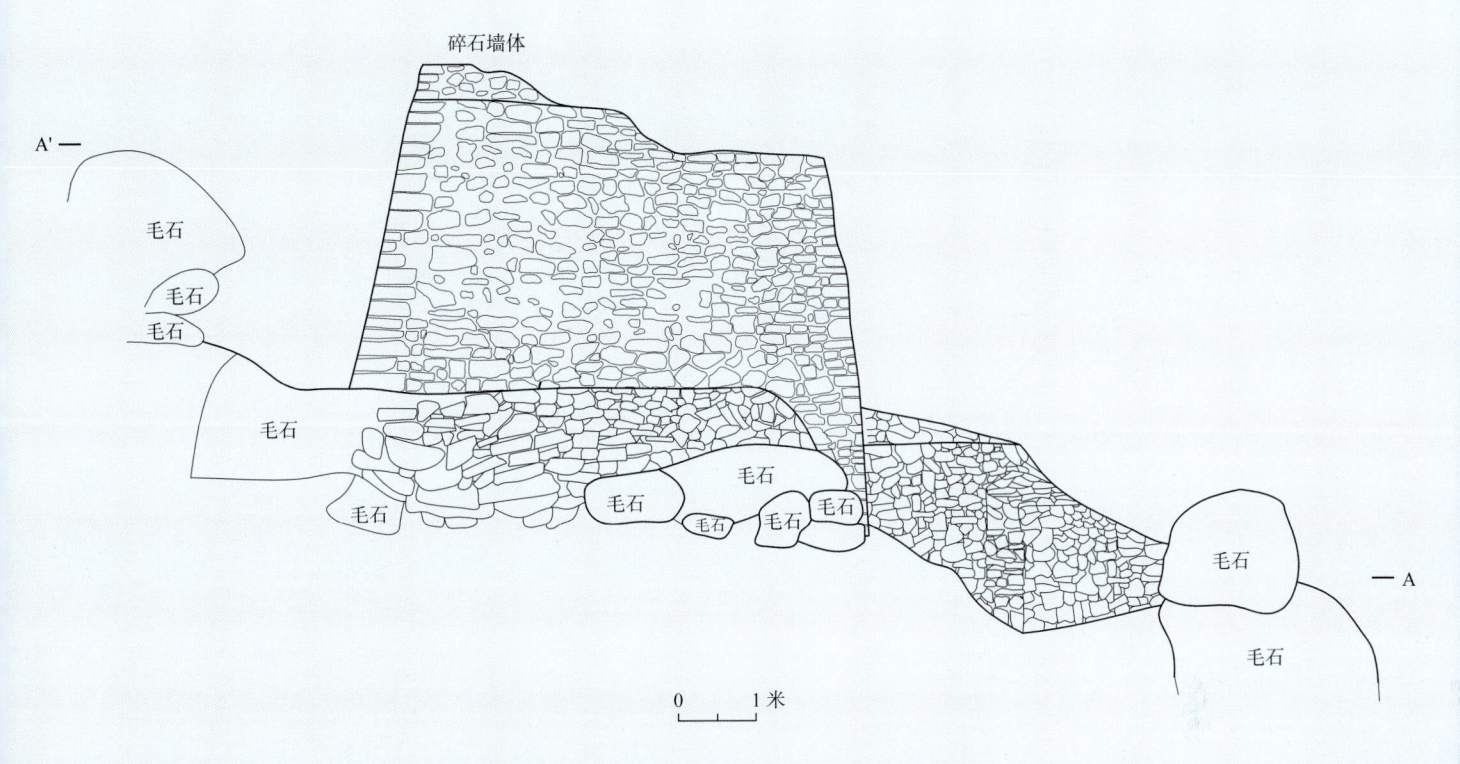

图四四　上关城2号敌台（2022CSD2）北侧视图

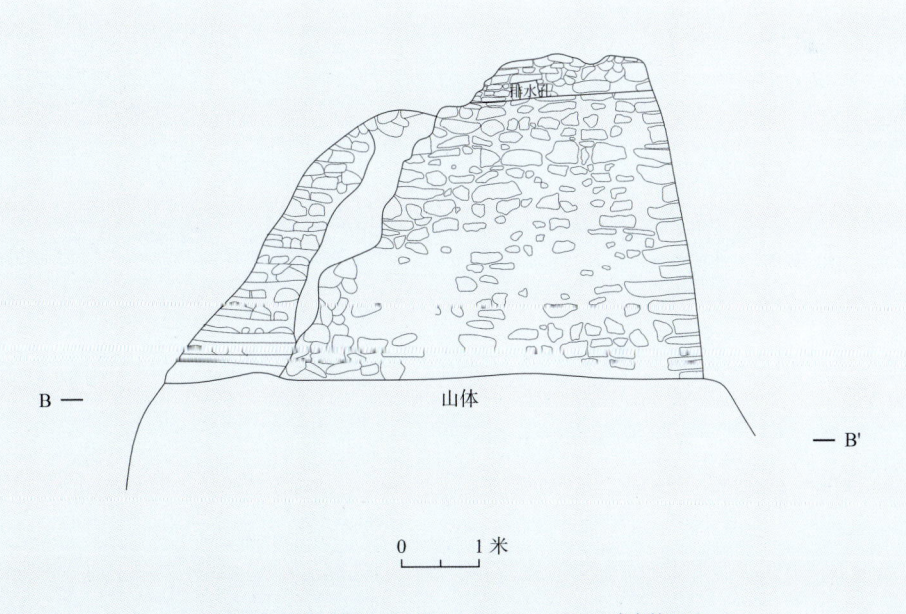

图四五　上关城2号敌台（2022CSD2）东侧视图

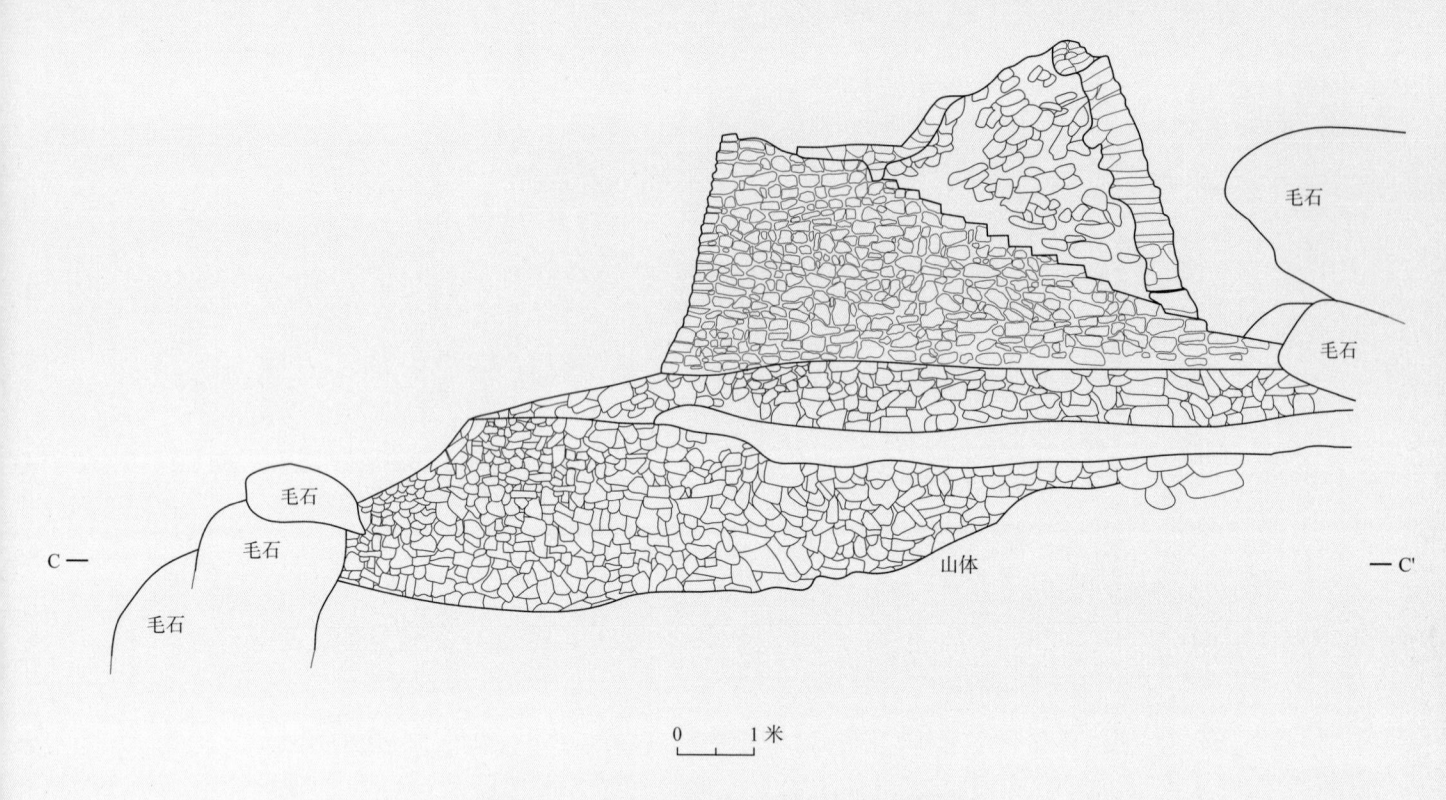

图四六　上关城 2 号敌台（2022CSD2）南侧视图

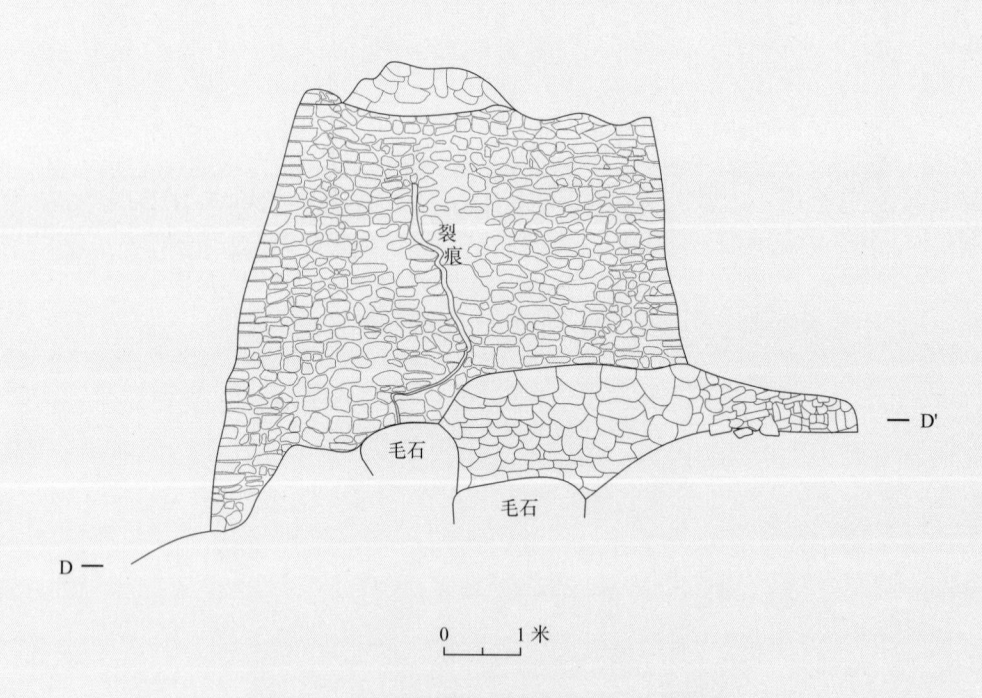

图四七　上关城 2 号敌台（2022CSD2）西侧视图

图四八　上关城 2 号敌台（2022CSD2）发掘前（俯视）

图四九　上关城 2 号敌台（2022CSD2）发掘前（东北—西南）

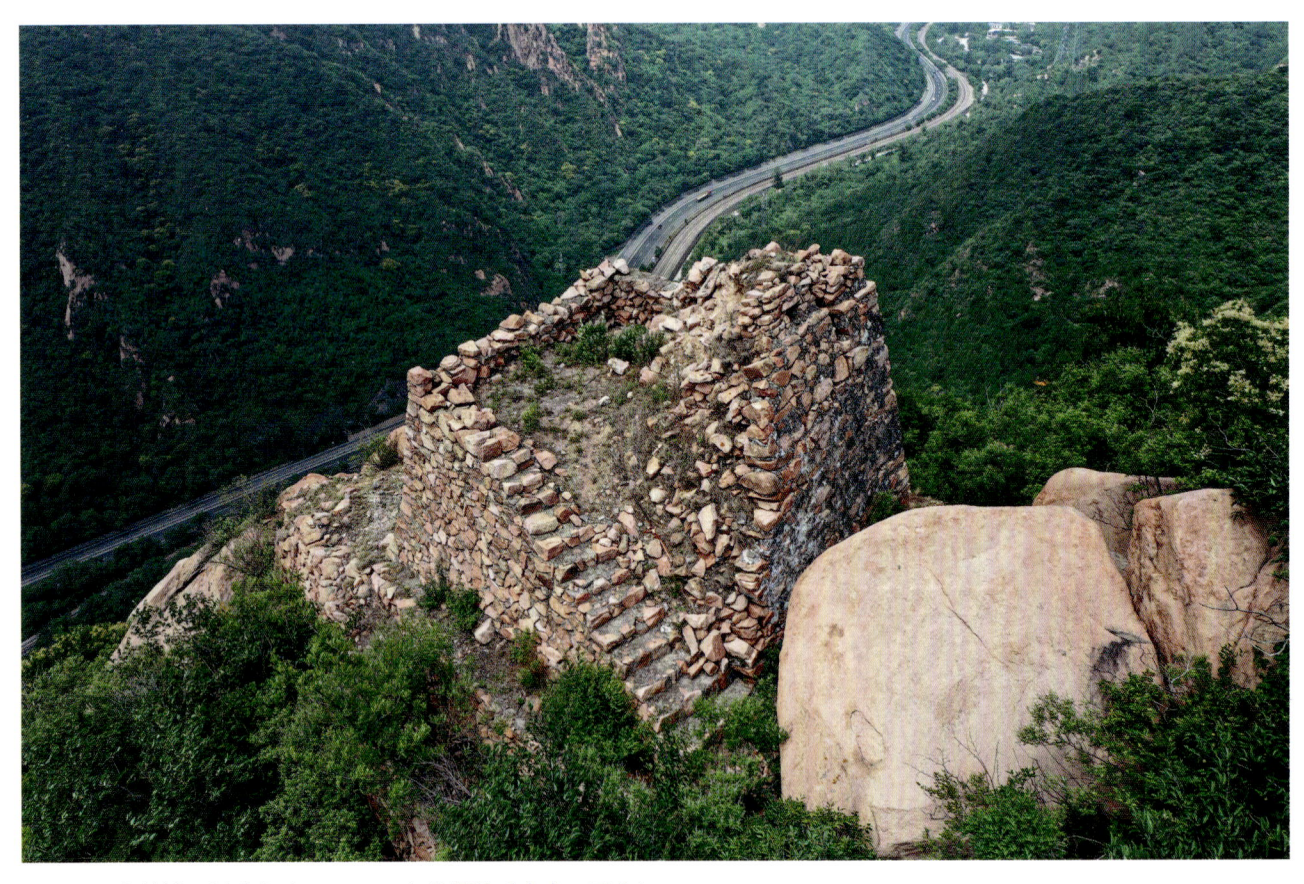

图五〇　上关城 2 号敌台（2022CSD2）发掘前（东南—西北）

图五一　上关城 2 号敌台（2022CSD2）发掘前（西南—东北）

图五二　上关城 2 号敌台（2022CSD2）发掘前（西北—东南）

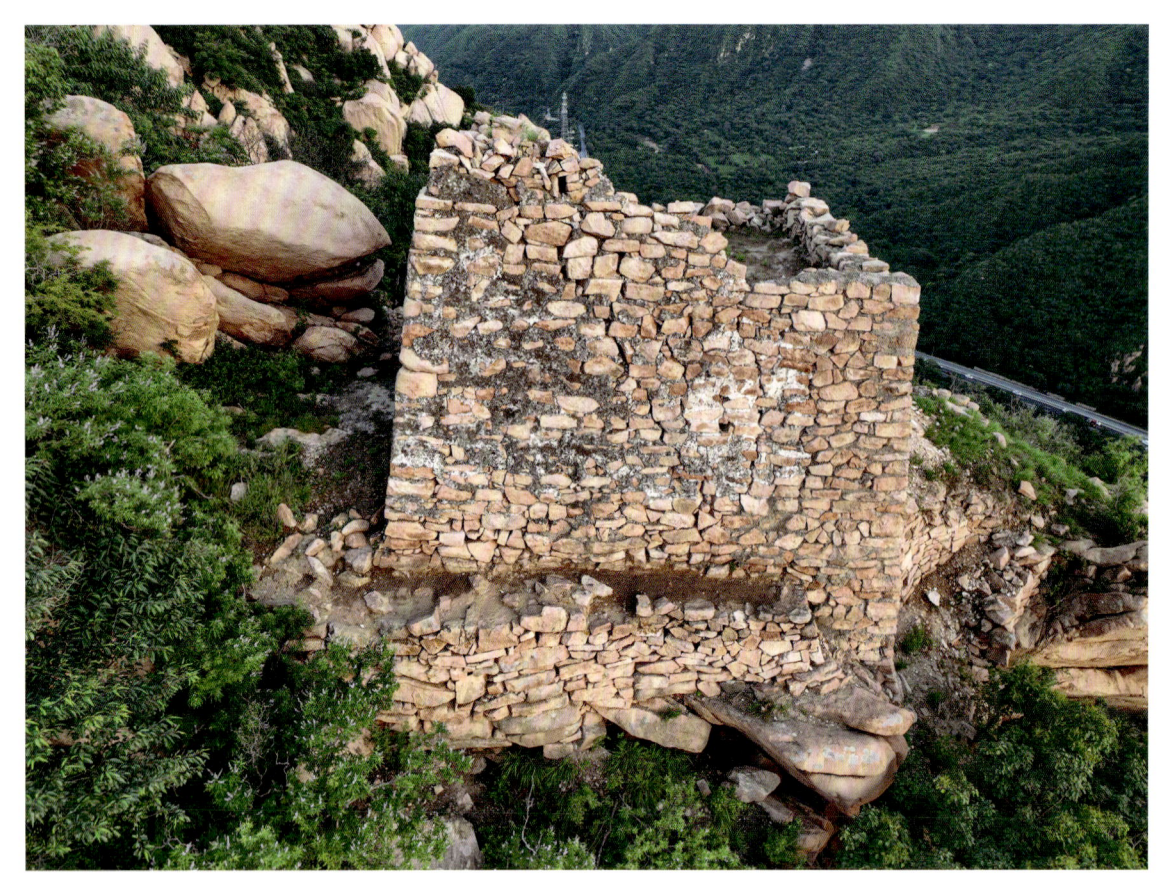

图五三 上关城 2 号敌台（2022CSD2）发掘后（北—南）

图五四 上关城 2 号敌台（2022CSD2）发掘后（东—西）

图五五　上关城 2 号敌台（2022CSD2）发掘后（西—东）

图五六　上关城 2 号敌台（2022CSD2）发掘后（西北—东南）

台身　平面呈长方形，覆斗状，敌台底部东西长10.6、南北宽8.5米。顶部已坍塌，仅存西南角，东西残长1.14、南北残长3.74米。残高1.44—5.66米。顶部有一层白灰面。

该敌台建于自然山体之上，修建前对山体进行修治。地基以体量较大的自然山石为基础，采用毛石砌筑一平台，东高西低，作为台基。台基上砌筑台身。台身四角采用较大的毛石砌筑，四壁壁面用碎石、石片砌筑，白灰粘接，毛石间较大的缝隙用碎石片支垫。所用毛石经过简单修整，使其平整。毛石规格长0.66—1.28、宽0.48—1.3、厚0.16—0.9米。台体内部用石片和少量土填馅。东立面的南部留有一孔，长方形，宽0.24、高0.19米，孔距底部高2.38米。

垛口墙　建于台顶四周，自边缘向内收0.16—0.22米处采用碎石垒砌垛口墙。垛口墙大部分已坍塌，仅存西南角，东西残长2.84、宽0.74、残高0.42米。墙体用碎石及石片砌筑，白灰粘接。垛口墙内侧墙面局部残留有白灰面。垛口墙底部尚存一排水孔，宽0.22、高0.36米。

敌台四周倒塌堆积中有大量板瓦残片，未见筒瓦，推断敌台顶部应建有铺房，铺房顶部覆盖板瓦。

4. 上关城3号敌台

上关城3号敌台（2022CSD3）位于2022CSF1南侧山脊之上。整体呈覆斗状，方向78º，平面呈方形，剖面呈梯形。上小底大。敌台底部南北长6.62、东西宽6.16、残高3—4.12米。现存部分台身（图五七—图六五）。

台身　平面呈长方形，覆斗状，敌台底部南北长6.62、东西宽6.16米，顶部南北长4.58、东西宽4.94米，残高3—4.12米。

该敌台建于自然山体之上，修建前对山体进行修治。较低的地方用毛石垒砌并向上逐渐内收，使之平整。敌台南部有两层放脚，均用碎石叠砌而成。台身底部砌一周放脚石，多为毛石，台身下部四角采用较大的毛石垒砌，壁面采用碎石、石片垒砌，白灰粘接，碎石间较大的缝隙用碎石片填缝。敌台南、北壁面坍塌严重。所用毛石经过简单修整，使其平整。毛石规格长1.38—3.4、宽1.08—3.0、厚1.72—2.6米。台基内部用毛石和少量土填馅。

台身四周的倒塌堆积中出土大量板瓦残片，未发现筒瓦，推断敌台顶部应建有铺房，房顶用板瓦覆盖。

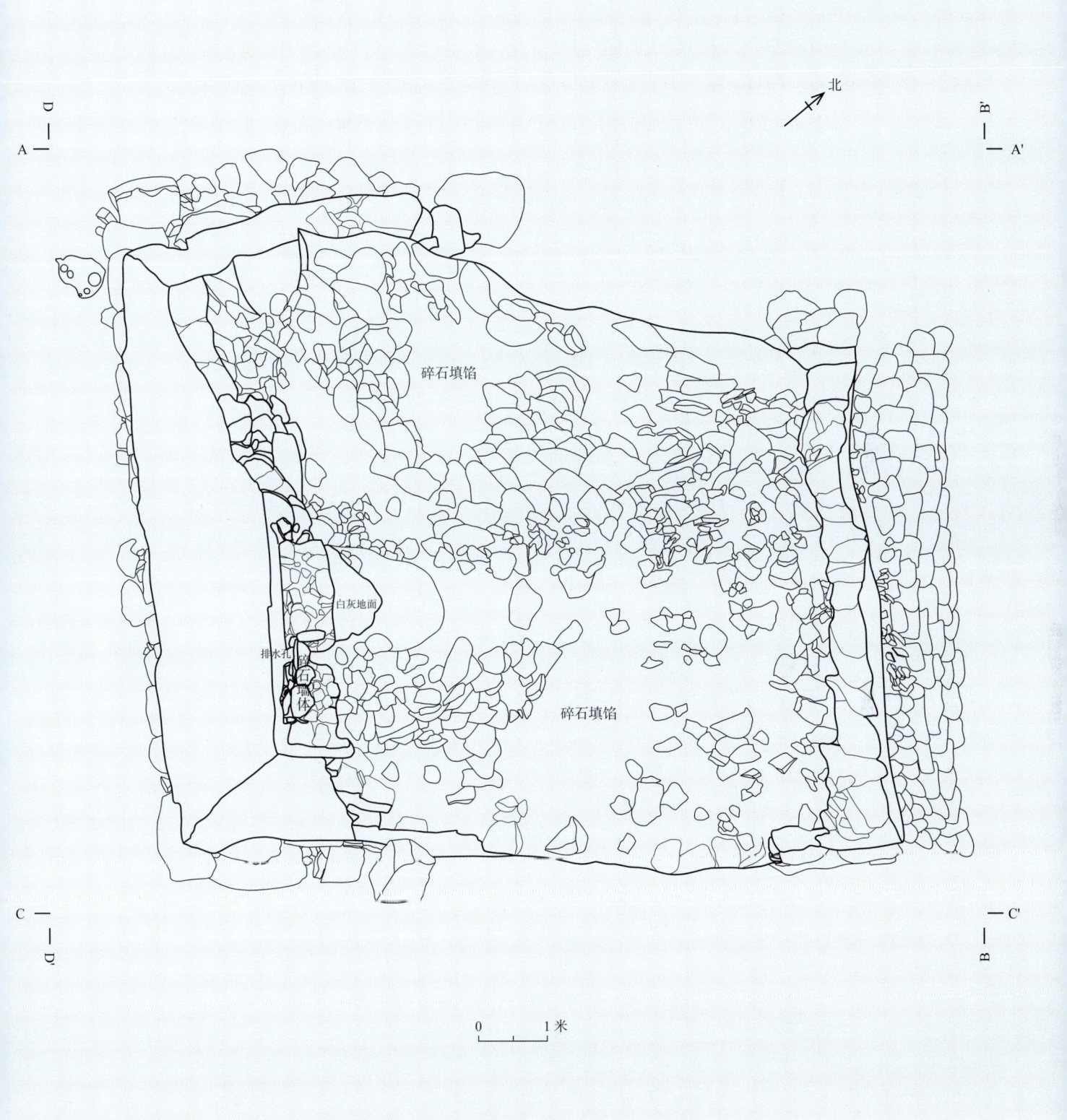

图五七　上关城 3 号敌台（2022CSD3）平面图

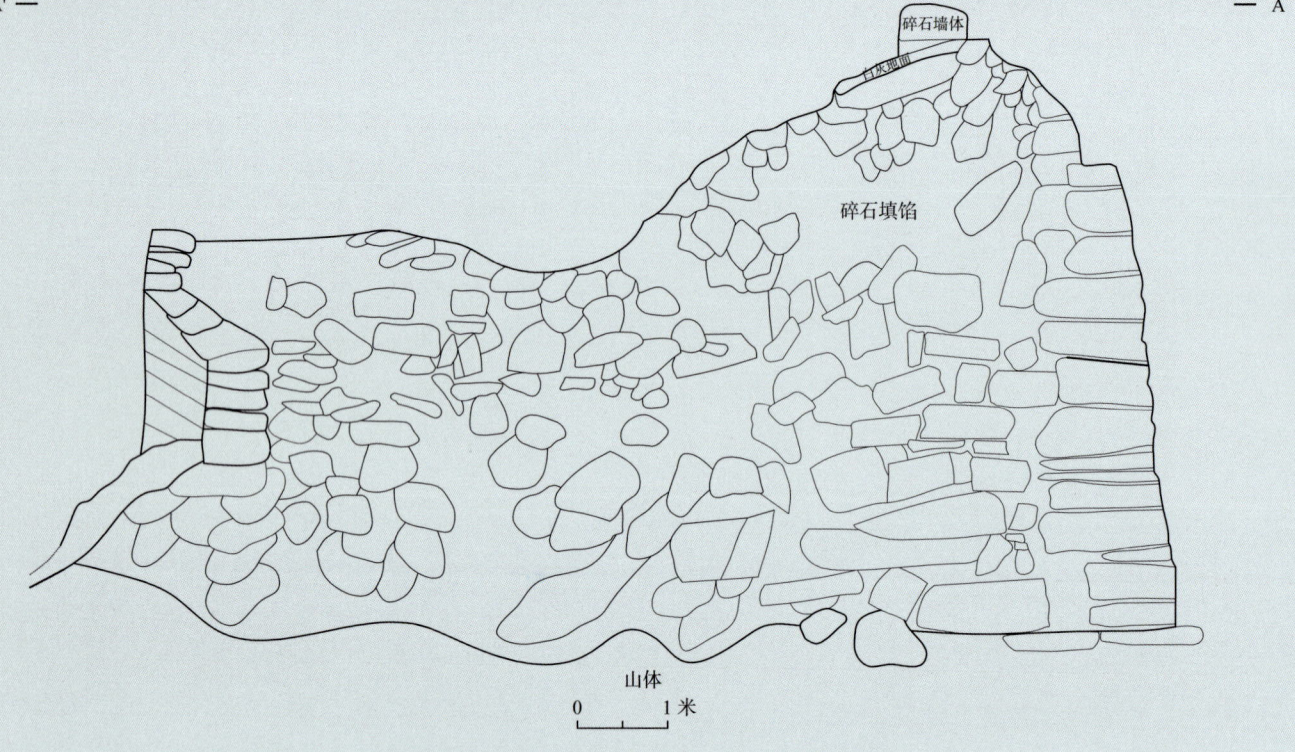

图五八　上关城 3 号敌台（2022CSD3）北侧正视图

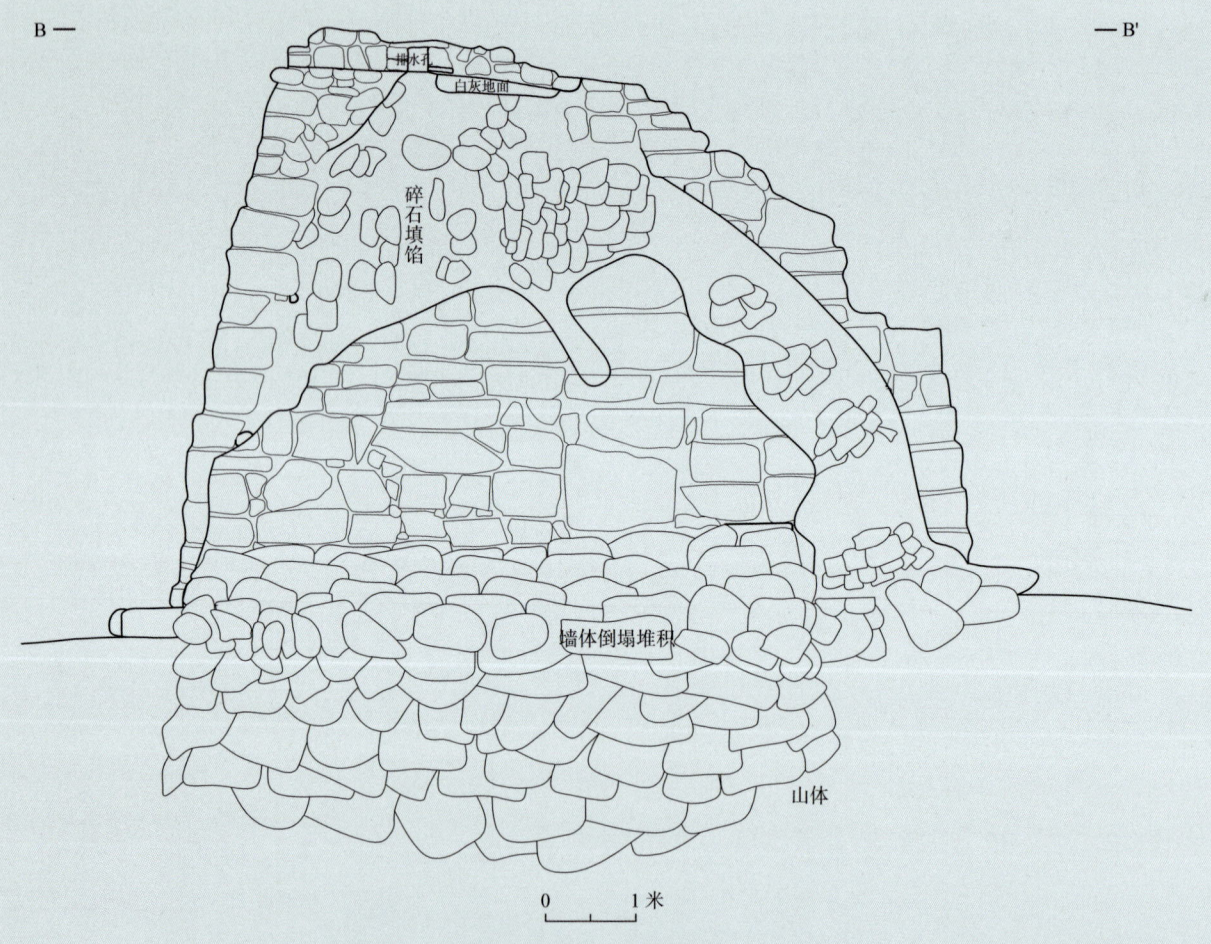

图五九　上关城 3 号敌台（2022CSD3）东侧正视图

288　北京长城考古（一）

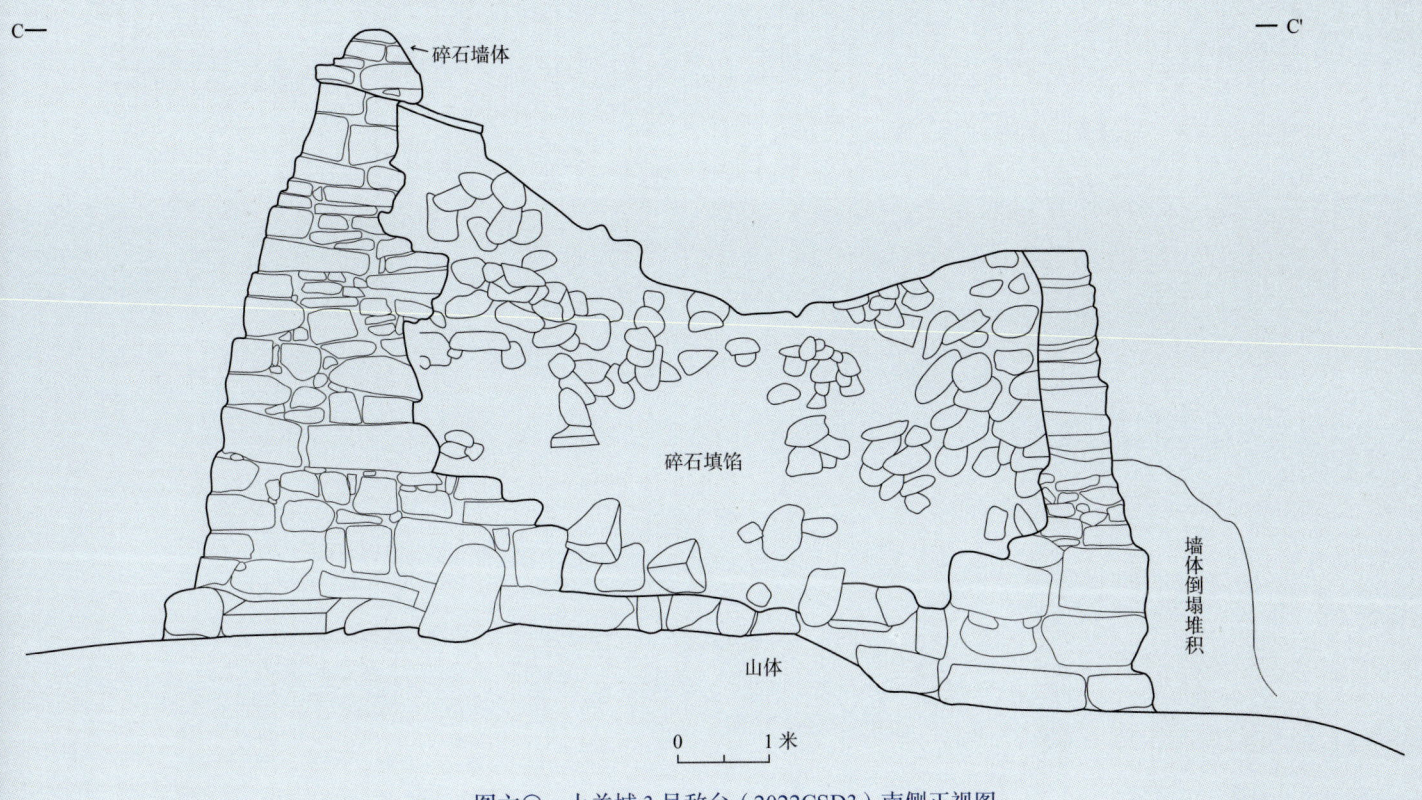

图六〇 上关城 3 号敌台（2022CSD3）南侧正视图

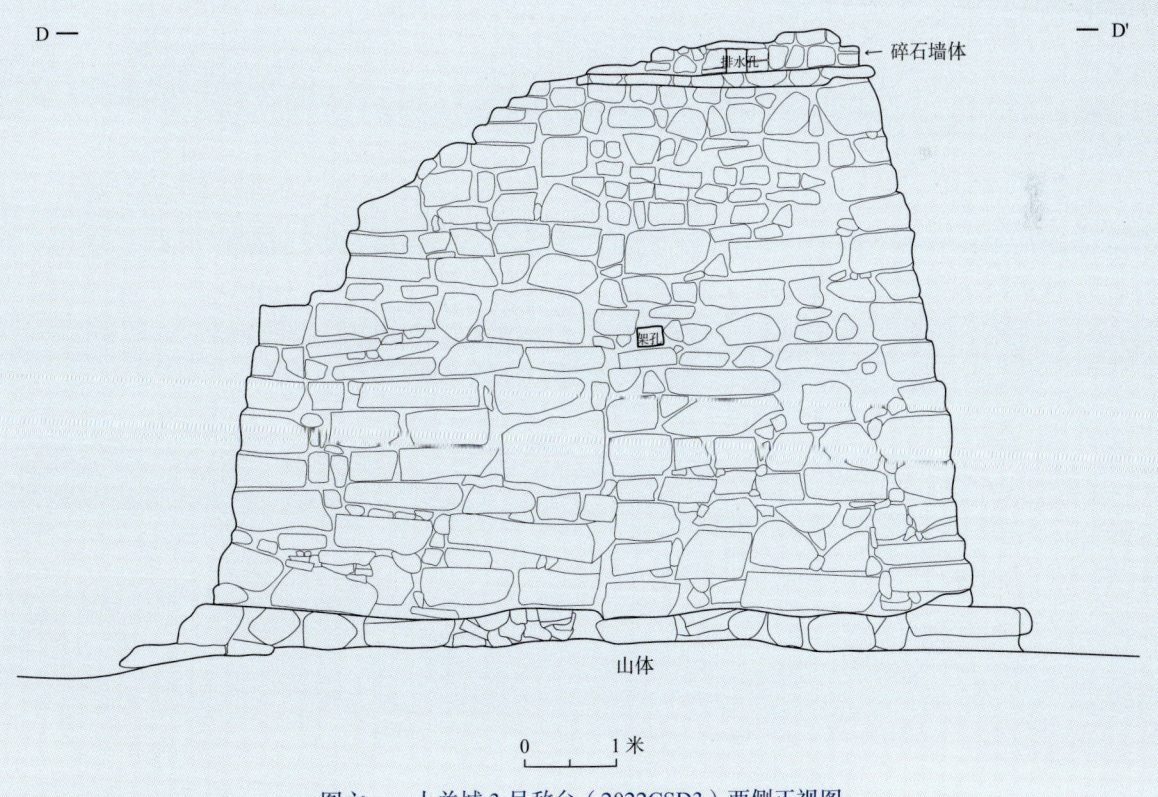

图六一 上关城 3 号敌台（2022CSD3）西侧正视图

昌平南口城、上关城墩台遗址考古发掘报告

图六二　上关城 3 号敌台（2022CSD3）发掘后（俯视）

图六三　上关城 3 号敌台（2022CSD3）发掘后（北—南）

图六四　上关城 3 号敌台（2022CSD3）发掘后（东北—西南）

图六五　上关城3号敌台（2022CSD3）发掘后（东南—西北）

（二）南口城烽火台形制与结构

1. 南口城东山烽火台

南口城东山烽火台（2022CNF1）位于南口山口东侧山顶，北临悬崖。烽火台整体呈覆斗状，方向357°，平面呈正方形，剖面呈梯形，上小底大，底部南北长11.3、东西宽11.22米，残高8.66—14.44米（图六六—图七八）。

台身　呈覆斗状，平面呈长方形，底部南北长11.3、东西宽11.22米，顶部南北残长4.58、东西残宽4.94米，残高8.18—13.72米。

敌台建于自然山体之上，修建前对山体进行修治。台身底部砌一周放脚石，多为毛石，其中四角采用较大的毛石，西南角较低处用毛石砌放脚数层向上逐渐内收。放脚石之上，采用毛石砌筑台身四壁，其中台身四角采用较大的毛石修砌，四壁则用片石叠砌，台身四角上下两层条石采用错缝叠砌，基座四角相邻的上、下碎石一横、一顺，叠压向上，毛石间用白灰粘接，较大的缝隙用碎石片填缝。所用毛石经过简单修整，使其平整。所用毛石规格长0.44—1.1、宽0.38—0.6、厚0.17—0.42米。台基内部用石片和白灰填馅，先

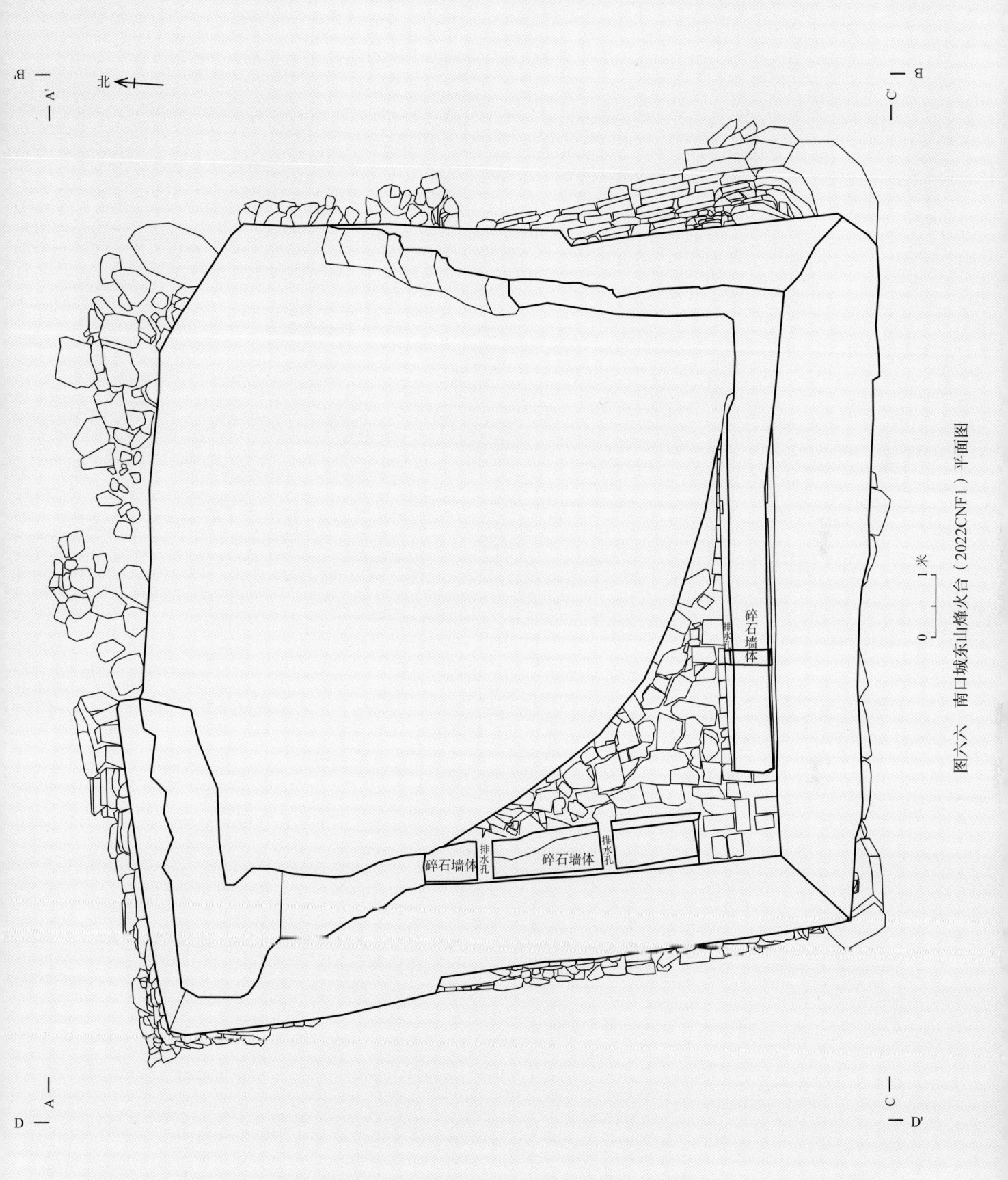

图六六 南口城东山烽火台（2022CNF1）平面图

昌平南口城、上关城墩台遗址考古发掘报告　293

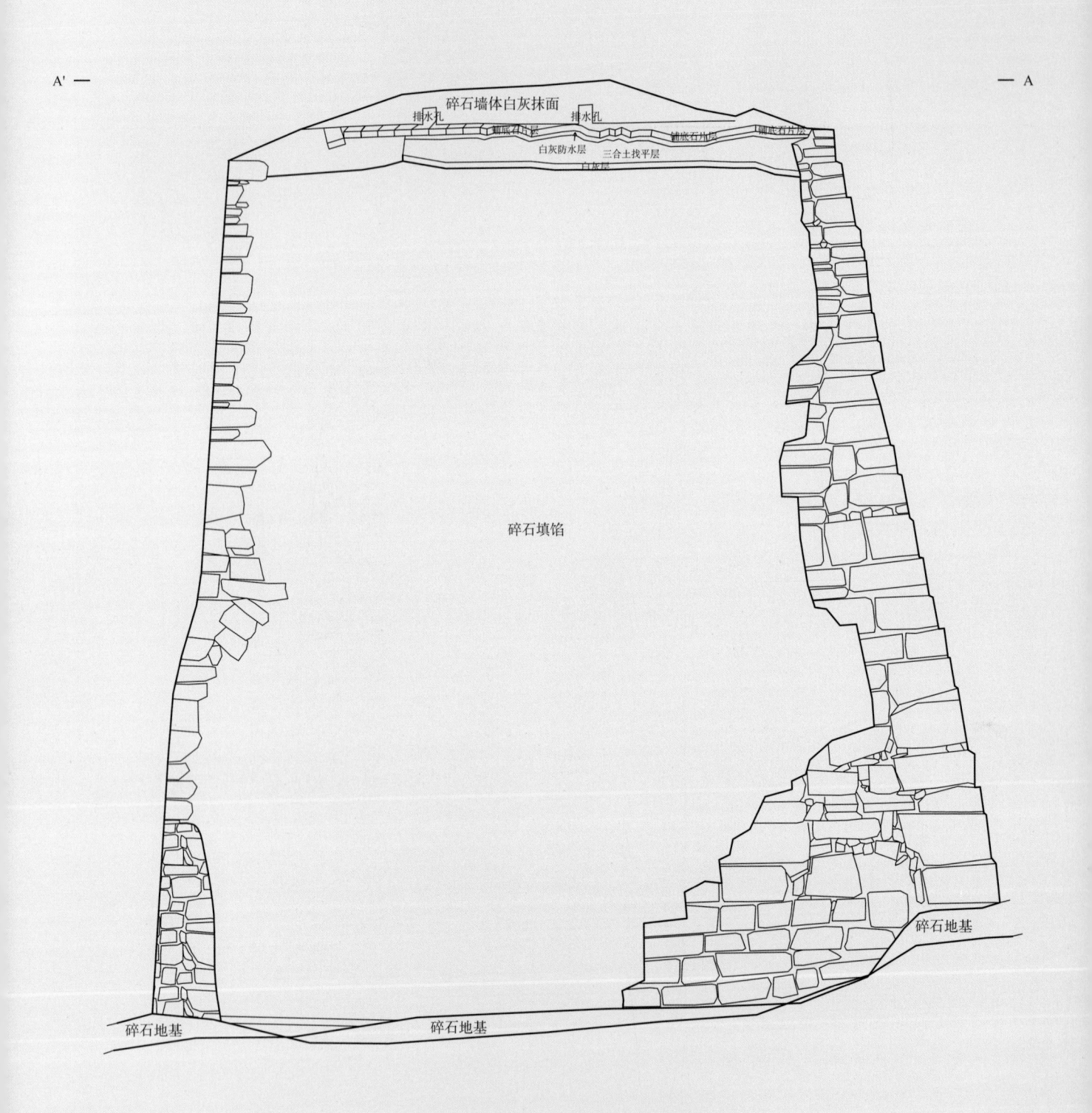

图六七 南口城东山烽火台（2022CNF1）北侧正视图

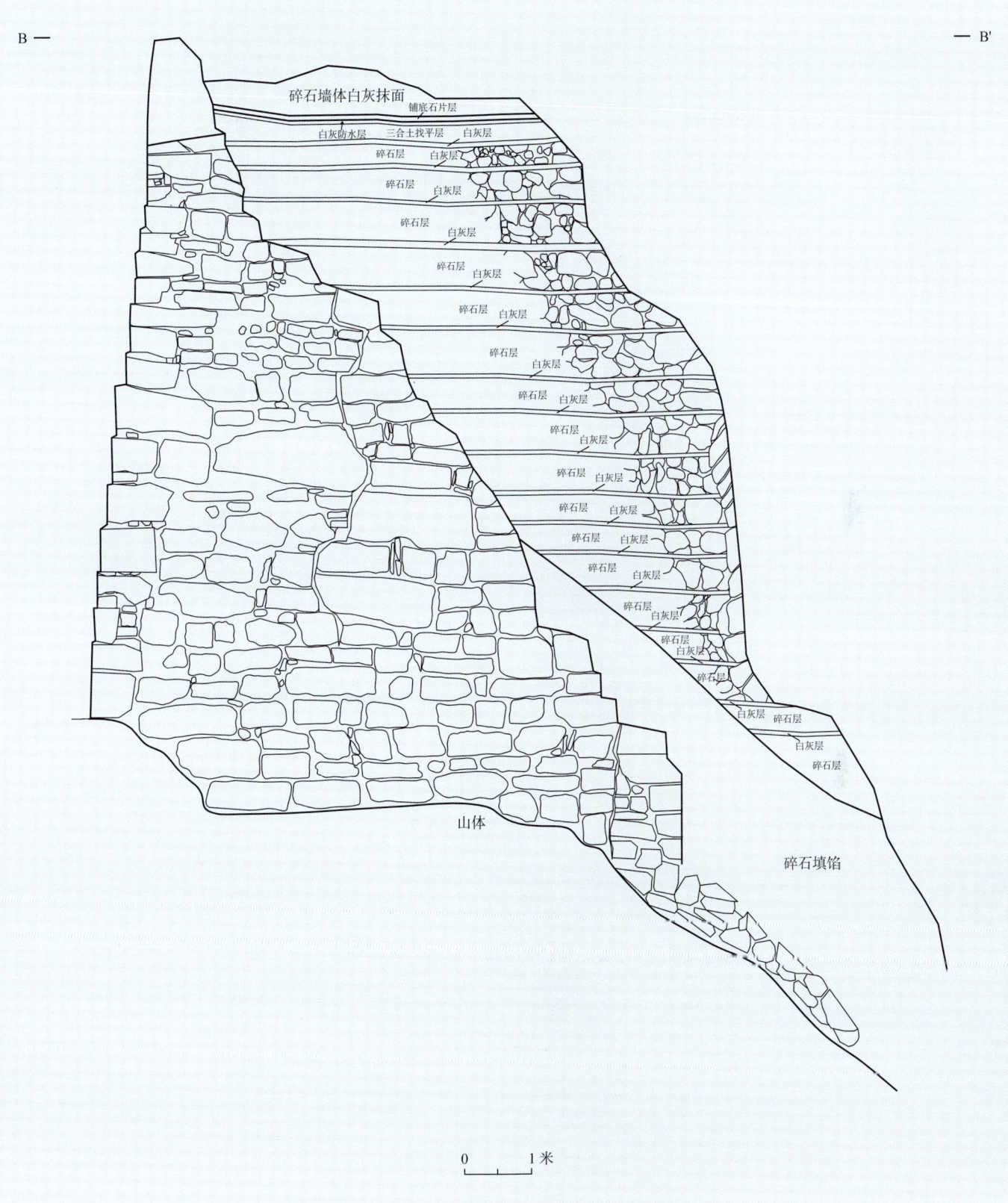

图六八　南口城东山烽火台（2022CNF1）东侧正视图

图六九　南口城东山烽火台（2022CNF1）南侧正视图

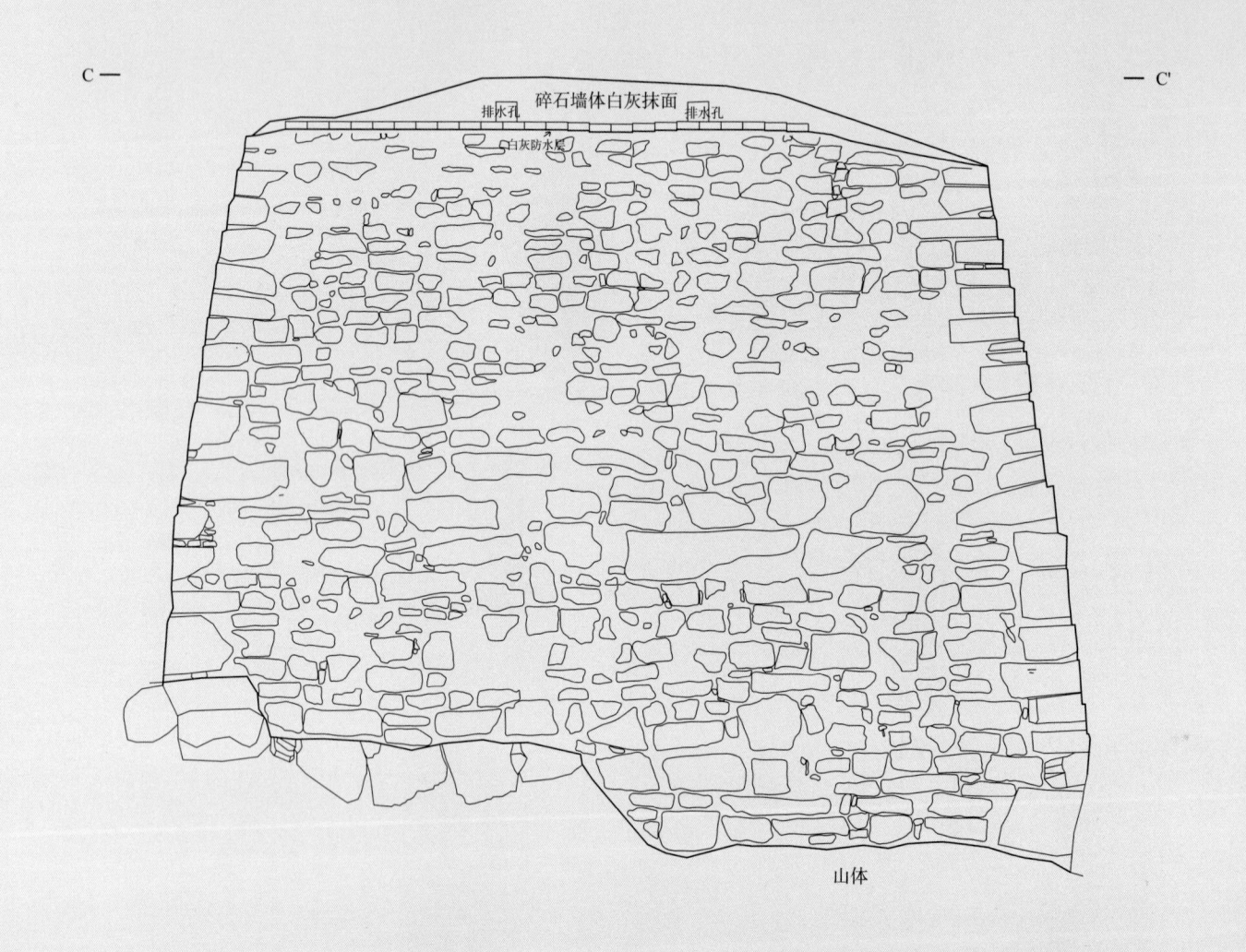

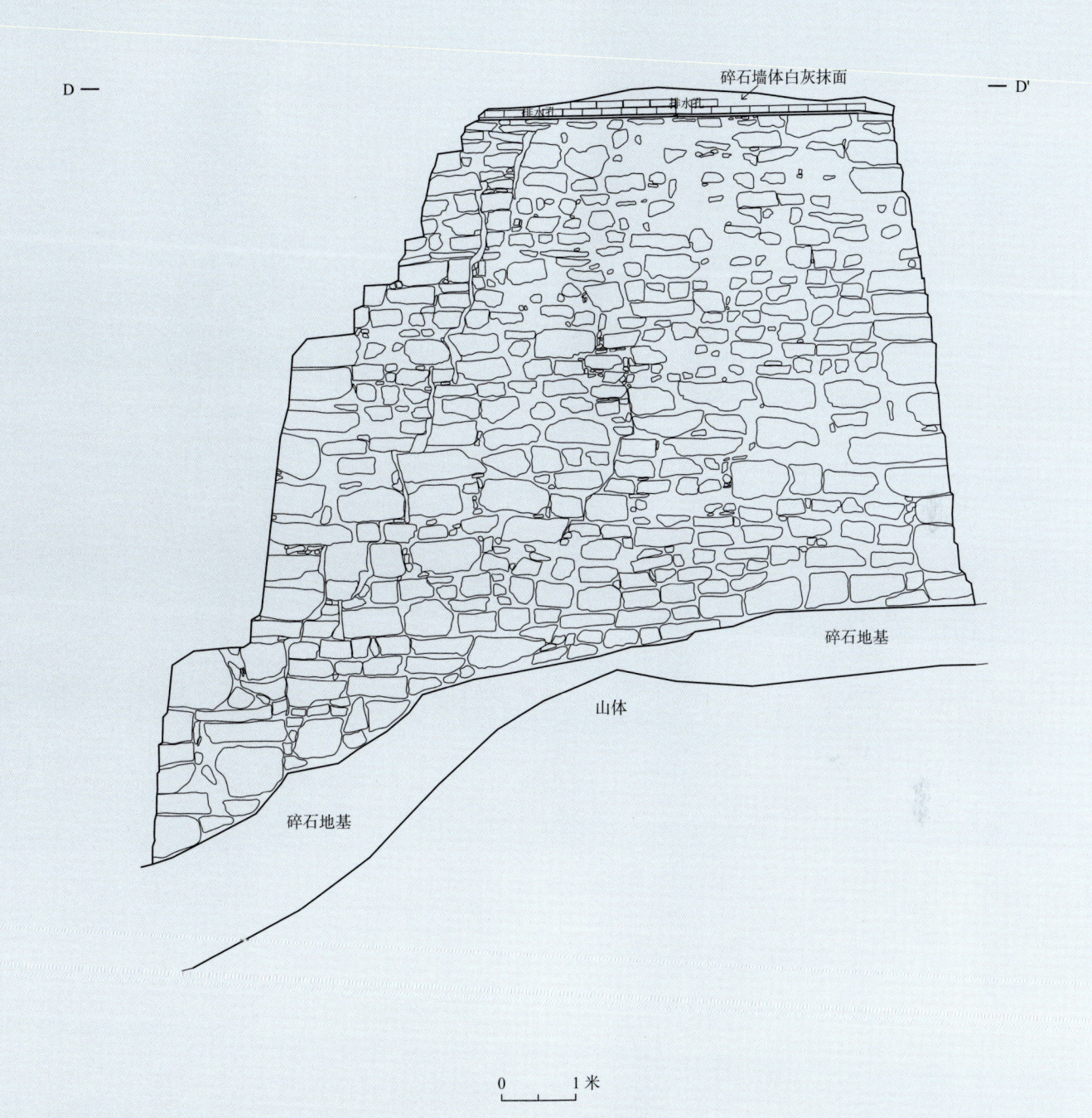

图七〇 南口城东山烽火台（2022CNF1）西侧正视图

图七一　南口城东山烽火台（2022CNF1）发掘前（俯视）

图七二　南口城东山烽火台（2022CNF1）发掘前（东南—西北）

图七三　南口城东山烽火台（2022CNF1）发掘前（西南—东北）

图七四　南口城东山烽火台（2022CNF1）发掘后（俯视）

图七五　南口城东山烽火台（2022CNF1）发掘后（北—南）

图七六　南口城东山烽火台（2022CNF1）发掘后（东南—西北）

图七七　南口城东山烽火台（2022CNF1）发掘后（南—北）

图七八　南口城东山烽火台（2022CNF1）发掘后（西北—东南）

铺一层碎石，碎石层上铺一层白灰，碎石层厚0.44—0.62米，白灰层厚0.06米，白灰层和碎石层各有26层。敌台顶部地面铺于填馅之上，填馅上部铺一层三合土找平层，厚0.22米，在找平层的上部铺一层白灰防水层，防水层厚0.06米，在防水层上部平铺一层石片。

垛口墙　位于台顶四周、自台身顶部四周边缘向内收0.09米处。烽火台顶部大部分已坍塌，仅存西南角。垛口墙宽0.58—0.66米。垛口墙下部用青砖平铺，上部用石片叠砌。

西侧垛口墙南北残长4.54米，尚残存2层壁砖，残高0.34米，垛口墙底部残存两个排水孔，宽0.2米，残高0.09—0.18米，孔间距1.8米。南侧垛口墙东西残长0.6米，尚残存1层壁砖，残高0.6米，西部墙底部残存两个排水孔，宽0.2米，高0.24—0.26米，孔间距2.16米。

2. 南口城西山烽火台

南口城西山烽火台（2022CNF2）位于南口山口西侧山顶，东临悬崖。整体呈覆斗状，方向54°，台西立面与石砌城墙相连。烽火台平面呈正方形，剖面呈梯形，上小底大。敌台底部南北长5.24、东西宽5.22米，残高1.56—2.44米（图七九—图八六）。

台身　呈覆斗状，平面呈长方形，底部东西长5.24、南北宽5.22米，顶部东西长4.72、南北宽4.52米，残高1.56—2.44米。

敌台建于自然山体之上，修建前对山体进行修治。在台身底部砌一周放脚石，多为毛石，其中四角采用较大的毛石，东部较低处用毛石砌放脚数层且向上逐渐内收。放脚层之上，台身向内收分0.05—0.3米，台身采用毛石砌筑四壁，其中四角采用较大的毛石垒砌，四壁用片石叠砌，四角上下两层条石采用错缝叠砌，基座四角相邻的上、下碎石一横、一顺，叠压向上，碎石间用白灰粘接，较大的缝隙用碎石片填缝。所用碎石经过简单修整，使其平整。所用毛石长0.42—0.8、宽0.26—0.38、厚0.16—0.26米。台基内部用石片和少量土填馅。

台身顶部破坏严重，原形制未知。

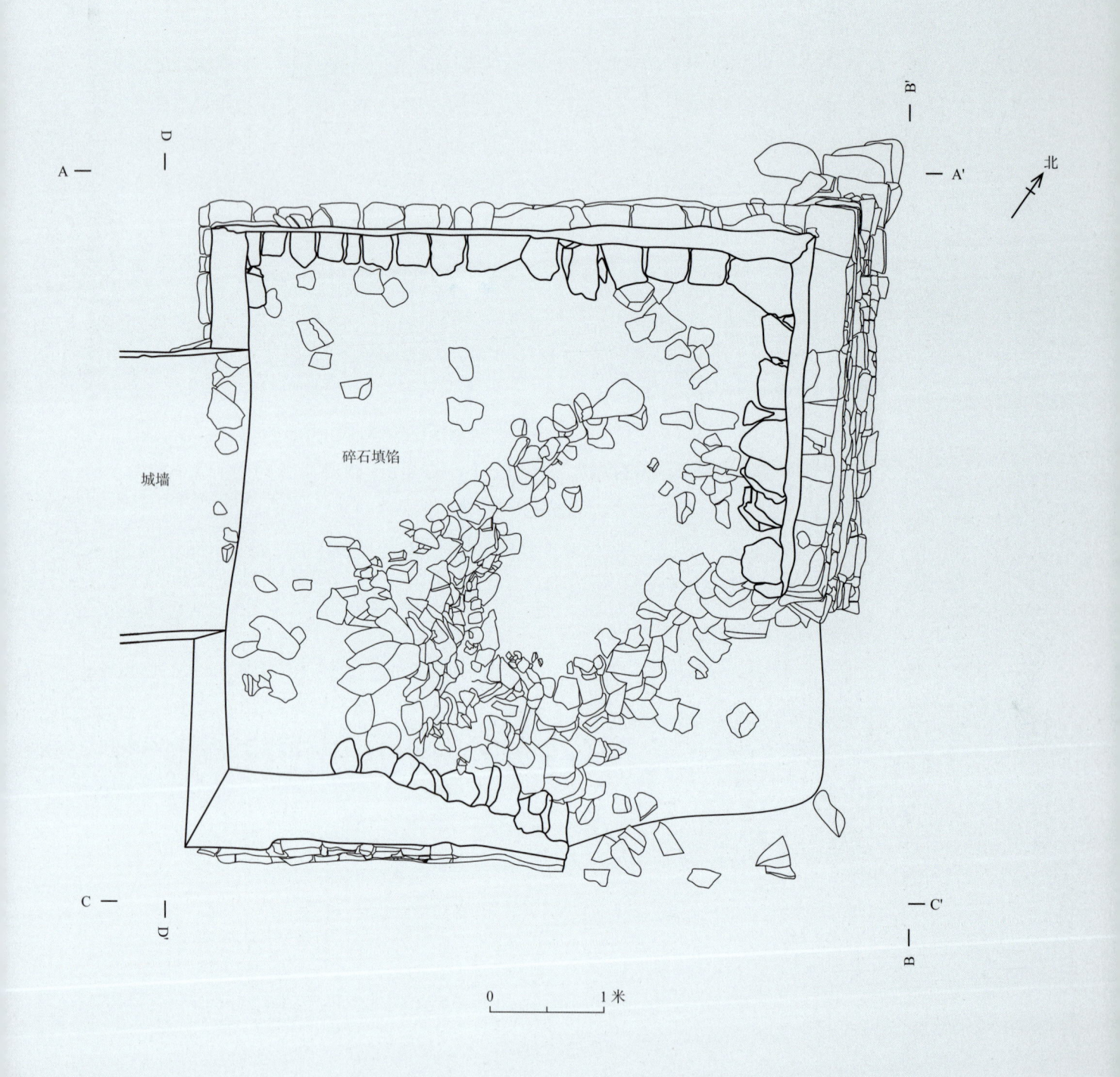

图七九 南口城西山烽火台（2022CNF2）平面图

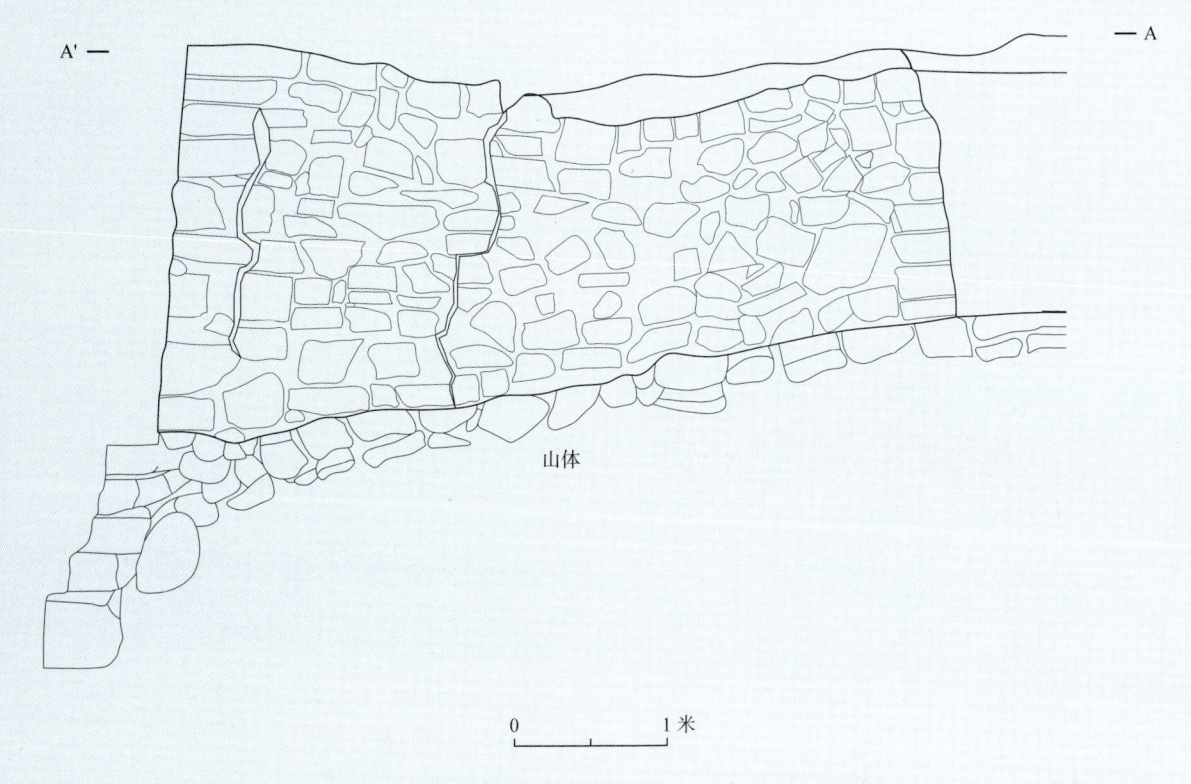

图八〇 南口城西山烽火台（2022CNF2）北侧正视图

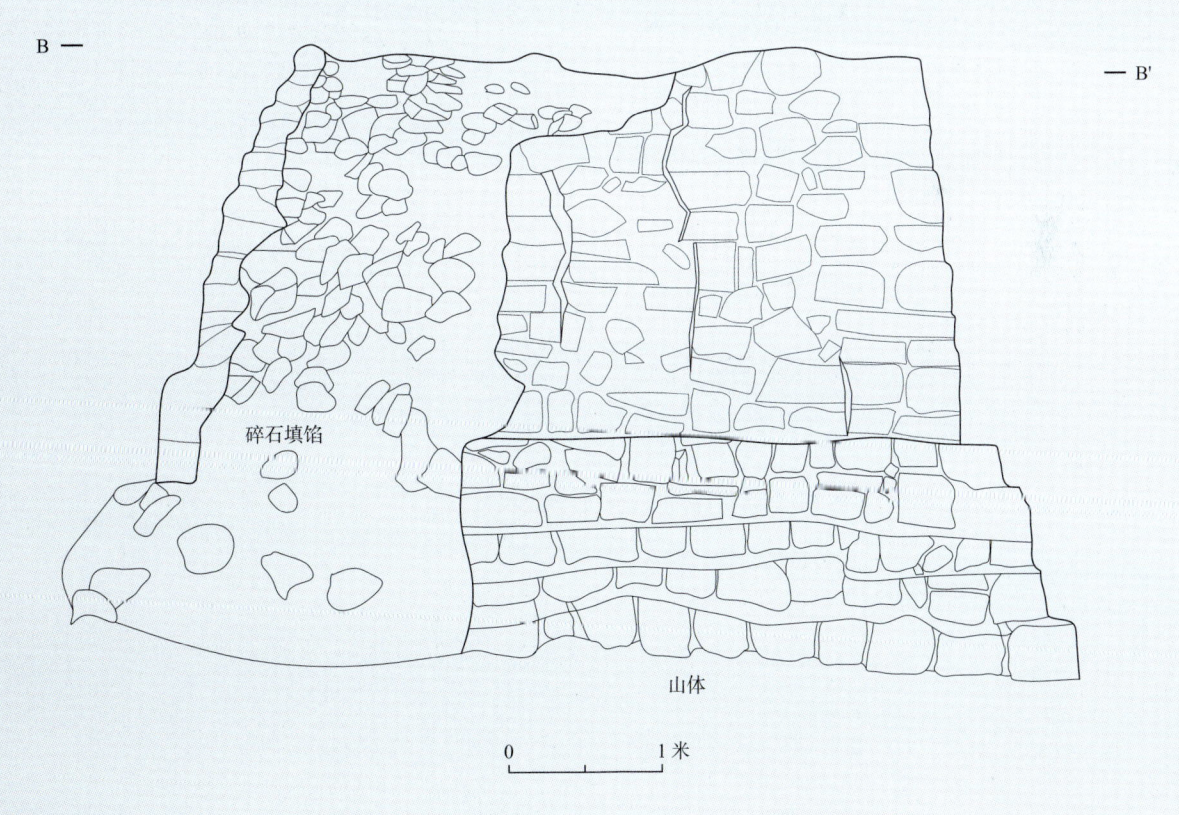

图八一 南口城西山烽火台（2022CNF2）东侧正视图

昌平南口城、上关城墩台遗址考古发掘报告　305

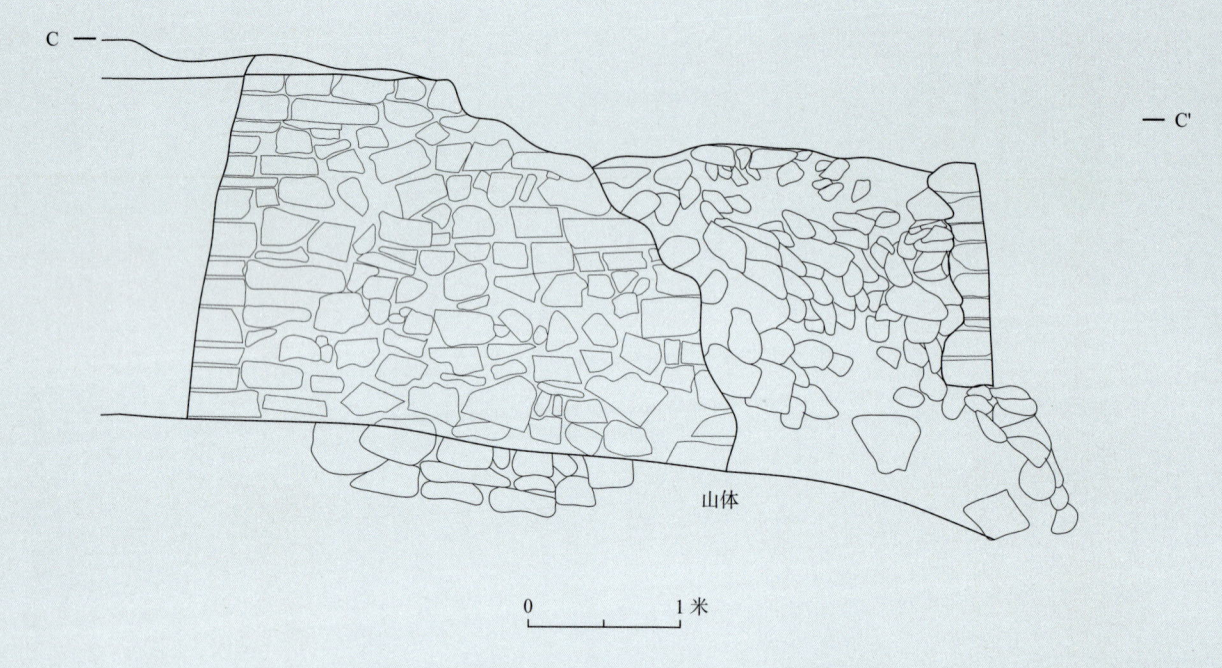

图八二 南口城西山烽火台（2022CNF2）南侧正视图

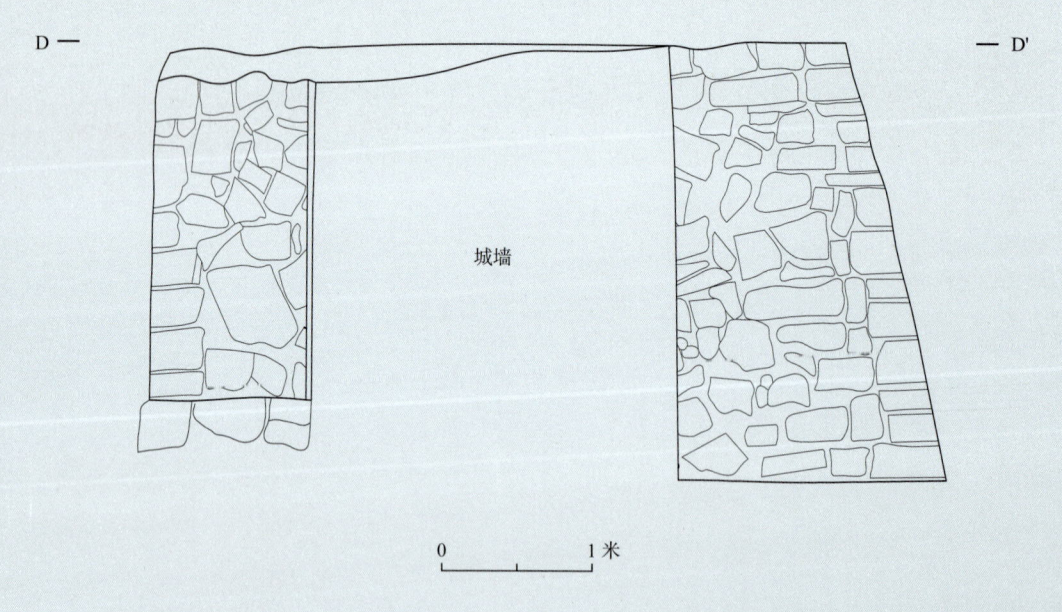

图八三 南口城西山烽火台（2022CNF2）西侧正视图

图八四　南口城西山烽火台（2022CNF2）发掘后（俯视）

图八五　南口城西山烽火台（2022CNF2）发掘后（东南—西北）

图八六　南口城西山烽火台（2022CNF2）发掘后（西北—东南）

三、出土遗物

6座墩台出土遗物极少，只有数片瓷片。

青釉瓷碗　1件。CSF2：1，残，轮制，弧腹，圈足，胎质粗糙。颜色返青，器身施豆青釉，内底局部漏胎，底径5.8、残高3厘米（图八七，1；图八八，1）。

陶壶　1件。CSF2：2，残，仅存局部，夹砂灰陶，圆锥形流，长7.5、宽4.7厘米（图八七，2；图八八，2）。

青花瓷片　1片。CSF1：1，胎质较细，外壁绘青色葵花纹。长2.7、宽2.4厘米（图八七，3；图八八，3）。

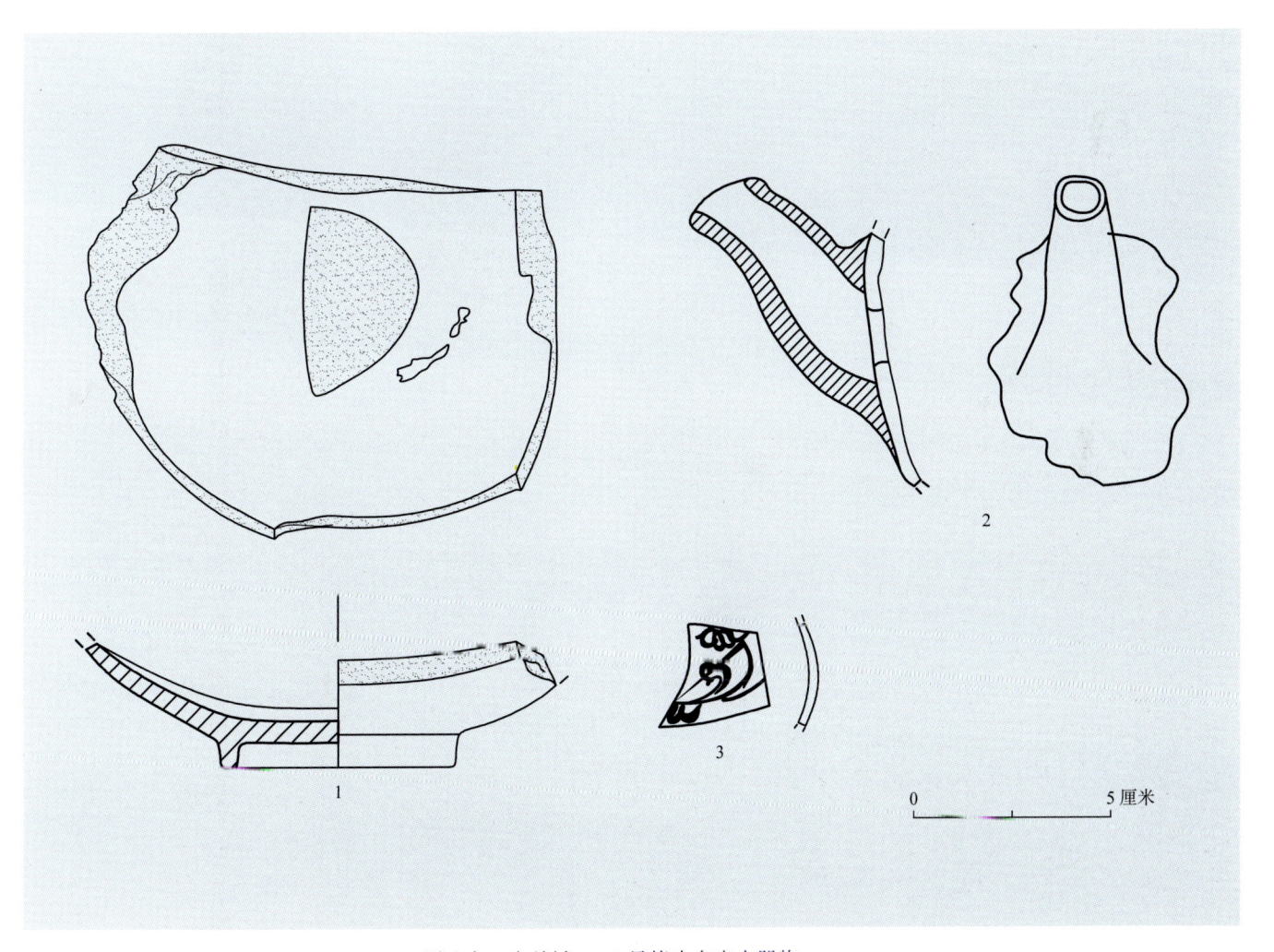

图八七　上关城1、2号烽火台出土器物
1.瓷碗底（CSF2：1）2.陶壶流（CSF2：2）3.青花瓷片（CSF1：1）

1. 青釉瓷碗（CSF2∶1）

2. 陶壶（CSF2∶2）

3. 青花瓷片（CSF1∶1）

图八八　上关城1、2号烽火台出土陶、瓷片

四、结论与收获

1. 墩台的名称、功能与时代

南口城建于永乐二年（1404）[1]，该城"上跨东西两山，下当两山之冲，为堡城。周围二百丈五尺。南、北城门、城楼二座，敌楼一座，偏左为东、西水门，各一空。护城东山墩一座，西山墩三座，烽堠九座"[2]。由此可知，本次发掘的南口城东、西山烽火台当为护城东山墩、护城西山墩。该墩在《南山图本》[3]、《居庸关图本》[4]中均绘出，题签名为"镇口墩"。

上关城建于永乐二年[5]。宣德年间"工部侍郎许廓又重修"[6]。20世纪90年代修八达岭高速时，在上关附近出土一方（现藏于中国长城博物馆）"居庸关"门匾（图八九），残长70、高56厘米，整个门匾保存约三分之二，且断为两块，"庸"和"关"字各占一半，"居"字缺失。匾额落款为"大明景泰元年（1450）三月吉日造"。此时明廷刚经历"土木之变"的沉重打击，面对日益严峻的边疆危机，仓促之际因陋就简修缮居庸关无疑是最佳的选择。上关城2号烽火台（2022CSF2）出土瓷片的时代不晚于景泰、天顺朝，与前述文献记载、出土石刻相一致。

6座墩台均为实心墩台，其中仅南口城东山烽火台有砖砌结构，其余均为石砌。墩台均位于南口城、上关城周围的高山上，与城池之间形成明显的高差，可谓居高临下，俯控四野，因此墩台的功能应集瞭望、传烽、镇守、护城等多功能于一体。

2. 上关城的性质与时代

居庸关早在明初便已修筑，"洪武元年（1368），既定燕京，遂城居庸关"[7]。此时明廷的国都虽尚在南京，但居庸关已成为重要关隘，"时关隘之要者有四：曰古北口、曰居

图八九 "居庸关"门匾拓片

庸关、曰喜峯口、曰松亭关"[8]。永乐十年（1412）又"修居庸关水门。"[9]

在嘉靖年间《西关志》一书中，对居庸关、上关均有详细记载，为彼此独立的关城。居庸关的规制如下：

> 按居庸关城垣，前代无考。洪武元年，徐达、常遇春北伐燕京，元主夜出居庸关北遁，二公遂于此规划，建立关城，以为华夷之限，周围一十三里有半二十八步有奇，东筑于翠屏山，西筑于金柜山，南北二面筑于两山之下，各高四丈二尺，厚二丈五尺，南北各设券城重门二座，城楼各五间，券城楼各三间，水门各二空，南城西水门闸楼三间，四面敌楼一十五座，共城楼五十七间。关城外南北山险处共筑护城墩六座，东南、西南各一座，东北二座，西北二座，烽堠墩一十八座[10]。

上关城规制如下：

> 城上跨东西两山，下当两山之冲，为堡城。周围二百八十五丈。南北城门城楼二座，敌楼一座，偏左为东、西水门，各一空。护城墩：东山二座，西山二座，烽堠一十二座[11]。

徐达、常遇春建立关城的位置并未明确，依据行文，当为如今的居庸关关城。现居庸关城内尚有云台这一元代建筑，一定程度上佐证了元代居庸关的位置以及洪武元年，徐达、常遇春于此建居庸关的历史记载。

但乾隆年间《延庆卫志略》中却有不同的记述：

> 明太祖既定中原，付大将军徐达以修隘之任，即古居庸关旧址垒石为城，即今上关。……景泰初，王师败于土木，兵部尚书于谦言：宣府，京师之藩篱。居庸，京师之门户。亟宜守备。乃以佥都御史王竑镇居庸，修治沿边关隘，因旧关地狭人稠，度关南八里许古长坡店创建城垣，即今延庆卫城也。周围一十三里三十七步有奇。东跨□山之上，而跨兑山之巅，南北二面筑于两山之中，高四丈一尺，厚二丈六尺，东西两面依山建筑，高厚不等。东山之下开水门二道，以资山水宣泄之路，内外城楼炮台计二十有二。宪宗成化七年，兵科给事中秦崇上言，请重修居庸等关，谓富家尚高墙垒，以防寇盗，况国都乎？所司因循未便，上敕巡关御史督修之[12]。

《延庆卫志略》中"上关城即古居庸关旧城也。前明自大将军徐达经理后，永乐二年重修，宣德间，工部侍郎许廓又重修，景泰以后建卫城于古长坡店"[13]这一记载与《西关志》存在较大差异。明确指出上关城是明以前的居庸关、徐达修建的居庸关，且提出居庸关改移后的位置。

现今居庸关南、北城门门券上方分别镶嵌有"居庸关"门额[14]。南门落款为"景泰伍年（1454）捌月"，北门落款为"景泰伍年拾月"。与《明实录》中景泰六年（1455）"修居庸关城毕功。命工部造碑，翰林院撰文，刻置关上，以纪其迹"[15]记载一致。但需要注意的是，《延庆卫志略》中改移的后居庸关周长"一十三里三十七步有奇"，与现居庸关周长差异巨大。

综上所述，迟至景泰朝便已建成两座居庸关。从历史影像和现存城墙的建筑规制上考察，隆万以降，明廷仍对两座居庸关加以维护，并包砌砖石。至于明初徐达所建居庸关的地望尚存争议，元代或元以前的居庸关位于何地，万历版《重修居庸关志》中有一条线索，"古居庸城，在关北八里上关，其城东西跨山，敌楼基址犹可辨识"[16]。有待进一步考古工作的证实。

领队：尚珩
发掘：尚珩、张志伟
绘图：张志伟
摄影：尚珩、张志伟
执笔：尚珩、卜彦博、张志伟

注释

[1] （明）刘效祖撰，彭勇、崔继来校注：《四镇三关志校注·卷二·形胜考·昌镇形胜·乘障》，中州古籍出版社，2018年，第81页。
[2] （明）王士翘：《西关志·居庸关·卷一·城池》，北京古籍出版社，1990年，第22页。
[3] 李孝聪、陈军主编：《中国长城志·图志》，江苏凤凰科学技术出版社，2017年，第122页。
[4] 李孝聪、陈军主编：《中国长城志·图志》，江苏凤凰科学技术出版社，2017年，第128页。
[5] （明）刘效祖撰，彭勇、崔继来校注：《四镇三关志校注·卷二·形胜考·昌镇形胜·乘障》，中州古籍出版社，2018年，第81页。
[6] 《延庆卫志略·关隘》第25页，《明宣宗实录·卷46·宣德三年三年八月壬午条》中亦载"修居庸关城及水门，命行在工部侍郎许廓督之"。
[7] （明）张绍魁：《重修居庸关志·卷二·沿革》，成文出版社，1968年，第20页。

[8] （明）姚广孝等：《明太祖实录·卷108·洪武九年八月至九月戊子条》，"中央研究院"历史语言研究所1962年校勘本，第1797页。

[9] （明）杨士奇等：《明太宗实录·卷131·永乐十年八月乙亥条》，"中央研究院"历史语言研究所1962年校勘本，第1620页。

[10] （明）王士翘：《西关志·居庸关·卷一·城池》，北京古籍出版社，1990年，第22页。

[11] （明）王士翘：《西关志·居庸关·卷一·城池》，北京古籍出版社，1990年，第22页。

[12] （清）周硕勋：《延庆卫志略·关隘》，成文出版社，1970年，第23、24页。

[13] （清）周硕勋：《延庆卫志略·关隘》，成文出版社，1970年，第25页。

[14] 邢军：《石语昌平——北京昌平石刻辑录》，研究出版社，2020年，第460页。

[15] （明）陈文等：《明英宗实录·卷254·景泰六年六月己丑条》，"中央研究院"历史语言研究所1962年校勘本，第5484页；文中所云石碑《西关志·居庸关·卷十·艺文·皇明敕修居庸关碑记》中收录有全文，第251页。

[16] （明）张绍魁：《重修居庸关志·卷六·古迹》，成文出版社，1968年，第245页。

后　记

自 2003 年开始独立徒步考察、研究长城，至今已整整 20 年，足迹虽然遍布京津冀、晋陕蒙、陕甘宁等多地长城点段，但始终停留在调查这一"表面"层次，做长城考古发掘一直是一个奢望和梦想。2009 年读研期间，有幸参与山西省考古研究所（现山西省考古研究院）张庆捷先生主持的一项配合基建（呼大高速）而在山西朔州右玉县红旗口村开展的长城烽火台（火路墩）的考古项目，完整揭露了一座明代火路墩。4 年后的 2012 年，再度作为现场负责人，主持北京密云北化石岭长城水关遗址的发掘，遗憾的是，水关已破坏殆尽，几乎没有任何遗存。此后，长城考古开始逐渐沉寂，直到 2018 年。

2018 年可以说是北京长城考古的"元年"，与之前相比，配合长城保护修缮的考古项目数量从一项到多项发展，并且是年年有，呈现逐渐增多的趋势；考古发掘面积逐渐增大，从几百到上千，甚至几千平方米不等；发掘对象类别多样化明显，长城各类墙体、空心敌台、实心墩台、城堡等类别多种多样。考古工作在长城保护中的作用和意义逐渐被大家所熟知和认可。

本报告收录了 2018—2022 年期间，为配合长城保护修缮工程而实施的长城考古项目，具体包括延庆区岔道城翼城城墙及护城墩遗址、南寨坡古城遗址、柳沟城遗址、柳沟西山长城及墩台遗址、大庄科长城遗址；昌平区南口城、上关城护城墩台遗址，共计 7 处长城点段的全部考古成果。作为这些项目的考古领队和现场负责人，在付出了大量的"时间成本"和"身体成本"之外，最重要的是实现了当年做长城考古发掘的梦想，在获取了大量第一手考古材料之外，更为长城保护修缮做出了力所能及的贡献。

当然每一项长城考古发掘都是集体劳动的成果：延庆区文物管理所于海宽所长、昌平区文物管理所张建伟所长为项目的立项、财评付出了大量心血。北京市文物研究所（即北京市考古研究院前身）前所长白岩同志、刘文华同志总体宏观把握方向；考古管理室（即综合业务部前身）曾祥江同志、卜彦博同志协调考古工作队伍和人员；我的考古助理张志伟、张晨同志负责紧盯现场，落实领队的各项要求，前期具体控制发掘进度、把握发掘质量，严控考古文字、图纸资料质量，后期又投入到紧张的资料整理和报告编排工作当中。可以说，没有大家的各司其职、恪尽职守、齐心协力，这些长城考古项目是很难落地实施并高质量完成的。科学出版社文物考古分社的孙莉社长、责任编辑董苗同志为北京长城考古的第一本报告的成功出版同样付出了大量的精力与心血，方使得长城文化遗产保护从业者、广大公众能够如期见到如此精美的长城考古报告。

长城考古就考古本身而言是严重"边缘化"的冷门——没有让考古人能够施展高超田野发掘技术的遗迹现象；没有出土让公众惊艳的珍贵文物；加之需要有良好的身体素质才能够往返于山巅之处的长城考古现场和山下村庄的驻地；需要有较长时间的学术积累，阅读浩如烟海、枯燥的历史文献，才能将考古工作做得尽可能的完美。这使得从事长城考古的领队数量稀少，绝大部分人"出身"于2006—2010年国家文物局、国家测绘局主持的全国长城资源调查。

从中国考古学史的角度上看，长城考古起步很早，19世纪末，由外国考古学家主持，在中国西北边疆地区开展长城考古工作。此后，长城考古几乎伴随了整个中国考古学史的发展历程，特别是早期长城考古，取得了举世瞩目的成就。但是，与之形成鲜明对比的是，国人心中"默认"的长城"代表"——明长城，考古工作却尚未得到推广——很多分布有明长城的省市在做长城保护工程前并未开展长城考古工作，对拟修缮的长城遗址进行仔细的考古发掘，而是采取施工队随工清理的方式，造成很多长城文化信息缺失。

我们希望本报告的出版，能够唤起大家对长城考古的重视，特别是对明长城考古工作在长城保护修缮工作中所起的重要作用的重视，从而在不远的将来，能够获得更多的长城考古项目，培养出更多年轻的长城考古人才。当然，我们的目标并不止步于此。毕竟，通过长城考古发掘，不仅可以补史、证史，而且更能够逐渐还原古代戍边生活的历史画卷，让冰冷的长城建筑变得更加有温度。更为关键的是，考古可以丰富长城国家文化公园的文化内涵、可以深入发掘长城文化遗产所蕴含的丰富的历史文化价值，最终实现铸牢中华民族共同体意识的目标。

编　者

2023年10月13日